# 中國學術思想 研究輯刊

## 二六編

林慶彰 主編

## 第6冊

### 由思想而行動
#### ——南宋理學家倫理實踐研究

梁 君 著

花木蘭文化事業有限公司

國家圖書館出版品預行編目資料

由思想而行動——南宋理學家倫理實踐研究／梁君 著 — 初
版 — 新北市：花木蘭文化事業有限公司，2017〔民 106〕
序 4+ 目 4+234 面；19×26 公分
（中國學術思想研究輯刊 二六編；第 6 冊）
ISBN 978-986-485-169-0（精裝）
1. 理學 2. 倫理學 3. 南宋
030.8                                                106014196

ISBN-978-986-485-169-0

9 789864 851690

中國學術思想研究輯刊
二六編 第 六 冊                  ISBN：978-986-485-169-0

由思想而行動
——南宋理學家倫理實踐研究

作　　者 梁君
主　　編 林慶彰
總 編 輯 杜潔祥
副總編輯 楊嘉樂
編　　輯 許郁翎、王 筑 美術編輯 陳逸婷
出　　版 花木蘭文化事業有限公司
社　　長 高小娟
聯絡地址 235 新北市中和區中安街七二號十三樓
　　　　 電話：02-2923-1455／傳真：02-2923-1452
網　　址 http://www.huamulan.tw 信箱 hml 810518@gmail.com
印　　刷 普羅文化出版廣告事業
封面設計 劉開工作室
初　　版 2017 年 9 月
全書字數 181628 字
定　　價 二六編 12 冊（精裝）新台幣 22,000 元

# 由思想而行動
## ——南宋理學家倫理實踐研究

梁 君 著

## 作者簡介

梁君，女，祖籍浙江杭州，1977 年生於上海。現爲上海理工大學德育研究中心講師，主要從事中國倫理思想史研究、當代青少年道德涵養教育與核心素養教育研究，並長期在高校從事青年道德教育的實踐探索。近年來主持完成上海市教委優秀青年教師基金項目《當代大學生權利意識及教育研究》，參與完成上海市教委德育研究項目《傳承弘揚中華優秀傳統文化協同機制研究》，發表相關論文數篇。

## 提　要

　　南宋理學家群體的倫理實踐活動推動了理學思想學說和儒家倫理價值向社會基層的大眾化和普及化。本書要探討兩個基本問題：其一，南宋理學倫理精神如何在南宋理學家的倫理實踐中落實到社會生活層面，思想與行動如何聯結？其二，以朱熹、陸九淵、呂祖謙爲代表的理學家進行的倫理實踐開闢了怎樣的倫理行動範式？

　　南宋理學家群體的倫理實踐在社會基層的廣泛展開，其途徑並不主要依賴官方對社會基層的控制系統和教化系統，而是依靠不斷擴張理學士人的行動群體，在社會基層別立另一種理學倫理教化的典範來展開：建立新宗族共同體、鄉約共同體、書院共同體，以此爲平臺落實理學倫理的教養、教化與教學。面對社會基層秩序整合的問題，南宋理學家實質是在以普通士人的身份倡導並建構一個具有理學藍圖的「社會」，「共同體」的建構提供了一種社會倫理教化的範式：基本的倫理道德需要教養才能實現，其有效性來自於共同體能夠提供持久的，而不是偶然的共同信仰或共識，提供可反覆操作的倫理規範，提供教養、教化、教學的倫理道德認知基礎。理學的倫理精神正是通過這樣的路徑落實到社會基層，成爲傳統中國中人們日用而不覺的觀念底色。

# 自　序

　　在中國哲學史領域關於儒家倫理的研究主要是圍繞「思想」的研究，但在考察南宋時期朱熹、陸九韶陸九淵兄弟、呂祖謙等思想家和學者的思與行時發現，他們都十分重視倫理思想如何在社會生活中的落實，主要包括在家族、鄉里以及書院共同體建構中所展開的一系列活動，這種由理學家群體推動的理學思想學說和儒家倫理價值之大眾化、普及化行動，構成了他們「思想」的「行動」面向。南宋理學家一面在思想層面建構理學倫理精神的至高權威——天理，一面進行現實社會生活層面的倫理實踐，隨著理學的行動面向的展開，其精神輪廓才在社會基層生活中得以清晰描摹與延續。這些思想與實踐的密切互動對南宋以後儒家倫理的落實產生了極其巨大的影響，也對中國社會產生了極其深刻的影響。

　　然而由於現有的哲學史研究偏重思想研究，就少於關注思想向基層社會的轉換研究，而其他學科的研究或從社會學角度關注家族制度，或從教育學角度關注書院發展，卻不太探討深層的倫理問題，這就造成上述思想家的思與行的意義與價值一直沒有得到有效的開掘。這種狀況在很大程度上又是由於目前學術研究中西方式的學科劃分所造成的，這種劃分是基於西方的傳統而忽略了中國自身的特點，結果我們看到這種外來的分科遮蔽了本土的眞實，割裂了南宋儒家倫理的整體精神面貌。

　　基於以上的原因，本書以「南宋理學家的倫理實踐」爲主要研究對象想進行一些探索，要探討兩個基本問題：其一，南宋理學倫理精神如何在南宋理學家的倫理實踐中落實到社會生活層面，思想與行動如何聯結？其二，理學家們進行的倫理實踐行動有何特點，開闢了怎樣的倫理行動範式？主要通

過考察朱熹、陸九韶、陸九淵、呂祖謙為代表的南宋理學家「由思想而行動」所展開的倫理實踐，來開掘思想家的思與行的意義與價值。儘管我深知這一探索有相當的難度且有一定的風險，但我感到尊重和回歸中國自身傳統是非常重要的。

唯行動生成真正的精神。在這樣的一種探索中可以發現，南宋理學倫理精神，是理學在追求現實倫理秩序合理化的強烈願望下，表達的對社會人倫秩序應然狀態的價值判斷和價值取向，包含的核心內容為：以「天理」為現實人倫秩序的最高道德標準，以「理一分殊」為倫理原則，堅持把「三綱五常」作為現實倫理規範；建構義利、理欲的對舉關係，賦予對舉關係兩端以善或惡的價值判斷；進而以「禮」的實踐來實現理學治世理想；由此對現實制度安排中「治道分離」的政治現實進行根本性的道德批判。

南宋理學家群體的倫理實踐在社會基層廣泛展開，對於理學倫理精神的落實途徑並不主要依賴再造官方對社會基層的控制系統和教化系統，而是依靠在社會基層別立另一種理學倫理教化的典範——不斷擴張具有自我認同的理學士人行動群體——來展開的：他們在社會基層依靠自身的力量推動士庶民建立新型宗族共同體，並以此為平臺對由血緣為紐帶聯結起來的民眾落實理學倫理教養；他們在鄉里教化中依然主要是依靠自身的力量推動建立社倉共同體和鄉約共同體，並以此為平臺對由地緣、血緣相結合為紐帶關聯起來的民眾落實理學倫理教化；他們在整個社會基層，擺脫官學的限制，熱忱地建構書院共同體，以此為平臺對由理學思想之緣為紐帶聯結起來的讀書人進行理學倫理精神傳承的教學實踐活動。

在面對社會基層秩序整合問題時，南宋理學家圍繞三綱五常的儒家倫理規範，依靠對禮的實踐，將儒學精義轉化為大眾化的、可複製推廣的儒學教材與文本，進行著一種基於「共同體」建構的思想落實行動。南宋理學家的倫理實踐試圖建構官方控制系統以外的「共同體」進行廣泛且不同層面的理學倫理教化，他們實質是在建構一個具有理學藍圖的「社會」。「共同體」的建構提供了一種教化的範式：基本的倫理道德需要教養才能實現，其有效性來自於共同體能夠提供共同信仰或共識，提供可反覆操作的倫理規範，提供教養、教化、教學的倫理道德認知基礎。這種範式所定型的新宗族共同體及其宗族教養、鄉約共同體及其鄉里教化、書院共同體及其理學讀書人教學活動，規制了理學的倫理精神落實到社會基層的通道，最終讓精神在行動中塑

造人們日用而不覺的觀念。

今天，當我們身處一個急劇變化、崇拜「進步」的社會中時，所有對「未知」的戰鬥模式和對「一切都值得迭代」的信念，並不足以讓人更從容的過好日常道德生活，我們似乎也忽略了對良好道德生活的有效重建和經營，每一個個體好像都奔走在尋找信仰的路上，堅強的軀殼內反而裹藏的是異常脆弱的孤寂靈魂。在經歷著這一切之時，我深感到也許恰恰是那樣一種建基於「傳統」土壤之上的「共同體」，提供了現代社會基層道德生活建設的嶄新想像與「讓好思想促進好生活」的現實路徑。

我對本主題的探索興趣始於 2007 年，那是我承擔大學青年思想研究和道德建設工作的第三個年頭，也是我跟隨導師吾敬東先生攻讀博士研究生的第一年。得益於吾師之著《中國社會的倫理生活》的啓蒙，對現實的實踐困惑和思考在遇到導師開闊視野的共享與不憤不啓的點撥時，才令我確定對南宋思想家們的思與行展開體察研究。成書的過程也即是一個不斷回到歷史中去具體考察和回應「中國現代社會倫理生活何以可能」這一問題的過程。二十餘年來師生間活潑潑的學術交流，讓我始終保持著對思想之於社會生活價值的探求熱望，謹在此向我的導師吾敬東先生表示最深的謝意！我也要感謝上海師範大學馬德鄰教授、李申教授，復旦大學吳震教授，浙江大學董平教授和四川師範大學蔡方鹿教授、江西師範大學鄭曉江教授，在此項研究過程中給予的很多指導。

梁君

2017 年 4 月

# 緒　論

## 一、問題的提出：中國倫理研究現狀概略 [註1] 及研究動機

　　儒家思想在中國傳統的思想文化中佔據著重要地位，而歷代儒者的思想體系往往都將人倫道德學說置於中心位置，學界對於傳統儒家思想的研究因此也格外重視對其倫理思想內容的闡釋和梳理。三十多年來，國內學界對南宋儒家倫理的研究取得了十分豐碩的成果，從中國傳統倫理學說史、儒家學派人物倫理學說、儒家倫理道德範疇、以及儒家倫理精神建構、儒家倫理道德實踐等角度，都不同程度對南宋時期的中國儒家倫理展開了研究。

　　然而這種對思想本身給予盡精微關注的另一面，則是較少關注傳統社會中，儒家倫理學說與它所處的歷史生活之間互動關係的研究。從儒家倫理思想史研究角度而言，這一面有進一步拓展的必要。而從社會生活史角度而言，傳統中國社會的倫理生活與儒家倫理思想到底是怎樣的一種互動關係，也未在社會史的研究中進行專門的研究。就此而言，傳統社會的倫理生活如何被儒家倫理思想所規導，這一問題是需要被說明的，而並不因為歷代儒者繁富的倫理學說思想而成為自明。因此，在原有的對倫理學說史和原有的社會史研究基礎上，深化二者合一的儒家倫理研究探索是十分必要的。通過查詢《二十世紀宋史研究論著目錄》〔註2〕，並對近十五年來國內倫理學界、哲學界、社會學界所出版的著作進行搜索和瀏覽，所能找到與本書主題內容直接相關

---

〔註1〕　對於學界就中國倫理的研究所獲得成果，詳見附：綜述。

〔註2〕　方建新編：《二十世紀宋史研究論著目錄》，〔M〕北京圖書館出版社 2006 年版。

的著述並不多。總體而言，對儒家倫理的研究，重倫理思想本身、輕思想與
生活的關係研究；對儒家倫理的研究存在著較為觀念化、思想化的傾向，宋
時期的專題研究較少；缺乏對儒家思想傳播到社會層面資源的挖掘整理。

倫理，它的屬性首先是社會的、實踐的。在中國傳統倫理思想中，「倫」
與「理」兩字往往以單字形式出現。「倫」表示輩分與秩序，「理」表示條理
與規則。「倫」往往表示「人倫」的意思，而「人倫」即不同的人之間的輩分、
人群的類別、秩序及其相應的準則，它既表現為一種客觀的、實然的人際秩
序，同樣也表達一種主觀理解的、應然的人際秩序之理。「倫理」二字合用，
則表達了社會中人與人關係合於人倫之理的應然性，這種應然性既是合乎人
倫之理的人際行動，也是合乎人倫之理的標準與規範體系。「倫理」概念本身
內在地含有社會性，必須要從社會關係上才能得以理解和說明。倫理的本質
是實踐的，誠如梯利說：「它之所以被稱為實踐的，因為它研究實踐或行為。」
〔註3〕黑格爾在對倫理概念進行詮釋時，曾將實體理解為絕對精神，認為絕對
精神的外化運動和發展形成了不同階段，其主觀精神階段即自由意志對善的
自我內部規定，即「道德」；而其客觀精神階段即在社會歷史過程中的實體性
存在，即「倫理」。自由意志既通過內心又通過外物，達到充分的現實性就是
「倫理」。黑格爾揭示出「倫理」的主觀與客觀、個人與社會相統一的特質，
而這種「統一」必然需要通過實踐而達到，從而才使倫理表現為「自由的理
念」、「活的善」。〔註4〕因此倫理的實體性和客觀性中內含著實踐性。從對以
上關於「倫理」的界說而言，中國倫理的研究應區別於中國倫理思想的研究，
而因凸顯「倫理」作為一種社會實踐的研究，關注其如何達到客觀與主觀、
社會與個人、思想與行動統一的研究。

自上世紀 90 年代中期以來，學界開始注重思想與社會之間互動關係的研
究。與此同時，也隨著對儒學如何傳播到社會基層，即其大眾化取向研究的
深入，宋時期理學家推動儒家倫理思想向社會普及的倫理實踐的重要地位漸
漸凸顯出來。

陳來先生在為《制度儒學》一書作序時指出：「『作為哲學的儒學』，不同

---

〔註3〕 〔美〕弗蘭克・梯利：《倫理學導論》，〔M〕廣西師範大學出版社 2002 年版，
第 3 頁。

〔註4〕 參見〔德〕黑格爾：《法哲學原理》，〔M〕商務印書館 1982 年版，第 161~165
頁。

於『作爲文化的儒學（教）』，前者是學術思想的存在，而後者則是社會化、制度化、世俗化的整合的文化形態。現代儒家哲學和當代儒家哲學雖然十分活躍，但是這樣一種儒學對社會文化的影響與宋元以來的儒學根本不能相比，其中的主要原因便是缺少「作爲文化的儒學」以爲基礎。」〔註5〕實質上，陳來先生所言的文化的儒學是著重向社會基層進行傳播而最終以儒家文化形態定型爲目的的儒學，這種定型體現爲作爲哲學的儒學如何自覺地使其大眾化，在大眾化過程中，與人們的觀念、行爲、習俗、思維、情感相結合，不斷發揮其文化整合功能。劉志琴女士在《社會文化史的視野》〔註6〕一文中指出：「揭示精英文化社會化的過程和特點是建設社會文化史的重要思路。」她認爲中國古代社會的大傳統表現爲禮的意識形態和社會制度，這是精英文化的主流，小傳統在古代表述爲「俗」，「精英文化的價值觀念滲入世俗生活，從而使世俗生活理性化，這就是世俗理性。……世俗理性造成中國社會文化的顯著特點是，倫理觀念和文化意識滲入日常生活的各個領域」。從儒家倫理僅作爲精英思想開始，到被社會接受、並以此作爲眞實的倫理生活方式，是有一個大眾化的過程的，它需要被說明。

在學界逐步意識到對哲學思想、倫理學思想的研究必須回歸到歷史生活中去考察時，《中國社會的倫理生活——主要關於儒家倫理可能性問題的研究》〔註7〕和《中國倫理道德變遷史稿》〔註8〕這兩部著作的出版改變了以往單純注重歷代倫理學說史研究而忽略對倫理實踐史研究的局面，並且正是在這個視角下，突出了宋代理學的發展之於儒學向社會基層推廣，從而使得「儒家倫理思想如何落實爲一種實際生活倫理規範和習俗」的問題逐漸清晰起來。

《中國社會的倫理生活——主要關於儒家倫理可能性問題的研究》一書，對中國倫理的歷史進行了俯瞰式的概括，對先秦、漢唐、宋以後的社會倫理生活狀況分別從儒家倫理落實的平臺、思想落實與教育、制度、倫理、法律的關係，以及儒家倫理思想在各時期地位這幾個方面進行了對比研究，

---

〔註5〕干春松：序言《制度儒學》，〔M〕上海人民出版社 2006 年版。

〔註6〕劉志琴：《社會文化史的視野》，載於《中國社會史論》，〔M〕湖北教育出版社 2000 年版。

〔註7〕吾淳：《中國社會的倫理生活——主要關於儒家倫理可能性問題的研究》，〔M〕中華書局 2007 年版。

〔註8〕張錫勤、柴文華編：《中國倫理道德變遷史稿》上下卷，〔M〕人民出版社 2008 年版。

尤其對宋以後中國社會的倫理狀況闢一章節進行了專題論述，該書認爲：「宋代在中國倫理發展史中具有十分重要的地位，它是倫理從思想走向社會、走向實踐的時代，儒家倫理終於實現了大眾化或普遍化。」〔註9〕繼而指出「這一倫理的實現或展開以宗族爲平臺，在此平臺上，通過族規以立倫理，通過守則以呈倫理，通過強制以行倫理，通過教育以養倫理。」〔註10〕在對宋代以及先秦、漢唐儒家倫理思想落實到社會層面的考察和其與猶太宗教倫理系統進行比較之後，吾淳先生指出普遍倫理得以實現的三個基本條件，即：共同體、教育、以及相應的法律或懲戒措施。」〔註11〕，由於該書是對整個中國社會倫理生活做形態學式的研究，因此對宋代，尤其是南宋儒家倫理落實問題的研究受到篇幅限制，並未充分展開，但其概括的觀點無疑給本書研究提供了很大啓發。本書即要以南宋儒家倫理落實的切入點，展開更爲詳實的考察和更爲充分的說明。

《中國倫理道德變遷史稿》（以下簡稱《史稿》）則是一部非常關注倫理思想與社會生活之間互動的著作，可以說這是一部以描摹倫理變遷爲長的著作。但是，由於這部著作著重客觀描述中國倫理道德生活的實際狀況以及變遷，也就因此相對更偏重於倫理的社會史研究。《史稿》將中國倫理道德的變遷劃分爲八個歷史階段，認爲宋明時期「既是中國封建制度進一步完備、定型的時代，也是中國傳統倫理道德體系進一步完備，綱常禮教的權威完全確立的時代。」〔註12〕《史稿》指出宋明時期，統治階級爲加強道德教化而推崇儒學、表彰理學；理學家對「五常」等道德觀念進行進一步整理和闡釋，加之教化的全面加強和普及，「德法並舉」成爲基本國策，從而使當時社會倫理生活中君、父、夫權進一步強化，各種愚德日益增多。在論述過程中，《史稿》既對當時儒家倫理思想中「理欲」、「義利」、和「公私」觀進行梳理，分析其中重理、崇義、尙公的傾向，又關注儒家教化以及重刑在社會層面使得倫理思想普及和大眾化的作用和效果。但由於《史稿》以整個中國倫理道德

---

〔註9〕 吾淳：《中國社會的倫理生活——主要關於儒家倫理可能性問題的研究》，〔M〕中華書局 2007 年版，第 186 頁。

〔註10〕 吾淳：《中國社會的倫理生活——主要關於儒家倫理可能性問題的研究》，〔M〕中華書局 2007 年版，第 186 頁。

〔註11〕 吾淳：《中國社會的倫理生活——主要關於儒家倫理可能性問題的研究》，〔M〕中華書局 2007 年版，第 3～4 頁。

〔註12〕 張錫勤、柴文華編：《中國倫理道德變遷史稿》上下卷，〔M〕人民出版社 2008 年版，第 3 頁。

變遷爲研究內容，並將宋到明中期作爲一個階段整體論述，因此，著作對南宋時期諸位理學家個人的倫理思想和實踐，以及南宋社會倫理生活的具體情況沒有闡述，另外《史稿》以史爲特色，相對而言，就疏於對宋代，尤其是南宋儒家倫理思想與其落實到社會層面時採用的具體日用文本諸如蒙學教材、家訓等，以及書院、宗族途徑進行貫穿式的分析。但儘管如此，這套直接以倫理史爲研究對象的《史稿》仍然提供了比較豐富的歷史資料，對本書主題的研究幫助很大。在以上直接以「倫理道德」作爲研究視角的著作中，能提供的倫理思想研究資源是較爲豐富的。

　　在關注哲學論說和哲學思想特質變化的儒學面向時，不同的學者都共同注意到了宋代理學。在中國古代倫理史上，宋代無疑有著極其重要的地位，這一重要性在於：宋代理學的倫理精神致使儒學對社會秩序整合的價值凸顯出來，從思想到行動的面向使理學學說與倫理實踐的關聯在社會日常生活裏更加緊密。對宋代文化傳播，錢穆先生曾指出：「就宋代言之，政治經濟，社會人生，較之前代，莫不有變。」〔註13〕他認爲，在宋代文化史上有三件值得大書特書的事，「社會文化之再普及與再深入」則是其中之一大。〔註14〕張邦煒先生也認爲「宋代文化最爲明顯的特徵，恐怕莫過於相對普及，它同時又象徵著宋代文化的繁榮。」〔註15〕吾淳先生認爲：「宋代在中國倫理發展史中具有十分重要的地位，它是倫理從思想走向社會、走向實踐的時代，儒家倫理終於實現了大眾化或普遍化。」〔註16〕以往的研究往往對宋明理學持有一種觀點，即宋明理學是儒學發展的一個特定階段，其學說關注個體內在心性，關注個體自身的內在道德修養，是儒學內向性發展的取向。然而，當對儒學思想的研究進入到關注思想傳播和落實的儒學面向時，則發現宋代成型的理學在注重內向心性道德修養及其學說形上思辨的面向外，更有其注重與社會歷史生活互動的一面，而且不僅僅只是具備了這一面向，更是在這一面向上展開了豐富的理學思想向社會現實的落實的普及化和大眾化的行動。余

---

〔註13〕錢穆：《理學與藝術》，見宋史座談會編：《宋史研究集》第7輯，〔C〕臺北中華叢書編審委員會 1974 年印行。
〔註14〕錢穆：《理學與藝術》，見宋史座談會編：《宋史研究集》第7輯，〔C〕臺北中華叢書編審委員會 1974 年印行。
〔註15〕張邦煒：《宋代文化相對普及》，載北京大學古文獻研究所、四川大學古籍整理研究所編《國際宋代文化研討會論文集》，〔C〕四川大學出版社 1991 年版。
〔註16〕吾淳：《中國社會的倫理生活——主要關於儒家倫理可能性問題的研究》，〔M〕中華書局 2007 年版，第 186 頁。

英時先生在其著書《宋明理學與政治文化》的自序中寫道：「理學（或道學）的起源和發展首先必須置於宋代特有的政治文化的大綱維之中，然後才能得到比較全面的認識」〔註17〕，在這種研究思路中，余英時先生脫開慣常認為宋明理學是內向型、只教人如何「成聖成賢」、只注重心性修養的理論的看法，指出理學的「內聖」修養方法和道路，都是「為了通過『治道』以導向人間秩序的重建〔註18〕，而這人間秩序的重建，恰恰是關涉到文化、人倫、日常生活等諸多秩序的實踐性問題的。余先生實際上是指出了對宋代理學思想與實踐關係研究的必要性和可能性。這一觀點也直接體現在其代表性著作《朱熹的歷史世界──宋代士大夫政治文化研究》之中〔註19〕。

在對宋代文化相對普及的表現及原因的研究方面，張邦煒先生指出：「宋代文化相對普及的最重要也最富有時代意義的表現是文化不再被極少數士家大族所完全壟斷，逐漸由士階層普及到農工商各階層。其原因之一在於當時具備相應的物質條件。其原因之二在於當時具備相應的政治環境，號稱「以文治天下」。原因之三在於家庭對後代的教育，大多抓得很緊。〔註20〕吾淳先生認為：「直至宋代，中國社會的倫理始以真正基層倫理亦即家族或宗族倫理的形式出現，具有了普遍性的意義。這一倫理的實現或展開以宗族為平臺，在此平臺上，通過族規以立倫理，通過守則以呈倫理，通過強制以行倫理，通過教育以養倫理。」〔註21〕崔大華先生從理學與社會生活關係的角度在其著作《儒學引論》中認為「理學並不是作為一個純粹的理學體系而存在，而是通過不同的方式、途徑滲透到社會生活中去，塑造了一種十分具體的、以理學為特質的儒家生活方式」〔註22〕，並提出理學滲透到社會生活的方式是通過理學成為國家政權的意識形態，以及理學浸染蒙學、理學進入文學等主

〔註17〕 余英時：《宋明理學與政治文化》，〔M〕廣西師範大學出版社 2006 年版，第 3 頁。

〔註18〕 余英時：《宋明理學與政治文化》，〔M〕廣西師範大學出版社 2006 年版，第 4 頁。

〔註19〕 余英時：《朱熹的歷史世界──宋代士大夫政治文化研究》，〔M〕生活・讀書・新知三聯書店 2003 年版。

〔註20〕 張邦煒：《宋代文化相對普及》，載北京大學古文獻研究所、四川大學古籍整理研究所編《國際宋代文化研討會論文集》，〔C〕四川大學出版社 1991 年版。

〔註21〕 吾淳：《中國社會的倫理生活──主要關於儒家倫理可能性問題的研究》，〔M〕中華書局 2007 年版，第 186 頁。

〔註22〕 崔大華：《儒學引論》，〔M〕人民出版社 2001 年版，第 634 頁。

要途徑進行的。因此對於關涉到宋代，尤其是南宋時期倫理思想與道德生活互動的資料，我們還必須從社會學史以及其他相關的專題研究中尋找。本書希望以思想傳播和落實的儒學面向為研究對象，所運用的研究方式必然不能僅僅是哲學式、觀念化的，還將主要結合儒家倫理思想，在教化實踐視域中，通過科學化、歷史性的考察來進行研究。

　　鑒於對中國倫理，尤其是對宋代倫理研究以上狀況的理解，本書主要著手對南宋這一儒學特定發展階段，考察儒學倫理思想如何落實到社會基層，並實現其儒家倫理思想的大眾化。但考察顯示，到目前為止，關於儒家倫理思想向社會生活滲透、落實的研究仍然不夠具體深入，而從倫理思想到行動角度來說，南宋又顯得尤為重要。以往的研究多著重對理學思想在儒學發展中的地位，及其學說觀念的形成與發展、理學概念的演繹等進行闡釋與論證，這一類研究注重儒學學理脈絡的聲清和對經典文獻的旁徵博引。這樣一種研究也更關注理學中的心性問題。這是因為，宋明理學放棄八百年盛行的漢唐傳注儒學學統，從早期儒學中直取本義，尤關切「心性」之學，突出人倫本意，使人倫之理作為一種思想理論得以彰顯，理學家對《四書》進行盡精微的研究，揭示闡發儒學「治心」的內在功能，形成了宋明理學的心性學說思想，破除了漢唐注疏訓詁的學風，使僵死和衰落的儒學開始重新充滿自由的生機和活力。重心性的理學特點也使得現代宋明理學研究傾向於此。

　　那麼這些是它所呈現的全部面向嗎？理學作為儒學，其發展中具有自身特殊性的思想論說，與歷史生活有著怎樣的一種關聯呢？它關注心性？它為什麼關注心性？它還關注什麼呢？如果它只有形上思辨的面向，那麼它怎樣實現儒學思想與社會生活的勾連，並在宋以後影響和確定了傳統中國社會的人文歷史面貌呢。儒學的核心價值取向又如何會作為整個民族的文化底蘊直至今天仍存活在我們實際生活的諸多觀念之中呢？帶著這些問題進入宋代，尤其在進入理學成型的南宋社會後，「儒家倫理精神的落實是僅僅通過或依靠心性修養的途徑嗎？」這一系列的問題可謂是對「南宋理學家倫理實踐」問題展開研究最初的簡單動機：理學的形而下面向是什麼？

　　梁漱溟先生曾認為中國的儒家學說是倫理本位的，這種倫理本位同樣在宋明理學的特質中得到反映，南宋時期是宋明理學思想的集成期，理學內部學派並出、其集中的論說中具有豐富的關於人倫秩序的建設和心性道德修養方法的思想。紛呈的倫理道德思想，其落腳點卻無一不是叫人要關注人倫日

用中的履踐，要在眞切履踐儒家倫理精神的落實行動中，達到「治心」進而「治世」的功能，最終實現中國儒家傳統的「天人合一」理念。當關注理學形而下面嚮之時，理學的倫理精神及其理學家的倫理實踐當可以看作爲是研究理學發展的核心問題。

## 二、研究的思路與框架

理學作爲儒學發展重要階段，被稱爲新儒學，它不同於漢代以來注重訓詁的經學形態的儒學，它以「新」的儒學面貌向先秦儒學復歸，這種復歸不是簡單的倒退，而是欲以復興原始儒學對人倫道德的關懷和其實踐品質的。南宋理學以思想理論的面貌作爲最初的形態，以其鮮明的倫理精神和入世的品格向社會日用層面進行著一系列行動，當對這種理學行動進行考察時，會發現理學家一面進行理學論說的同時，亦將其中關涉人倫應然秩序建構的倫理思想與價值觀念向社會層面展開了積極的實踐。由於理學家的倫理實踐，自南宋後，在儒學的發展中，能明顯感覺到一種「儒學轉向」，即從儒學思想論說向儒學文化傳播的轉向，從以往儒家精英學說向儒家庶民倫理教化的轉向，在這種儒學轉向中，理學形成了自己的核心價值判斷和取向，也即倫理精神，其重要特點就是表現在具有重「行」的傾向，理學思想本身促成了其「由思想而行動」的實踐面向，理學思想與理學行動呈現了十分緊密的關係，理學思想呈現了理學家行動的態度與價值取向，理學家的行動則對理學思想進行了社會層面的實現，理學思想與理學家的行動互爲發展前提。對於理學家倫理實踐活動的考察，可以清晰認知理學思想的倫理精神及其運動，把握其實質，並能夠挖掘理學的文化價值和倫理價值。理學家的倫理實踐就是要將其學說思想層面的倫理精神落實爲一種「由思想而行動」的運動，實現其思想的力量，勾連起思想與行動的關係，在理學行動中使理學思想發展並成型，對於理學思想層面的倫理精神的探討，必須要將其置於南宋理學家的倫理行動中加以考察。

理學倫理精神正是通過理學家的倫理實踐而表達出來並加以實現的。宋代理學，尤其是南宋理學本身，內含著理學對「如何落實倫理精神」的「思考」衝動和「行動」的衝動。南宋理學家特別重視在理學倫理精神與社會現實生活之間構架起橋梁，使儒學倫理精神及其原則得以落實到社會生活之中。正是在南宋理學家集體的倫理實踐推動下，理學的行動面向才能夠逐步

展開，輪廓才變得日益清晰。理學家們一面對人倫道德進行形而上的溯源與哲學追問，形成卓有成效的理論創新；而不可忽視的另一面則顯示，理學家們對理學所包含的倫理精神更是注重展開一系列形而下的實踐行動，對這一面向的用力毫不亞於對構建理學理論體系的努力。要之，理學家最終仍是在理學之行動面向中回應和承諾他們的所有理論建構的。

當把研究視角定位在探討南宋理學家如何將其學說包含的倫理精神落實到社會現實的倫理實踐活動時，必然會產生這樣一個主要問題：「南宋理學家們如何進行倫理實踐行動以展現理學倫理精神及其行動面向的？」在對此問題的探討中，欲以求知南宋儒家倫理精神的落實進程中南宋理學家的倫理實踐對理學倫理精神的普遍化和大眾化傳播與落實提供了怎樣的可能？理學發端於北宋周張二程，成型於南宋朱陸，而又以南宋時期理學的倫理精神最爲彰著，行動面向更爲突出。本書便是主要以朱熹、陸九淵等爲南宋理學代表人物所形成的理學思想和他們的倫理實踐爲考察對象，旁及對南宋這一代理學家的弟子進行考察，嘗試解答這一問題。南宋以後，新儒家的倫理思想昭垂綿延，其學說包含的倫理精神逐步深入傳統中國社會，在漫長的歷史進程中逐步成爲人們思想和行爲的準則，日用而不覺，這一切形成了宋以後中國社會相對穩定的倫理生活面貌，也成爲日後爲世人進行道德批判的主要源頭。那麼，這一社會面貌是如何形成的呢？這是一個需要被解釋和說明的問題。

而在南宋時期，理學倫理精神落實過程中最值得我們注意的就是「共同體」的建構，其直接成爲理學倫理精神落實的平臺。南宋理學家在社會基層倡導新宗族共同體的建構，並以此實施宗族教養，以落實理學倫理精神；他們還由家而鄉，在鄉里實施廣泛的教化，倡導民間的社倉共同體與鄉約共同體的建構，並以此落實理學倫理精神；此外，他們更在宗族和鄉里實施儒家倫理教養、教化之外，倡導書院共同體建構，並在書院教學活動中，培養對理學倫理精神進行傳播和繼承的穩定的士人群體，從而爲理學思想向社會基層落實尋找實現的最可靠載體：理學人才。南宋理學家的倫理實踐是面向社會基層的，從而是關注普遍性的，因此重視民眾教化，這使得他們在考慮理學思想如何化爲行動，達到治世理想時，「共同體」的建構成爲了他們對倫理教化實體創設的嘗試，這也是他們重視對社會基層施以大眾化的倫理教化的結果。南宋理學家對「共同體」的建構過程，實質上就是他們展開倫理教化過程本身。這一過程由南宋理學家建構了民眾的倫理道德教化的基本要素：

「共同體」──作爲倫理教化實體的存在，信仰或倫理共識──「共同體」
這一倫理實體得以維繫的精神支持，倫理規範──對倫理精神向倫理規範轉
化的具體化方案，教養、教化、教學──基於共同體的「學」。所以，探討南
宋理學家如何開展倫理實踐活動，就必須考察他們在社會基層進行宗族教養
實踐、鄉里教化實踐和書院教學實踐的理學行動，更爲重要的是，需要考察
他們如何以「共同體」的建構作爲一種普遍的手段，來展開其倫理精神的落
實的，在這種「如何」中隱藏著一種「爲何」。

　　鑒於以上的研究思路，也是基於「要完整地瞭解儒家倫理思想在中國傳統
社會的作用，必須將儒學的文本和儒者的行爲、社會角色等結合起來研究」的
方法，本書希望在做這樣的一個研究時，注重「由思想而行動」的研究面向。

　　本書的研究框架共分五個部分，包括主體部分共四章和餘論部分。第一
章主要探討理學在思想層面展開倫理實踐的「行動」邏輯。第二章至第四章
共三章則探討理學倫理精神如何在南宋的社會歷史生活層面實現其形而下的
行動面向。在餘論部分，對上述考察進行總結，簡要考察南宋理學家在致力
倫理實踐之後，後世所處的社會歷史生活中理學倫理精神的進一步落實狀
況，並在此基礎上就南宋理學家的倫理實踐所呈現出的共性特徵進行分析與
探討，結合現代道德建設問題作出一定的思考。

　　第一章主題爲「思想與行動」。以朱熹和陸九淵等爲代表的南宋理學家對
社會現實問題的理解與批判，是他們形成理學思想、進行倫理實踐的基礎。
在南宋理學家看來，現實主要問題恰恰就是「君不德不知正心」導致的勸諫
直道受阻，昏官庸官腐官當政當道；井田不行於世土地兼併頻仍導致的貧富
分化，富者奢靡貧者無以糊口或爲盜爲賊；國家雖重科舉但不重興教，官學
教養實質爲其形制大興所掩蓋，社會教養不足必然顯現社會風俗時見敗壞，
社會基層人倫秩序整合的缺失。南宋理學家的「三代」想像與他們所觀感的
南宋社會問題緊密聯繫，可以說對三代的想像就是對現實問題的反向表述，
反映的正是對社會現實矛盾的批判。在他們陳述歷史時，表現出一種「三代」
觀，即將中國社會兩分爲三代之上與三代之下，三代太過久遠，其歷史的眞
實與否對南宋理學家來說，實取決於他們對三代的想像與敘述，他們對三代
的想像主要傾向於對如下三點表達的贊美：君德完美且知正心、舉封建而行
井田、治教合一併重視教化。對三代的想像是南宋理學家表達他們的治世理
想，欲以展開倫理道德重建行動並改革的言說策略。在理學家的治世理想即

「三代」想像中，他們欲以行動的根據，所生發的理學倫理精神體現爲：爲倫理實踐的內容必要尋找「天理」之道德權威，爲人倫關係之善以及個體心性修養之善必要尋找「人心」之道德容器；將現實歷史生活中的矛盾理解爲義利問題，並將義利問題必要表達爲理欲之矛盾；賦予「禮」在倫理實踐行動中的重要地位：建構「由禮明理」的禮之權威，呼喚禮樂精神的回歸，以及建構「由理入禮」的禮之基層教化系統，以禮爲人倫秩序和諧的手段，並主張「克己復禮」的方式推己及人，重建社會基層人倫秩序。在此過程中，他們表達了對於「禮」教的熱衷，理學家南宋理學家要實踐倫理精神，並將如此的倫理精神落實到社會基層，繼而理學需要對「行」作出解說。

在所持有的倫理精神的推動下，南宋理學家表達了這一歷史時期儒家特有的重「行」觀念。「行」觀念在南宋理學家思想中佔有怎樣重要的地位和意義，如何看待南宋當時的社會現實問題，並在他們的三代想像之中表達了怎樣的治世理想和對社會秩序整合的倫理教化取向，將在第一章得到說明。可以說南宋社會現實問題在理學家眼裏，是經濟繁榮無法掩飾的人倫道德問題的凸顯，南宋理學家對這一切又認爲是由於官方政教體系內的倫理教化缺失和利欲之心的膨脹之故，爲此他們試圖通過建構理學士人群體來進行主要是官方系統之外的倫理實踐，並希望通過這種官方系統之外的行動，達到社會基層廣泛的人倫秩序的整合和道德的重建：宗族教養、鄉里教化和書院教學。在這一過程中，理學家將其思想與行動進行聯結，將其倫理精神與社會生活方式進行勾連，將儒家精英倫理思想開始轉換爲人倫日用之倫理規範和道德觀念。南宋理學家在進行由思想而行動的倫理實踐中，實質是在進行著一種「社會」建設的實踐。要之，這種建設的下手處，是構築一個倫理實體：共同體。

第二章主題爲南宋理學家的倫理實踐之一，即探討南宋理學家的倫理實踐：「宗族教養」。南宋理學家不認爲現有的行政控制體系能夠很好地實現社會人倫關係的和諧建設以及生活秩序的整合，他們更傾向於在社會基層對以血緣關係組織起來的社會第一生活中心——宗族——進行重建，施以基於宗族平臺的人倫教養，以落實理學倫理精神，達到社會基層人倫秩序的整合。北宋理學家對宗族問題的思考爲南宋理學家提供了思想資源，他們所倡導的重建宗族的社會功能、確立宗法的意義、提供宗族重建的族譜和形成宗族共同體等一系列方案均爲南宋理學家所繼承發展。南宋理學家在繼承北宋理學家的宗族重建思想下，展開全面的宗族重建行動，這種行動以朱熹爲代表，

對宗族共同體進行實際建構，在特定群體範圍內實施宗族教養和基於宗族共同體的人倫秩序整合和倫理知識的傳習訓練。這種宗族共同體的建構和教養表現爲：其一，倡導「家禮」並改造「禮」的平民化路徑，通過設立基於宗法觀念的祖先祭祀和士庶民家祭祀之祠堂，而樹立宗族共同體的祖先信仰，並以此作爲維繫宗族共同體之道德教養實體的精神支柱。其二，通過族訓族規教養，凸顯倫理規範維護宗族共同體的價值，並以「訓與規」的形式顯示了以往所沒有的儒家倫理教化的約束性和懲戒性，使宗族作爲「共同體」有了教養的下手處。其三，基於儒學的理性主義精神和理學注重「教」的倫理道德化育精神，力行族塾童蒙教養，南宋理學家的倫理實踐主要圍繞對蒙學教材的編訂，將儒學精義改創爲士庶民宗族內可進行大眾化教養使用的通俗教材，蒙學教養提供了宗族共同體內人倫秩序整合的道德知識基礎。

　　第三章主題爲南宋理學家的倫理實踐之二，即探討南宋理學家的倫理實踐：「鄉里教化」。南宋理學家爲了更有效地落實理學倫理精神，完成「達善於天下」的治世理想，他們的視野由宗族而擴展到鄉里，在鄉里落實「養民爲先，後施之教化」的原儒精神。在鄉里教化中，南宋理學家一方面基於自身特定的官職身份展開官方系統的理學行動，如經界土地、均平稅賦，實施救荒，行禮於鄉里，實行勸諭等倫理道德教化；另一方面也更爲重要的是，南宋理學家還作爲普通的理學士民群體的示範，在官方系統之外發起「共同體」建構——社倉共同體和鄉約共同體——來落實基於地緣的群體倫理道德教化。這兩種共同體教化都基於和宗族共同體建構的相似模式，主要發端於官方系統之外，有其理學信仰和共識的建立，有其規約的倫理教化，有其特定群體範圍，故此是爲倫理道德教化的實體培育。可以這樣說，對社倉共同體的建構一方面落實原儒「養民爲先，後施於教」的政治倫理精神，更重要的是試圖在官方系統外集結起理學士民群體，開悟其自覺意識，實現「傳道濟民」的治世理念。而「鄉約」實踐則希望通過鄉里，在理學人士的推動下實現社會基層鄉民的道德自律，通過一定的規約進行社會人倫秩序的社會基層整合。

　　第四章主題爲南宋理學家的倫理實踐之三，即探討南宋理學家的倫理實踐：「書院教學」。書院不同於書齋，它在南宋勃興，是南宋理學家實現「教」與「學」互動的讀書講道之公共場所。作爲一種新典範，書院教學活動也是以一種官方之外的自組織系統爲最初特徵，不以血緣、地緣集結爲群體特點，

但特別重於思想之緣的「共同體」建構路徑來實現理學倫理精神的傳播和落實。理學家在推動書院教學中倡明區別於科舉之學的讀書使命，著力於民間，但始終爭取官方支持，以推動書院教學活動的發展壯大。理學家紛紛啟用新的理學課程來代替科舉之學，提供給以書院為中心的師生教學使用，為共同的學統創造具體實在的思想基礎，當然，理學家不會忘記通過具有象徵意義的禮教活動，內化共同的使命意識與責任感。以書院學規的頒佈作為書院教學的共同約束，在此基礎上發展出一套適用於所有書院向學士子的管理制度。在基於以上的思想共同體的建構中，南宋理學家廣泛開展講學活動和培育理學人才的實踐，實現對理學倫理精神傳播的知識創造和人的創造。

　　餘論。南宋理學家的豐富的倫理實踐行動展示了理學的行動面向，並將理學倫理精神通過各種途徑落實到社會基層，實現社會基層人倫秩序的整合，實現理學治世理想。這種理學家發起的倫理實踐使得南宋以後的中國社會歷史生活裏的普通民眾，在儒家文化傳播中接受了儒家精英學說主要的觀念和倫理教化。這種接受直接表現為理學倫理精神在社會基層的成功落實，南宋理學家提倡的宗族教養、鄉里教化和書院教化的落實途徑在宋以後成了主要的教化途徑，而且通過這些途徑進一步促使三綱五常這一倫理架構在傳統中國社會牢牢確立，並使孝、義等具體的倫理規範深入人心。在這一種考察中，本書研究得出如下結論：第一，南宋理學實現了儒學的轉向，使儒學更自覺地發揮它對社會的文化價值，力求儒學的大眾化和普遍化。第二，南宋理學家的倫理實踐由官方系統之外的宗族教養、鄉里教化和書院教學建構起一種理學行動的面向。第三，這種理學行動面向的最主要特點是以對「共同體」的建構為基礎，試圖圈起或集結起特定範圍的人群，實施倫理教養、教化和教學，進行不同層面，但都是基於社會基層的廣泛的倫理規範訓練和道德培育。這種對「共同體」建構提供一個倫理實體〔註23〕並由此對個體發

---

〔註23〕「倫理實體」的概念在黑格爾《法哲學原理》中被提出，他認為人不能處於無倫理或倫理實體破碎的狀態，在他看來，家庭是倫理實體的初級階段，服從利他原則；市民社會是在家庭倫理實體破碎後服從利己原則而形成的倫理實體，國家則是高度發展的倫理實體。（參見黑格爾著，范揚、張企泰譯：《法哲學原理》，商務印書館 1961 年版。）黑格爾對倫理實體的分類，從其對倫理實體的表述可知，倫理實體是道德教化的重要維度。倫理實體是具備特定倫理化的社會關係，擁有真實的倫理生活的由社會人組成的群體。倫理實體使得倫理精神具有展開的可能性。對社會現實的人倫關係持以合乎情理的尺度，這就是「倫理」，它將在這種實體中得到貫徹和體現。

揮教育功能的典範，在南宋理學家的倫理實踐中形成，並爲之建構了四樣要素：信仰或共識的樹立，約束性規範的習慣養成，基於教化的道德知識供給，以及以上三要素結構之中形成的「共同體」之倫理實體。第四，鑒於南宋理學家的行動之主要以社會基層爲建構基礎，也鑒於南宋理學家的行動主要是在社會基層進行一種倫理實體的建構，因此可以說，在國家與社會兩分的結構中，南宋理學家是在進行著一種「社會」建設的實踐，這種建設的下手處，正是他們構築「共同體」的倫理實踐，並以此作爲理學倫理精神落實的途徑或依託。

# 第一章　思想與行動

　　在中國儒學發展的歷史上，作爲一種思想學說的儒學新形態——理學，以「道統」接續孔孟的理想，以「發明義理」來反對「文章詞訓」，至南宋時期，在以朱熹爲代表的理學家們進一步的理論闡釋中，得以成型而成熟。

　　然而，以「發明義理」爲自身學術旨趣的理學，並不止於是一種哲思，因爲理學作爲新的儒學形態，其旨歸是在復古的歷史敘述中關注現實的「人倫」秩序和道德問題。理學理論的成型和成熟，在於它的思想學說所散發出的理學倫理精神必要和現實接連，展示出一種理學的行動面向。這種理學倫理精神展示出的行動面向，以對「治道分離」的現實問題反思與解決爲出發點，以基本的理學思想爲根據，以對上古三代的想像爲憑藉，從而追求儒學新形態在現實社會中的圓滿，這種圓滿表達爲：必會是、且恰恰是完成一種道德評價和倫理秩序的建構行動和理學倫理精神落實的實踐活動。唯其如此，本體論的「理」才能在現實世界的殊物之中得到顯現。唯其如此，道統才有所謂「統」的可能，「治」與「道」能再度合一；唯其如此，善才有所謂「止」，「禮」與「仁」能再度合一；唯其如此，「理」才能在「格物致知」和「心即理」的表達中獲得眞實。

　　因此，南宋理學的成型和成熟，不僅體現在朱熹等理學家對北宋五子，特別是二程理論的進一步發展從而形成規模；還在於，理學家們以一種統一的學術文化立場和身份共同表達了「儒學轉向」，從帝王道德學向庶民倫理學的轉變，從注重精英德性教育向平民德行教育的關注（當然，這一轉變並不說明理學就不再關注帝王道德學和德性教育）等等。這一轉向，實際包含了一場持續的思想建構和行動落實，其中實際反映了理學對時代問題的自發檢

討，並涵攝了南宋理學在理論成型期所體現出的對倫理秩序合理化追求的強烈願望和實踐。

南宋理學在改變現世倫理秩序的淑世抱負中，延展出理學在思想層面的核心價值內容：理學的倫理精神。在理學倫理精神的自身要求下，儒家倫理原則在社會生活層面進行著落實行動，並由此努力實現理學行動面向的目標：社會基層的秩序整合功能。由此，理學的成型和成熟便展現爲一種由思想而行動的實踐過程，這種倫理精神的社會層面之落實，則由理學家的倫理實踐活動體現出來。那麼南宋理學思想的倫理精神是什麼呢？南宋理學倫理精神的行動面向又是如何在思想和行動之間進行「由思想而行動」的聯結的呢？

# 第一節　南宋理學家對現實問題的理解與批評

南宋理學家的「三代想像」和理學倫理精神，及其一系列倫理實踐的展開，是基於對現實問題的理解及批評之上的，這也在理學倫理世界應然與實然的對舉中，加強了理學「由思想而行動」的發展傾向。南宋開國，疆域南移，相比北宋，縮至一半，以江浙一帶爲重心。定都杭州之後，南宋的政治、經濟、文化中心聚合在一起，這種中國歷史上少有的三中心集聚模式促進了南宋社會繁榮與發展。但是，對南宋理學家們而言，所看到的更多的是社會繁榮與發展背後的現實隱患。

南宋理學家基於對現實問題的理解和憂慮，以其所要闡釋和欲意推廣的儒學倫理精神，對他們認爲最爲緊要的現實問題提出批評，通過對「道喪學絕」的批評，理學家希望用理學行動繼起道統；通過對「科舉之弊」的批評，理學家希望更革教育模式，創建由理學家主持和講授的新道德教化課程和義理教育內容；通過對「風俗不古」的批評，理學家希望通過各類道德教化途徑更爲廣泛地在南宋社會基層落實理學倫理精神。

## 一、南宋理學家面對的現實問題

「正君心」的儒家直道受阻。北宋開國，就實施了一系列鞏固君權的措施，並在南宋開國之後得到因循。自南宋高宗避敵到杭州後，重整殘局，對外乞和，對內釋大將兵權，罷黜異論，巧用權相，且不由士大夫參與國計。這一系列的策略使得南宋君權在不長的時間裏比從前反而更大。在君權獨斷高漲的南宋，負有「正君心」之責的諫官儒臣們地位並不高，其勸諫之直道

難行，屢受阻滯。南宋大臣衛涇在其《後樂集》中描述道：

> 自古人主患不容受。陛下每於臣僚奏，言雖許直，必務優容，
> 可謂有容受之量。然受言之名甚美，用言之效蔑聞。毋乃聽納雖廣，
> 誠意不加。始說而終違，面從而心拒。軒陛之間，應和酬酢，密若
> 有契於淵衷。進對之臣，亦自以爲得上意，退朝之暇，寂不見於施
> 行。蓋有宣泄於小人，而遂罹中傷者矣。潛阻士氣，陰長諛習，莫
> 甚於此。〔註1〕

以上在寧宗朝所見的情形在整個南宋實爲普遍，而往往在權相的各種制衡手
段中，也不乏通過「臺諫言事，悉用庸儒」的方法以息事寧人。因此，南宋
朝看似表面尚儒，爲避免拒諫引起百官異論，一面任用一批敢於直諫、有能
力的官員，一面卻是君主「悅而終違，面從而心拒」，因此使得專職的諫官勸
諫無用。

　　劉子健在其《南宋君主和言官》一文中總結了南宋君主對待直諫的態度
是：「拖延敷衍」、「調護」、「抑言獎身」及其「控制」，並指出南宋諫官實際
地位往往不高，這與北宋朝諫官的地位有著許多差異：

> 北宋時代，言官說話還有力量。……南宋連言事都不受歡迎。
> 出頭說話，旁人就批評說：這是好名心重，必非君子。既非君子，
> 其言也就不足重視。當時人感歎說：「以言爲出位，以不言爲守職。」
> 就是指少論是非，按部就班的做做就得了。〔註2〕

「正君心」的職責擔當對具有治國理想的士大夫們而言，也只能是朝廷裝裱
德治門面罷了。

　　社會基層養民不力與教化缺失。南宋末年，土地兼併的情況可在南宋末
年大臣謝方叔的一段論述中見得一斑：

> 今百姓膏腴皆歸貴勢之家，租米有及百萬石者，小民百畝之田，
> 頻年差充保役，官吏誅求百端，不得已則獻其產於巨室，以規免役。
> 小民田日減而保役不休，大官田日增而保役不及，以此弱之肉、彊
> 之食，兼併浸盛，民無以遂其生。〔註3〕

---

〔註1〕　衛涇：《後樂集》卷十《辛亥歲春雷雪應詔上封事》。
〔註2〕　劉子健：《包容政治的特點》，收錄於《兩宋史研究彙編》，〔C〕經聯出版事業
　　　　公司1987年版，第67頁。
〔註3〕　謝方叔：《論定經制以塞兼併疏》，載《宋史》卷一百七十三《食貨志》。

土地兼併直接導致了社會的貧富分化，中下層地主階級浮沉陞降加劇，而農民則在有地戶與無地客戶之間轉換，而往往不得不流離故土成爲遊民，社會秩序由此混亂。朱熹提出：

> 中產僅能自足而未能盡贍其佃客、地客者計幾家。〔註4〕

即指的是當時小地主及富農階層依靠佃客耕作土地的拮据情況。根據漆俠研究，當時朱熹所說的中產即南宋中等戶中的中等，佔地百畝至百五十畝。〔註5〕而根據張守在南宋初年提及的：

> 今之家業及千錢者，僅有百畝之田，稅役之外，十口之家，未必糊口。〔註6〕

這類三等戶已難糊口，在整個南宋年間，農民諸等級對土地的佔有更是日益減少。尤其明顯的是南宋出現了「有丁無田」的情況，戶等的變化是普遍的：

> 上戶折爲中戶，中戶變爲下戶〔註7〕。

在土地兼併中，地主商人也竭盡所能，不斷擇利兼併農民土地，顯現了當權有勢人的無盡貪欲；而另一方面，百姓的苛捐雜稅名目卻繁多，生活負擔沉重，爲生存鋌而走險。

針對民生問題，地方官的養民救濟作爲顯然不力。地方官施政側重點在賦稅和治安，而相比之下對普通農民、貧民的各種災荒救助則弱許多，陸游稱：

> 中興七十年，縣之吏，往往惟餉軍、弭盜、簿書、訟獄爲急。〔註8〕

南宋，國家財政拮据有加，賑濟開支下降，雖然社會治安與救濟關係密切，但財政的窘迫使得官方也無法實施此項地方職能，洪邁言：

> 水旱災傷，農民陳訴，郡縣不能體朝廷德意。或應減放苗米，則額外加耗之入爲之有虧，故往往從窄。〔註9〕

此外，社會基層的行政控制重稅賦職能而教化職能缺失。鄉，代表著傳統中

---

〔註4〕 朱熹：《晦庵集》別集卷六《取會管下都分富家及闕食之家》。
〔註5〕 對南宋社會戶等經濟問題的詳述參見漆俠：《中國經濟通史》宋代經濟卷上，經濟日報出版社1999年版，第301版。
〔註6〕 張守：《毗陵集》卷二《論淮西科率箚子》。
〔註7〕 吳泳：《鶴林集》卷十七《論群縣人心疏》。
〔註8〕 陸游：《渭南文集》卷一九《會稽縣重建社壇記》。
〔註9〕 洪邁：《容齋隨筆》三筆卷十四《檢放災傷》。

國社會的基層，對「鄉」進行官方管理與安排的組織則屬於官方的基層控制體系。宋建國初，以鄉制進行社會基層管理；開寶七年（974 年），宋廢鄉設管，管設戶長，負責宋社會基層的經濟職能：催徵賦役，但社會基層仍維持原來的鄉制，由里正、戶長履行經濟職能。自北宋熙豐變法以後，保甲制實行並得到逐步推廣，都、保遂成爲縣級以下的基層控制組織。〔註10〕

在以上這樣一個關於宋代大致的社會基層控制組織的演變中，有以下兩個特點：其一，社會基層來自於官方的行政控制強化，一方面「鄉」不再是按人戶數爲單位劃分的社會基層行政組織，而轉變爲按地域範圍劃分的組織。與此同時，鄉以下級則以管轄人戶數比以往大爲減少的都保組織實施對社會基層的控制，重要的是這種控制的強化主要出於官方對土地管理等經濟利益最大化的考慮。唐初規定百戶爲里，五里爲鄉，自唐中期後，尤其：

> 到了五代，（一里）就遠遠超過了百戶之數，所以此時的鄉、里，只有標記地域範圍的命名意義，而不再具有標誌戶口數目的意義了。〔註11〕

由此，鄉里成爲了地域設置的行政區劃。另一面，則爲了使得鄉一級土地賦稅徵收與土地管理能實現國家利益的最大化，以統轄的人戶數大爲減少的「都保、保」作爲基層眞正的行政組織：

> 一鄉之中以二百五十家爲保，差五小保長，十大保長，一保副、一保正，號爲一都。〔註12〕

保甲法最初的設立是爲社會基層維護治安而進行的聯保民戶，然而隨著國家對社會基層經濟控制的強化，使得都保頭目的職能竟以催徵賦役爲主，發展到南宋時期，隆興二年（1164），福建路轉運司言：

> 建寧府福、泉諸縣差役保正副，依法止管煙火、盜賊。近來州縣違戾，保內事無鉅細，一如責辦，至於承受文引，催納稅役，抱佃寬剩，修葺鋪驛，拋置軍器，科賣食鹽，追擾陪備，無所不至。
>
> 〔註13〕

---

〔註10〕以上有宋一代鄉制的演變過程參考譚景玉：《宋代鄉村組織研究》，〔M〕山東大學出版社 2010 年版，第 114～123 頁。

〔註11〕楊炎廷：《北宋的鄉村制度》，《宋史論文集：羅球慶老師榮休紀念專輯》〔C〕香港中國史學研究會，第 98 頁。

〔註12〕李心傳：《建炎以來繫年要錄》卷九十六，紹興五年十二月丙午條。

〔註13〕《宋會要輯稿·食貨》一四。

保甲法的實施最終使得國家對鄉級以土地爲核心經濟利益的控制得到了具體化的保障，也使得此後都保下的基層管理頭目因人數需求眾多而傾向於職能的集中和不得不實施的職役化。

其二，出於對社會基層控制強化，都保、保的設立由於管轄人戶範圍縮小，需管單位增加，使得社會基層行政人員數大增，由此不得不實現職役化。所謂職役，就是讓民戶按田畝與戶人口多寡到各級地方衙門充當吏員，或擔任鄉村以下頭目。在當時社會基層民眾看來，職役頭目也是卑賤之職，劉攽說：

　　　　郡縣吏卒，棄絕爲賤曳，不齒於縉紳，賢士不復從此役。〔註14〕

他們往往都是由官府按民戶田畝資產和人丁多寡而選出的役人。他們的待遇很差：

　　　　在宋代的多數時間里根本得不到政府的報酬，其職「至困至賤」，各級貪官污吏對他們『非理徵求，極意凌蔑』，使其不時遭受「期會追呼笞棰」。〔註15〕

到宋代，鄉村行政組織頭目已不再如秦漢時期的鄉里三老、里正等具有才德權威，而且還有祿秩，也不像隋唐時期仍屬於鄉官類型，職役化的轉變是順應國家基層控制加強而所需管理頭目數量大增引發的，自然已經不再考慮道德權威，其人員來源確定了也不可能屬於鄉官類型，由此里正、戶長、耆長、保正副、大小保長等鄉村行政頭目都變成了地位低下的職役人。〔註16〕

由此可見，宋代社會基層的鄉制的演變，使得鄉之人際由血緣或血緣與地緣混合的關係，演變爲主要以地緣爲主的關係了。而這種以地緣爲鄉區劃特徵的現象恰恰是宋以來，尤其自南渡後地區經濟繁榮，土地資源稀缺，依借社會基層行政組織，國家重在實現以土地及賦役爲控制單位的表現。而基層人員的職役化帶來的影響是履行職役的人地位地下，經濟報酬無法保障，社會基層生活秩序整合的經濟性突出，與之相應，對生活秩序的整合卻缺乏人際情感的和諧與人際的道德性。

從北宋保甲法實施並普及以來，作爲官方層面對社會基層作出整合的系

---

〔註14〕劉攽：《彭城集》卷二十四《貢舉議》。
〔註15〕譚景玉：《宋代鄉村組織研究》，〔M〕山東大學出版社2010年版，第119頁。
〔註16〕以上對宋代鄉制演變的兩個特點的歸納和使用的有關史料參考譚景玉：《宋代鄉村組織研究》，〔M〕山東大學出版社2010年版，第114～123頁。

統裏，組織化和具體化的模式無法體現治理的道德性。一方面對社會基層加強控制，而另一方面這種控制又直接表現爲國家對最大化利益的追求。原本作爲維護治安的鄉村頭目地位地下，無法充分承擔日益繁重的職能，就更無法勝任社會教化方面的職能了。缺失了經濟誘導以外的教化要素，而進行的社會基層整合模式，正是理學家從德治角度出發所要指明和改變的。

對於社會教化的職能，宋代社會基層控制系統並沒有設立如漢唐一樣的專門負責教化的頭目，社會教化由地方官統管。而在秦漢、曹魏時社會基層都有官方系統設置的鄉三老，唐也有父老專門掌管教化。宋建國卻未正式設立此類頭目，而主要用力於國家對社會基層的經濟控制：

> 收鄉長、鎮將之權悉歸於縣。〔註17〕

同時設立以賦稅催徵爲主要職責的里正來實現控制。因此，宋時蘇頌言：

> 古之治民，勸道教率無所不至。故孝悌力田有優異之科，三老廉吏有表率之義。由是，農民眾而土田闢，風俗厚而獄訟稀。今則不然，民勤於力苟致贍足，則懼外遷第等，遂有因循不耕之患。是力田者有累，而惰遊者無罰也。父子聚居，丁產稍多，則懼差徭配率，遂有離析異居之弊。是孝悌無所勸，而奸惡未得止也。鄉村但有耆壯巡察，吏卒追捕，不聞以善道諭之者，是教化無由至，而訟獄不得息也。然則欲變其俗，使稍敦本者，亦在朝廷勸勉之而已。
>
> 〔註18〕

蘇轍爲此提出過設置鄉村教化頭目的建議：

> 推擇民之孝悌、無過、力田不惰、爲民之素所服者爲之。無使治事，而使議誚教誨其民之息惰而無良者。〔註19〕

但是，這些建議都未被採納。

根據以上社會背景分析來看，理學家熱忱身體力行於理學倫理精神的落實，可以理解爲是在宋代官方系統基於社會基層頭目職役化後，無暇顧及社會救濟和社會教化的局面下，掀起的爲重建一種理想的社會秩序，而建構一種理學式教化系統的行動熱潮。

官學式微與官、士、民之風氣問題。北宋初年，據《文獻通考》記載：「是

---

〔註17〕范祖禹：《宋朝諸臣奏議》卷七十二《上哲宗乞行考課監司郡守之法》。
〔註18〕蘇頌：《蘇魏公文集》卷十八《請別定縣令考課及立鄉官》。
〔註19〕蘇轍：《欒城集》應詔集卷九《民政上》。

時未有州縣之學，先有鄉黨之學。」地方官學最初並無發展，直到慶曆改革時，才有所改變。地方官學的發展始終面臨的問題就是經費不足，往往依靠私人捐助。以下這種情況不時發生：

> 新學成，顧苦在貧。有田磽瘠，食不能百人。遊學之士或自罷去。〔註20〕

自王安石變法後，三舍法大興，將全國學校組織起來，改變科舉內容，讓學生在學校學習，並參加考試，形成了一套完整的學校升貢制度，地方官學成爲了國家養士、取士的主要基地。至崇寧二年，全國儒學生徒達二十一萬餘人。〔註21〕入學機會擴大，官僚數目倍增，以至於地方家族更多人投身於「士」的行列，並享受成爲官員社會階層的種種回報：

> 學生的家族享有稅務回扣，與地方官接觸，免收衙門吏員與官司的干擾，以及和其他地方精英家族建立聯繫。〔註22〕

一時有代替舊有科舉制度的態勢，但隨著各地官學建館增多，各地卻往往因缺乏經費而無法爲地方官學配備學官：

> 州縣有學舍而無學官。〔註23〕

而在配備學官之時，也往往：

> 多取丁憂及停閒官員，以爲師長……遊戲期間，未嘗講習。〔註24〕

當時官僚不肯去做清苦學官，學官自然持續無法充實，官學弊端無人監督，官學學風也日益敗壞。北宋末年，蔡京以恢復新法爲名，確曾再次大舉擴充地方官學，增加經費，但是這一次官學的發展實際目的在於立黨禁，教育效果不好，此後也難免因爲消耗太多而縮減開支。朝令夕改，官學的發展始終在經費短缺、學官缺乏和行政弊端中惡性循環，而學風敗壞也是意料之中：

> 諸州教授，有或多務出入，罕在學校。〔註25〕

富家子弟爲享受優待而：

> 求人試補入學，遂免身役。〔註26〕

---

〔註20〕尹遴：《山東通志》卷三十五之十九上《鄆學新田記》。
〔註21〕參見《續資治通鑒長編拾遺》卷二十四。
〔註22〕〔美〕包弼德：《歷史上的理學》譯：〔新加坡〕王昌偉，〔M〕浙江大學出版社2010版，第193頁。
〔註23〕《宋會要輯稿》，《崇儒》一。
〔註24〕司馬光：《傳家集》卷四十《議貢舉狀》。
〔註25〕《宋會要輯稿》，《崇儒》二。
〔註26〕《文獻通考》卷四十六。

南宋官學對以上問題並無解決，倒是全部繼承下來，甚至比北宋更壞，當時舒璘有言：

> 大抵歙中學校寥落，非吾鄉比。學糧無幾，日給僅四十輩，歲
> 中又以匱告鄉，來處學皆苟二餐而去，蕩然不修。〔註27〕

南宋初，經歷變亂，原先的學田，多在土地兼併中被侵佔，而且原有的館舍也廢棄了，可謂摧毀殆盡。在南宋立國的三十年內，仍未恢復。宋室南渡，政治經濟遭到極度破壞，這也導致官學式微，官學設置有限。雖宋高宗稱「不惜百萬之財以養士」，但資金投入不足卻使得官學的發展時時受阻而無法如願。《宋史‧選舉志》記載：

> 紹興八年，葉絴上書請建學，而廷臣皆以兵興饋運為辭。〔註28〕

至紹興二十六年，地方官學仍破敗不堪，不景氣：

> 或職事多餘生員，或月俸倍於常制，或生徒繫籍而齋無几案，
> 或早晚破食而學無廚竈，或貧士詫為聚徒之所，閒官指為寄居之地，
> 而州縣漫不加省。〔註29〕

南宋初官學投入不足，也沒有引起統治者足夠重視，使得其無法滿足一般士人的求學要求。在南宋初年，每州、每縣只有一所官學，報考者需要通過考試才能入學。南宋參與科舉的人數仍然不斷增加，而南宋初期政府的官僚數目卻在削減，加之政府如上所言在南宋初年拒絕地方教育開支，使得士人入仕前在專門機構學習機會大為減少，求學讀書的門徑變窄。得不到官職的士人明顯增多，這使得掌握一定知識的人在政治體制外成為純粹的知識精英的機會客觀上擴大；而因求學門徑變窄，膨脹的士人隊伍並沒有因為官學資源的減少而減弱考試入仕的想法，往往他們更希望維持考試和士人身份，乃至於有朝一日入仕為官後能夠獲得功名利祿，求得讀書人的道德修為倒是其次。

地方官學教授「任滿更不差入」，臨時由科舉出身的行政官兼任，管理不力，學風也是一蹶不振。由於宋代官學對出身等級的限制降低，學生來源擴大，但是南宋卻中斷了北宋地方官學與中央官學的升學、升貢制度，士人只能通過太學實現升貢，使得南宋地方官學的發展直到其亡國時候都只是保持僅有養士之舉而實無晉升通道的局面。

---

〔註27〕舒璘：《舒文靖集》卷上《與王大卿》。
〔註28〕脫脫：《宋史》卷一百五十七《選舉志》第一百十。
〔註29〕《宋會要輯稿‧崇儒》二。

只是到後來，經過高宗和孝宗朝的恢復，南宋地方官學得到較大發展，但這種發展更多顯示在官學的數量上，而不是官學的教化能力上。葉適言：

> 今州縣有學，宮室廩餼，無所不備，置官立師，其過於漢唐甚遠。
> 惟其無所考察，而徒以聚食，而士之負俊氣者不願於學矣。〔註30〕

各地州縣幾乎都設有官學，以至於出現：「雖瀕海裔夷之邦，執耒垂髫之子孰不抱籍綴辭」〔註31〕的情形；但是也顯示出急功近利，科舉化的趨勢，從社會教化的文化功能而言，其作用顯然是其次了。

南宋面臨「中興」的現實問題，官學急功近利，科舉化趨勢明顯。宋室南渡之後，百廢待興，舉國又興文教理念，因此先恢復科舉，後又復興官學。高宗言：

> 五代之季學校不修，故無名節，今日若不興學校，將來安得人
> 才可用耶！〔註32〕

對於學校培養人才的目標，與以選拔人才為目的的科舉具有高度的統一。由此，南宋社會「學而優則仕」的氛圍很濃。具體而言，官學的課程設置受到科舉考試的制約，官學的教育好壞要由科舉的及第量來確定。對於官學課程設置，時任國子司業的高閌曾奏：

> 今參合條具太學課試及科場事件如後：「第一場，元豐法（紹興、元祐、大觀同），本經義三道，《論語》、《孟子》義各一道。今太學之法，正以經義為主，欲依舊。第二場，元祐法，賦一首，今欲以詩賦。第三場，紹聖法，論一首，策一道，今欲以子、史論一首，並時務策一道。為三場，如公試法。」詔從之。〔註33〕

可以從南宋太學的課試看出太學主要課程是經術、詩賦和策論，而這些設置完全又以科舉考試為依據。在南宋朝，官學所學內容又往往隨科場考試內容的改變而改變。南宋，無論是中央官學還是地方官學，培養目標始終是為國家培養治理人才。因此，學校成績顯著與否，就在於科舉及第人數多寡，而對於學校成績好的，朝廷也往往會予以追捧，教師和學生給予獎勵和升遷。南宋太學之所以為天下士子趨之若鶩，也是因為太學要比地方官學科舉及第

---

〔註30〕 葉適：《水心集》卷三《學校》。
〔註31〕 范成大：《吳郡志》卷四《學校》，載於《宋元方志叢刊》。
〔註32〕 章如愚編：《群書考索》後集卷二十七《士門‧學制類》。
〔註33〕 《宋會要輯稿‧崇儒》一。

機會更大而已。南宋的官學實爲科舉服務，而很難說其具有基層教化的獨立性。

南宋立國三十年間，持續經歷了官學式微的狀況，如果說在南宋立國的前三十年，官學式微以官學規模的局限爲特點，那麼在南宋孝宗朝後，官學式微與求學人數之間的矛盾被科舉之弊與學校養士目的之間的矛盾所替代。孝宗朝以後，特別是到了理宗朝，南宋地方官學逐步恢復，而且呈現規模擴大的局面，如：

兩浙路七十七縣，有州縣學七十四所，普及率達97%。〔註34〕

官學規模也有所擴張，如：

建康府學的校舍有一百二十五間，慶元府學的學生達三千數。

〔註35〕

但是，規模擴大的官學教育內容卻與理學家對道學的論述相衝突。理學家對官學教學內容空疏，成爲科舉附庸的現狀不滿，理學家認爲，他們所主張的學問，是繼孔孟以來的爲己之學，只有爲己之學才能讓人意識到「天理」並按照「天理」付諸實踐，這樣的學問才是學校真正的養士目的。但事實是學校淪爲科舉附庸，成爲科舉之學的場所，科舉教育是爲人之學，只是訓練滿足他們設下標準的學問，而現實的學校興的正是這種以他人標準爲最終目的的科舉教育，並設置了年度、月度與每周的考試，考試內容以科舉標準爲準，考生人數眾多，造成考官必須依靠最客觀的標準進行判斷。這種標準往往使得考官更容易從文章寫作水平來比評判，而不從其文章品質、意圖和思想來評判，學校考試與科舉考試的標準幾乎合一。教育要激發學者發展潛能，而現有官學無以提供一個爲己之學的思考空間和實踐空間，爲此，理學家需要力謀另一個倡導義理之學的空間，將以更大的精力，更自主地投入到以學做聖人與救世爲目標的爲己之學的傳播中去。

權臣當道，爲己謀利，專橫跋扈，忙於兼併土地，賣官鬻爵盛行當時，朝廷講究圓融之道，對於君主的諫言也往往說些空泛大道理。南宋和北宋一樣，推崇文官制度，科舉打開了選官的社會通道，冗官日益增多，行政效率

---

〔註34〕俞兆鵬：《南宋人才之盛及其原因》，《南宋史研究》（第3期），〔C〕杭州社會科學院南宋歷史文化研究中心編，2005年。

〔註35〕俞兆鵬：《南宋人才之盛及其原因》，《南宋史研究》（第3期），〔C〕杭州社會科學院南宋歷史文化研究中心編，2005年。

低下，加之南宋社會商業繁榮，新的社會問題層出不窮，而法律卻不能適應新的情況，往往不斷修改，編纂諸多條法事類，南宋官員派往地方行政往往因人生地不熟，加之對這些新規無法一一吃透，而不得不依靠本地胥吏，清官不得不埋頭於數不清的敕令法條中才好清理案子，但也未必能處理好；而遇到庸官則可以想見，胥吏當道，滋生許多腐敗的情形。〔註36〕

南宋士風，多爲時人詬病，就其應對科舉考試，宋史《選舉志》記載：

> 舉人之弊凡五。曰：「傳議」，曰：「換卷」，曰：「易號」，曰：「卷
> 子外出」，曰：「謄錄滅裂」。〔註37〕

> 舉人程文雷同，或一字不差。其弊有二。一則考官則受賄。或
> 據暗記，或與全篇。〔註38〕

爲求功名，學問以科舉爲指導，考風敗壞的例子不勝枚舉。士人往往最終接受了「考而優則仕」而不是「學而優則仕」的現實無奈，卻又難逃富貴利祿的誘惑，出現空談道德卻不行孝悌的行爲。

在飲食生活上，宮廷權臣的奢侈生活風尚是著稱於世的，南宋時，此奢侈之風更盛。以秦檜爲例：

> 太上每次排會內宴，止用得一二十千；檜家一次乃反用過數百
> 千。〔註39〕

南宋普通官員也都以此奢華爲尚，官場應酬：

> 只一小官，相習成風，或一延客，酒，不飲正數，而飲勸杯；
> 食，不食正味，而食從羹。果肴菜疏，雖堆列於前，曾不下箸，而
> 待泛供；酒皆名醞物必奇珍，以至器皿之類，必務鮮潔。每作一會，
> 必費二萬錢。〔註40〕

在他們的影響下，官僚子孫也窮奢極欲，南宋人陽枋描繪當時南宋官僚家庭子孫言：

> 俗言：「三世仕官方會著衣吃飯。」余謂「三世仕官，子孫必是

---

〔註36〕對以上南宋「官風」的論述歸納的依據，參見劉子健：《包容政治的特點》與
《南宋君主和言官》兩篇論文提供的材料，收錄於《兩宋史研究彙編》第11
～77頁。
〔註37〕脫脫：《宋史》卷一百五十六《選舉》二。
〔註38〕脫脫：《宋史》卷一百五十六《選舉》二。
〔註39〕胡銓：《澹庵文集》卷二《經筵玉音問答》。
〔註40〕張九成：《橫浦心傳錄》卷中。

奢侈享用之極，衣不肯著布縷綢絹、衲絮縕敝、浣濯補綻之服，必
要綺羅綾縠、絞綃靡麗、新鮮華粲、絺綌繪畫、時樣奇巧、珍貴殊
異，務以誇俗而勝人；食不肯疏食、菜羹、粗糲、豆麥、黍稷、菲
薄、清淡，必欲精鑿稻粱、三蒸九折、鮮白軟媚，肉必要珍羞嘉旨、
膾炙蒸炮、爽口快意。水陸之品、人為之巧；鏤簋雕盤、方丈羅列，
此所謂『會著衣吃飯』也。」〔註41〕。

豪強地主以及富商的生活實際上不亞於權臣官僚。與此對照，南宋農民的飲
食生活有的則甚至飢寒交迫，難以為繼。尤其在南宋初年因戰亂所致，有的
地區還出現食人之風。據莊綽《雞肋編》言：

自靖康丙午歲，金人之亂，六七年間，山東、京西、淮南等路，
荊榛千里，斗米至數十千且不可得，盜賊官兵，以至居民，更互相食。
人肉價賤於犬豕。肥壯者一枚不過十五千，全軀暴以為臘。〔註42〕

方逢辰《田父吟》中描述道：

小民有田不滿十，鐮方放分有菜色。
曹胥鄉首冬夏臨，催科差役星火熄。
年年上熟猶皺眉，一年不熟家家饑。
山中風土多食麋，兩兒止肯育一兒。
只緣人窮怕餓死，可悲可弔又如此。〔註43〕

南宋民間，生活艱難，棄子於道而不顧，強者急而為盜，弱者無以自活的現
象實為普遍。且看婚姻，眾所周知，從漢末到唐代崇尚出身和門第的婚姻觀
在宋代已一去不復返，相對而言，宋代「婚姻不問閥閱」，但是，婚姻卻問「財」。
這種婚姻論財的風俗在士大夫，士人階層及其民間都十分盛行，表現在婚姻
成立過程中，以財相尚。據《夢粱錄》記載，婚姻在議婚時，通過媒氏要交
換草貼、正貼。男方要標明聘禮數目，女方要列具隨嫁田產，以此作為締結
婚姻的依據。

婚姻論財引起對南宋時人的厚嫁壓力甚大，慶元二年，倪思出知太平州
時，亦「嫁遣貧女之失時者」〔註44〕。厚嫁對於貧窮女子而言，更使得她們

---

〔註41〕陽枋：《宇溪集》卷九《辨惑》。
〔註42〕莊綽：《雞肋編》卷中。
〔註43〕陳焯：《宋元詩會》卷五十五《田父吟》。
〔註44〕魏了翁：《鶴山集》卷八十五。

無法出嫁，造成許多老死幽居現象出現，更有甚者，這些貧窮未嫁女子則往往賣給富人，或流落都市，或入身道庵，情況十分淒慘。川峽鄂地，爲了獲得資財，不顧法律規定父母在，子不出贅的禁令，多「捨親而出贅」〔註45〕，在廣南地區，「婦女多嫁於僧」，只因爲其地：

> 市井坐估，多僧人爲之，率皆致富。〔註46〕。

再看喪葬。宋代儒釋道三教合流，佛、道在喪葬觀和風俗上都有較大影響，其一例即是火葬盛行，據統計，南宋四川火葬墓約占宋代四川火葬墓總數的80%以上。〔註47〕廣東等地區風行火葬，當時地方官員曾多次下令禁止。〔註48〕火葬的盛行對傳統儒家喪葬禮制具有沉重打擊，它改變了「眾生必死，死必歸土」和「愼終追遠」及「愼護髮膚」的儒家喪葬觀。與此同時，巫風盛行，嶺南地區：

> 荊、交之間，淫祠如織，牲牢酒醴，日所祈賽。詰其鬼，無名氏十常六七。〔註49〕

巫術的目的表面上主要是爲人除病，選擇吉日，查看風水等等，但也在一定程度上反映了當時士民爲自己追功求利，攻人護己的迫切心態。與巫風相關，南宋社會淫祠也層出不窮，對淫祠的祭祀成爲南宋平民的重要生活內容。

## 二、對「道喪學絕」的批評

承唐韓愈以來的「道統」論，對朱熹及其他南宋理學家而言，三代之後聖王達道自是不行，而對「道」的知識的掌握，在孟子之後也失傳了。而直至北宋張子二程，方接續上對「道」的知識的掌握。這種對「道」之失而復得的理解，表達了南宋理學家以對「道」之接續傳承爲己任的行動欲望，自然也隱含了對「道」之「學」的必要性論證。他們認爲，方如此才可扭轉自漢唐以來「世衰道喪，俗學多岐，天理不明，人心頗僻，未有甚於此時者〔註50〕的世道「日衰」局面。

「道喪」之批判便是現實之「道」學的開始，然而古者傳道之學如今也

---

〔註45〕李燾：《續資治通鑒長編》卷三十一《太宗》。
〔註46〕莊綽：《雞肋編》卷中。
〔註47〕參見洪劍民：《略談程度近郊五代至南宋的墓葬形制》，〔J〕《考古》1959年第1期。
〔註48〕參見洪邁：《夷堅甲志》卷十一《張端愨亡友》。
〔註49〕鄭俠：《西塘集》卷三《英州應龍祠記》。
〔註50〕朱熹：《晦庵集》卷四十六《答詹元善》。

已不復具有道德實質，朱熹對古者傳道的「學校」在現世承擔的教人倫、明天理、美風俗的功能不無感歎：

> 學校之政，名存實亡，徒以陷溺人心，敗壞風俗，不若無之。

〔註51〕

而存「我心嚮往之」的三代之學則其倫理精神已喪失殆盡，教養之實無有，朱熹曾以對三代之學充滿褒揚的情感論述了「學」之應然設置：

> 古之學者，八歲而入小學，學六甲五方書計之事。十五而入大學，學先聖之禮樂焉，非獨教之，固將有以養之也。蓋理義以養其心，聲音以養其耳，彩色以養其目，舞蹈降登疾徐俯仰以養其血脈，以至於左右起居，盤盂几杖，有銘有戒，其所以養之之具，可謂備至爾矣。夫如是，故學者有成材，而庠序有實用。此先王之教所以為盛也。自學絕而道喪，至今千有餘年，學校之官，有教養之名而無教之養之之實……〔註52〕

在理學家看來，學校的設置應該是：其一，教人技能、常識與禮儀節度的場所。學校由小學而大學，覆蓋人之年歲成長過程，幼時學天文地理常識以及術算等技能，年長而學聖人禮樂知識以明理。其二，不僅以「教」知識為職責，更要對受教育者承擔「養」的義務。養什麼呢？養其儒家義理、讓其在合乎義理的音樂、藝術中陶冶性情，以至於將符合義理的人倫禮儀知識內化在日常生活中，成為內在的規矩。其三，使人成才，而學校的使人成才的目的使得學校具有實際的用處和存在的價值。

然而，現世學校教養的實質在南宋理學家看來已經全部喪失，學校徒有虛名，無法真正教化人倫、講明義理，只是服務於科舉功名。學校養士、取士雖是宋儒對科舉之弊的改革，但這種努力卻致使學校淪為選官的附屬工具，宋史記載：

> 元祐間，置廣文館生二千四百人，以待四方遊士試京師者。律學生無定員，他雜學廢置無常。崇寧建辟廱於郊，以處貢士，而三舍考選法乃遍天下。於是由州郡貢之辟廱，由辟廱升之太學，而學校之制益詳。〔註53〕

---

〔註51〕 朱熹：《晦庵集》卷三十三《答呂伯恭》。
〔註52〕 朱熹：《晦庵集》卷七十四《諭諸生》。
〔註53〕 脫脫：《宋史》卷一百五十七《選舉志第一百十》《選舉三》。

朱熹指出學校養士所習皆不過科舉之業，理學家們對學校無法糾正科舉之弊、無以實現禮樂育人之道而感到失望：

> 高教授能留意學校，甚善。渠嘗從陸子靜學，有意爲己，必能開道其人也。近日諸處教官亦有肯留意教導者，然其所習不過科舉之業，伎倆愈精，心術愈壞。蓋不如不教猶足以全其純愚之爲愈也。〔註54〕

三舍法在南宋仍實行，本是糾正科舉不重養士的問題，然而卻並沒有達到理學家們對學校給予的期待。各級學校「育士」的唯一修正之法也只好是令士子略知聖道一二：

> 縣事想日有倫理，學校固不免爲舉子文，然亦須告以聖學門庭，令士子略知修己治人之實，庶幾於中或有興起，作將來種子。〔註55〕

陸九淵在其《貴溪重修縣學記》中也指出古之庠序之教無非是先王教人孝親敬兄不失本心，欲以修縣學而續古俗之絶，期望學校之義的恢復，對經由學校而習舉業的「士」，提出挽「三代之道」的責任暢想：

> 士而有識，是可以察其故，得其情，而知所去就矣。退不溺其俗而有以自立，進不負所學而有以自達，使千載之弊一旦而反諸其正，此豈非明時所宜有，聖君所願得，而爲士者所當然乎？〔註56〕

## 三、對科舉制度與風俗的批評

有宋一代，科舉之制興盛，《宋史》載：

> 孝宗乾道二年，苗昌言奏：「國初嘗立三科，眞宗增至六科，仁宗時並許布衣應詔，於是名賢出焉。」〔註57〕

繼北宋對布衣的應詔之制，南宋開國，高宗更召布衣譙定，而尹焞以處士入講筵。科舉之制下，普通士子的上升通道被打開。加之童子舉的出現，雖在北宋年間，自仁宗即位，至大觀末，賜出身者僅二十人，然在社會上所掀起的從事舉業的風氣彌漫，至南宋建炎二年，復童子舊制。高宗還

> 親試童子，召見朱虎臣，授官賜金帶以寵之。〔註58〕

---

〔註54〕朱熹：《晦庵集》卷二十七《答詹帥書》。
〔註55〕朱熹：《晦庵集》卷五十四《答孫季和》。
〔註56〕陸九淵：《象山集》卷十九《貴溪重修縣學記》。
〔註57〕脫脫：《宋史》卷一百五十六《選舉志第一百九》《選舉二》。
〔註58〕脫脫：《宋史》卷一百五十六《選舉志第一百九》《選舉二》。

然作爲宋代選拔官員的科舉之制卻弊端叢生：

> 至理宗朝，奸弊愈滋。……而舉人之弊凡五，曰：「傳義」，曰：
> 「換卷」，曰：「易號」，曰：「卷子出外」，曰：「謄錄滅裂」。〔註59〕

南宋科舉之習，雖從內容上講是傳統儒學的文本，而在理學家看來，則僅剩下文本的形式，喪失了儒學修齊治平的精神。正因如此，儒學文本不再代表使科舉具有道德合法性的實質性所在，毋寧在其成爲程文的過程之中，已將自身的道德合理性也一併拋棄：

> 今天下士皆溺於科舉之習，觀其言，往往稱道詩書論孟，綜其
> 實，特藉以爲科舉之文耳。〔註60〕

因此，習科舉之業的人愈多，在理學家看來世風則愈下：

> 如今科舉之學全是外慕，自嬰孩便專學綴緝，爲取科名之具，
> 至白首不休，切身義理全無一點。或有早登科第，便又專事雜文，
> 爲干求遷轉之計，一生學問全是脫空。〔註61〕

科舉之風反已刮至學校。光宗初，吏部趙汝愚上奏學校養士入仕的弊端，並要求重教官之選以端正學風：

> 中興以來，建太學於行都，行貢舉於諸郡，然奔竟之風勝，而
> 忠信之俗微。亦惟榮辱升沉，不由學校；德行道藝，取決糊名；工
> 雕篆之文，無進修之志；視庠序如傳舍，目師儒如路人；季考月書，
> 盡成文具。今請重教官之選，假守貳之權；仿舍法以育材，因大比
> 以取士；考終場之數，定所貢之員；期以次年，試於太學。其諸州
> 教養、課試、升貢之法，下有司條上。〔註62〕

朱熹在《學校貢舉私議》中所言：

> 所謂太學者，但爲聲利之場，而掌其教事者，不過取其善爲科
> 舉之文，而嘗得雋於場屋者耳。士之有志於義理者，既無所求於學，
> 其奔趨輻湊而來者，不過爲解額之濫，舍選之私而已。〔註63〕

官學教學內容空泛，終成爲追名逐利的場所和科舉的附庸。

南宋理學家雖對科舉之制的批評甚重，提出以鄉舉里選對科舉進行修

---

〔註59〕脫脫：《宋史》卷一百五十六《選舉志第一百九》《選舉二》。
〔註60〕陸九淵：《象山集》卷二。
〔註61〕陳淳：《北溪字義》卷下。
〔註62〕脫脫：《宋史》卷一百五十七《選舉志第一百十》《選舉三》。
〔註63〕朱熹：《晦庵集》卷六十九《學校貢舉私議》。

正，但面對科舉日隆，所調動的社會習舉業的風俗之猛，也大多以爲是時勢所至。由此，他們轉而認爲：只要科舉程文恢復儒學精義，習舉業的士子能眞正學「道」，那麼科舉作爲一種已經被抽空了禮樂精神的制度，終不會對人心造成桎梏。在對科舉之形式與科舉所習讀內容之間的關係上，南宋理學家批評制度和禮樂精神的兩分，但仍以爲依靠人心，只要眞正有達道之學、之思、之行，將能使科舉之制恢復治道合一的局面。他們並不認爲科舉所習的文本本身和眞正的聖賢之學的文本有何差異，因此他們更關注人心對眞正「道」的掌握之內在性。

　　　　聖賢之學與科舉之學事同而情異，同是書也，同是語也。〔註64〕

因此，他們認爲科舉之所弊，實在人心，是由人的迷正道而趨利所至積弊之甚。眞正的賢者先達，則能通過科舉眞正實現道行天下：

　　　　科舉之習，前賢所不免，但循理安命，不追時好，則心地恬愉
　　自無怵迫之累。〔註65〕

　　　　又嘗論科舉云，非是科舉累人，自是人累科舉。〔註66〕

　　　　取士之科，久渝古制，馴致其弊，於今已劇。稍有識者必知患
　　之。然不徇流俗而正學以言者，豈皆有司之所棄，天命之所遺！先
　　達之士由場屋而進者，既有大證矣。是故制時御俗者之責，爲士而
　　託焉以自恕，安在其爲士也？〔註67〕

科舉制度實爲選官之制，而非養士受道之業，在理學家眼裏，科舉制度裏的禮樂精神已經被抽離，因此科舉本身雖是因時勢而不可迴避的制度，而揭發其弊以求他道補救則尤爲重要，由此，理學家對此批判尤重，這多因爲理學家認爲道行天下與否，終是因由上而下的君心、官員吏員之心而決定。選官之責在君，選吏之責在官，民風民德則由官吏的規導由之。正本清源，是理學家們的思考邏輯，因此科舉之弊實在是社會風俗醇厚與否的關鍵，而「士子從仕」的問題也成爲理學利濟蒼生之理想的著重處。

　　對南宋當時社會彌漫的逐利現象，朱陸及其後的理學家不滿於常俗汨沒於貪富、貴賤、利害、得喪、聲色、嗜欲之間，喪失良心而不顧義理的現象：

---

〔註64〕陳淳：《北溪大全集》卷二十九《答蘇德甫》二。
〔註65〕朱熹：《晦庵集》卷四十五《答嚴居厚》。
〔註66〕眞德秀：《西山讀書記》卷三十一《朱子傳授》。
〔註67〕陸九淵：《象山集》卷十九《貴溪重修縣學記》。

　　　　　今風俗弊甚，獄訟煩多，吏奸爲朋，民無所歸命，曲直不分，

　　　　以賄爲勝負。〔註68〕

在難以置身科舉社會之外的理學家們而言，能化風俗而利濟蒼生的君子之
學，在於君子內在之德的存養。朱子重格物致知，陸子靜則常言辨志，而他
們殊途同歸於一點，就是激發廣大士子以「道」爲學的本心，擺脫現實世界
種種利害誘惑，在他們的眼中，當時士風累於科舉，趨於利欲：

　　　　　古之時，士無科舉之累，朝夕所講，皆吾身吾心之事而達天下

　　　　者也。夫是以不喪其常心。後世敝於科舉，所鄉日陋，疾其驅於利

　　　　欲之塗，吾身吾心之事漫不復講，曠安宅而弗居，捨正路而弗由，

　　　　於是又常心者不可以貴士。〔註69〕

朱熹在其封事中，屢以「綱紀不振於上是以風俗頹弊於下」爲批評，希望能
從上至下，正君臣之德以振舉綱維，從而變化風俗，愛養民力，修明軍政，
以達到社會秩序的和諧：

　　　　　先有綱紀以持之於上，而後有風俗以驅之於下也。〔註70〕

而理學家欲振綱紀而後以驅之於下的風俗，實際就是使人知善而可羨慕知不
善而知羞恥的風氣。這種由上而下對厚風俗的理解，使得他們進行批評的落
腳點雖會落在民風不古的積壞上，但更重視對士風頹壞的批評。因爲他們以
爲，被科舉之制誘壞了的士子一旦爲官爲吏爲師，則必在社會上產生負面作
用，這點涉及到理學家對「君──官──士──民」的關係的理解。民風由
君德選官治理而得，若君不德，官不正，那麼民風何以正？士，在未入仕途
之前，其身份爲「士」，所業乃「學」，一旦入了仕途，則爲官，他們是理學
家在南宋重新發現的一股厚風俗的力量。因爲風俗敗在官，實則早先敗在
「士」，風俗救在官，實則一定早先救在「士」，由此入仕的賢者則成師儒，
正君德、行大道，否則，則壞大道：

　　　　　君子之學，以誠其身，非直爲觀聽之美而已。古之君子，以是

　　　　行之其身，而推之以教，其子弟莫不由此。此其風俗所以淳厚，而

　　　　德業所以崇高也。〔註71〕

─────────────

〔註68〕　陸九淵：《象山集》卷八《與趙推》。

〔註69〕　陸九淵：《象山集》卷二十《送毛元善序》。

〔註70〕　朱熹：《晦庵集》卷十二《己酉擬上封事》。

〔註71〕　朱熹：《晦庵集》卷七十四《補試牓諭》。

此外，民間婚姻對於財的追求，往往使得無力籌措聘財競相奢侈的家庭，出現婚嫁失時的情況，怨女曠男增多而引起淫僻之訟增多。張栻曾在勸諭文中言：

> 訪聞婚姻之際，亦復借度，以財相狗，以氣相高，帷帳酒食，
> 過為華靡。〔註72〕

宋代民間巫風流行，尤以南方江南、荊楚為甚。對於當時社會，謝應芳則言：

> 謟黷乎鬼神，恍惚乎妖妄。〔註73〕

朱熹對其家鄉風俗批評：

> 風俗尚鬼。如新安等處，朝夕如在鬼窟。〔註74〕

現實社會在理學家看來，處處是「利」字問題，「欲」字問題，三代君知養德，現實直諫往往受阻；三代在井田制基礎上，百姓能安居樂業，教化可施風俗可美，而現實是土地兼併嚴重，百姓流離輾轉，生活負擔沉重，政治違背德治天道；三代學校以仁義禮智施以教化，現實學校為科舉附庸追名逐利。何以南宋理學家都將「三代」作為他們的理想時代來主張呢？

# 第二節　南宋理學家的「三代」想像與理學倫理精神

〔註75〕

「三代」上下之別，構成了南宋理學家展開對現實問題理解和價值判斷的標準及其言說策略，理學思想中對於有史以來最高的道德權威的追求和渴慕都來自於他們對現實一系列問題的理解和批評，及其向「三代」尋求倫理實踐的思想依據。在對「三代」想像的歷史敘述中，南宋理學家得以在思想層面完成對南宋理學倫理精神的建構。南宋理學倫理精神，是理學理論形態發展過程中，不斷追求現實倫理秩序合理化的強烈願望下，所表達出的對人倫秩序所當然的核心價值判斷以及如何達到應然人倫秩序的價值取向。理學

〔註72〕張栻：《南軒集》卷十五《知靜江軍府事勸諭文》。
〔註73〕謝應芳：《辨惑編》原序。
〔註74〕黎靖德編：《朱子語類》卷三《鬼神》。
〔註75〕倫理精神是倫理關係中的理性精神，是反思性的觀念成果，它為一切社會人際活動和實踐提供價值合理性的證明。它給社會倫理關係提供基本的範式根據，因此，倫理精神是一種指導社會倫理實踐的根本的價值理念。它不同於倫理思想，也不同於倫理實踐。倫理精神是由思想而行動的重要轉接。它將指導倫理實踐，使其根本的理念滲透到社會結構的具體方面，具體化為社會的禮俗倫常及其制度。

的這種核心價值判斷和取向可以概括爲：伸張上古「三代」社會修齊治平的至善想像，對「三代」社會持有「合當如此」的價值判斷前提下，要建構一個符合「道」的應然世界，形成對當然之則背後的所以然（理）的闡明；把對「天理」的描摹和對「理一分殊」的論說建構爲對倫理秩序當然之則的根據；在義利對舉的框架中兩分天理人欲、並賦予善惡的價值判斷，體現出崇義、重理的價值取向。理學的倫理精神並未止於此，它還在於對這種道德評價所指向的應然世界表達出「由思想而行動」的熱情與信心。

## 一、南宋理學家的「三代」想像

　　南宋理學家對歷史的發展和道德生活的變遷實有「三代」情節，展示了集體建構的一種「三代」想像。余英時先生在其《朱熹的歷史世界——宋代士大夫政治文化研究》一書中探討了這個問題，他以「迴向『三代』」來描述宋代士階層的政治文化意向，並歷史考據得出「三代論」在仁宗時代已經興起的事實，最初爲石介、尹洙、歐陽修、李覯等人大力倡導，此後，「經過七八十年的醞釀，宋代不少士大夫開始在『三代』理想的號召下，提出了對文化、政治和社會進行大規模革新的要求」〔註76〕。

　　「三代」想像體現了理學家經由「三代」這一歷史概念所表達出訴求政治之道德性的總體價值取向。在以朱熹爲代表的南宋理學家們的歷史觀中，「三代」所代表的是聖王以正道治天下的仁政典範，也是社會秩序和諧、人倫道德善美的典範。理學家的「道統」敘述和學術主張是在「三代」的仁政標準下提出的。然而，在理學家的視野裏，「三代」與其說是古代盛世的眞實，毋寧說是對理想政治在未來實現的想像與期盼。

　　朱熹在《讀唐志》中，對歐陽修所持有的三代上下之區分持有贊同的觀點：

　　　　歐陽子曰：「三代而上，治出於一，而禮樂達於天下；三代而下，

　　　　治出於二，而禮樂爲虛名。」此古今不易之至論也。〔註77〕

南宋理學家提出「三代」，到底是要指出三代的什麼呢，嚮往三代的什麼呢？

　　首先，「三代」之君德完美，知正心。「三代」社會被理學家想像爲在「治

---

〔註76〕余英時：《朱熹的歷史世界——宋代士大夫的政治文化研究》，〔M〕生活・讀書・新知三聯書店 2003 年版，第 195 頁。

〔註77〕朱熹：《晦庵集》卷七十《讀唐志》。

出於一」的聖王之道中醇厚清明，民受君之德化而遷善遠罪。君德為聖是源，政治為清是流，故此流化一致是社會善美的根本：

> 唐虞三代盛時，邪說詖行不作，民生其間，漸於聖人之化，自無昏塞之氣，乖薄之質，其遷善遠罪之處，不謀同方。〔註78〕

三代之上，聖王輩出，「君德」完美，堪為理想典範。這種典範，標識的是南宋理學家心中理想君王的修德向學的特點：

> 臣聞之：堯、舜、禹之相授也，其言曰：「人心惟危，道心惟微。惟精惟一，允執厥中。」夫堯、舜、禹皆大聖人也，生而知之，宜無事於學矣。而猶曰精，猶曰一，猶曰執者，明雖生而知之，亦資學以成之也。〔註79〕

三代聖王則以「人心惟危，道心惟微，惟精惟一，允執厥中」的「十六字心傳」代代相授，視為治國法寶。三代之盛，在理學家看來，是因為聖王能夠養其至善之性，不流於人欲，由此治理國家自然也無不出於「天理」。

聖君至美之德的保障，在理學家看來，則是「正君心」。三代之上堯舜禹自是生而知之，德性純美，君與師的身份合一，但是聖王仍設立制度，保其君心常正。

如朱熹在《近思錄》中取伊川之言而論「三代」聖君知養德之重要，師傅保之官齊備之貌。君德之養，方能保證治出於道而行天下之制：

> 伊川先生上疏曰：「三代之時，人君必有師、傅、保之官。師，道之教訓；傅，傅之德義；保，保其身體。後世作事無本，知求治而不知正君，知規過而不知養德。傅德義之道，固已疏矣，保身體之法，復無聞焉。」〔註80〕

> 舜曰：「惟帝時克，克盡君道也。」益又曰：「為天下君，亦謂如此而後可以君天下也。」夫天下戴之以為君享崇高富貴之極，此豈易事？要須盡其道，乃可。自三代以後，人主鮮有知君道者，其間欲治之，主亦不過知得三五分，若是真箇知得，必是堯舜三代可也。」〔註81〕

---

〔註78〕 陸九淵：《象山集》卷五《與呂子約》。
〔註79〕 朱熹：《晦庵集》卷十一《壬午應詔封事》。
〔註80〕 朱熹、呂祖謙編：《近思錄》卷九。
〔註81〕 袁燮：《絜齋家塾書鈔》卷二。

「正君心」在理學家的視域中是三代之制，道行天下的保證。由此，「正君心」之議在理學家的文本中甚多，從儒學的源頭而言，其實屬帝王之學，因爲儒者對盛世之道的理解均從帝王的德道開始，「三代」想像使理學家們以向帝王講「道」爲己任。而道德秩序的建構之所以是帝王之學核心的緣由，那是因爲在理學家看來，得道終歸在於人心獲得眞實的改變，一國之治在於綱紀，綱紀則又需由一國之君的德來保證實現：

> ……一國則有一國之綱紀。若乃鄉總於縣，縣總於州，州總於諸路，諸路總於臺省，臺省總於宰相，而宰相兼統眾職，以與天子相可否而出政令，此則天下之綱紀也。然而綱紀不能以自立，必人主之心術公平正大無偏黨反側之私，然後綱紀有所繫而立。君心不能以自正，必親賢臣、遠小人，講明義理之歸，閉塞私邪之路，然後乃可得而正也。古先聖王所以立師傅之官，設賓友之位、置諫諍之職，……惟恐此心頃刻之間或失其正而已。〔註82〕

但是，這種理解倫理秩序革新的路徑使得此後他們的理學行動，由對「君道不彰」的失望轉向「人心」自救的師儒化民路徑。

其次，「三代」舉封建、行井田。封建、井田之制被理學家們確認爲是聖王之道的體現：

> 若論三代之世，則封建好處便是君民之情相親，可以久安而無患，不似後世郡縣一二年輒易，雖有賢者善政亦做不成。〔註83〕

> 封建井田乃聖王之制，公天下之法，豈敢以爲不然。但在今日恐難下手，設使強做得成，亦恐意外，別生弊病，反不如前，則難收拾耳。〔註84〕

秦朝廢封建制而大興郡縣制後，改變了原先諸侯封地的世襲制度，建立了另一種官僚體制，這種體制由中央政權任命地方官吏，並定期更換。郡縣制下，地方官幾年一易，雖有賢能的人，但也無法使善政持久執行，原來封建制下諸侯名位世襲，君民相親的關係更不存在。所以，南宋理學家主張封建制，南宋理學家支持封建的原因主要來自於糾正以上問題的一種道德理想主義，誠如北宋張載認爲：「天子建國，諸侯建宗，亦天理也。」封建而行宗法，宗

---

〔註82〕朱熹：《晦庵集》卷十一《庚子應詔封事》。
〔註83〕黎靖德編：《朱子語類》卷一百八。
〔註84〕黎靖德編：《朱子語類》卷一百八。

法立則人人可知來處，朝廷有所益。公卿各保其家，忠義立，忠義既立，而朝廷之本固。三代的封建制之所以爲理學家嚮往，在於封建之制是聖王之制，這意味著居於士民之上的君王道德完美，方能在世襲中延續德治；否則，如若君王不德，封建也未必能顯現其聖王治道的效果。朱熹對於「封建」的嚮往，也代表了南宋理學家對於三代聖王之制的推崇，顯示了其對於實現「君德完美」與履行「正君心」之己責的期盼。

　　對於三代井田施行的看法，南宋理學家基本也是持有對封建制相似的看法。井田是三代實施的土地制度，將方圓九百畝土地劃分爲九塊，中間一塊爲公田，其餘八塊爲私田分出，此田制上還形成了兵民合一的軍事制度及稅賦行政制度，可謂「王道」的物質基礎。對於三代井田制的看重，主要在於其田制的均平性：

　　　　治天下不由井地終無由得平，周道只是均平。〔註85〕

井田適合三代時期地廣人稀的環境，對南宋所處時代而言，理學家也只是從理想層面論述井田制能均平土地，不會導致人口隨易遷徙，貧富分化等的道德理想層面的意義。

　　其三，「三代」治教合一、興教化。在南宋理學家的集體意識中，治教合一是三代德治實現的必要條件，而興教化則是古先聖王德治的不二途徑：

　　　　昔者聖王作民君師，設官分職，以長以治。而其教民之目，則曰父子有親，君臣有義，夫婦有別，長幼有序，朋友有信五者而已。蓋民有是身，則必有是五者，而不能以一日離；有是心，則必有是五者之理，而不可以一日離也。是以聖王之教，因其固有，還以導之，使不忘乎其初，然又慮其由而不知，無以久而不壞也，則爲之擇其民之秀者，群之以學校，而聯之以師儒，開之以詩書，而成之以禮樂。凡所以使之明是理而守之不失，傳是教而施之無窮者，蓋亦莫非因其固有而發明之，而未始有所務於外也。〔註86〕

三代聖王君師身份合一，設官分職治理一方人民，而治理人民和教化人民從不分離，教化的內容不出人倫日常之德目。與此同時，使「由而不知」的民可以「久而不壞」，則另關學校，以師儒教之，教之詩書禮樂發明義理。這一理想在南宋理學家的心目中堪爲盛世完美的治教理想。

---

〔註85〕朱熹：《晦庵集》卷五十八《答鄧衛老》。
〔註86〕朱熹：《晦庵集》卷七十九《瓊州學記》。

在朱熹的一篇學記中，對三代學校之興教與美俗之治的關係進行描摹，顯出三代學校之教無非人倫日常灑掃應對，升而教之禮樂，教化的目的在於使人之固有的仁義禮智之性顯現，而使情慾等氣稟渾濁之性摒除；在於使人「知所以自身及家，自家及國，而達之天下」：

> 蓋熹聞之，天生斯人，而予之以仁、義、禮、智之性，而使之有君臣、父子、兄弟、夫婦、朋友之倫，所謂民彝者也。惟其氣質之稟不能一於純秀之會，是以欲動情勝，則或以陷溺而不自知焉。古先聖王爲是之故，立學校以教其民，而其爲教，必始於灑掃、應對、進退之間，禮、樂、射、御、書、數之際，使之敬恭朝夕，修其孝悌忠信而無違也。然後從而教之，格物致知，以盡其道，使知所以自身及家，自家及國而達之天下者，蓋無二理。其正直輔翼，優游漸漬，必使天下之人皆有以不失其性，不亂其倫而後已焉。此二帝三王之盛，所以化行俗美，黎民醇厚而非後世之所能及也。〔註87〕

南宋理學家在論述觀點之時往往指向的「三代」意義，大致可以歸納爲以上三點主張。三代社會風俗的醇厚清明，理學家認爲實源於聖王行正道，禮樂制度具有內在的道德性。在理學家們的文本與言說中，三代的仁政內涵大致可歸結爲：從政治而言，倡導德治：君養德，知正心，設師傅保之官以輔之，立綱紀而化天下；從經濟而言，倡導封建制下的均田制，及在此基礎上的一些衍生制度：行井田，舉封建，守宗法，兵民合一，薄稅賦，使民製常產而有常心；從文化而言，倡導興教化，學校完備、傳道而道行於世，治教合一。唯其如此，三代之道理明、風俗一。對秩序井然和一道德的理想，理學家無限嚮往之心昭然。

但是，對三代的論述，實是南宋理學家的言說策略，表達了一種對上古社會良好秩序和風俗的贊賞態度，以希望用遠古的資源與現實進行比照，對時代問題進行剖析與解決。因此，「三代」實爲一種想像，讓這種想像從思想的層面轉而成爲一種現實，這是理學學說發展與成型的內在動力，南宋理學家們首先便是要通過理論建構和論說，抽繹出理學倫理精神，展現此一倫理精神的行動面向。

---

〔註87〕 朱熹：《晦庵集》卷七十七《南劍州尤溪縣學記》。

## 二、「天理」及「心」的倫理蘊含

南宋理學所展現的「儒學轉向」毋寧說是「由思想而行動」的過程：理學爲到達或實現理學家們所建構的「天理」世界，要證明「理一分殊」和「心即理」所賦予現實世界及個體的得道可能性，在接續道統的志向裏，爲彌合現實禮制秩序與道德價值的分裂，要創制達到倫理秩序應然狀態的實踐指南。

### （一）天理觀與「理一分殊」

理學家從他們對現實問題的理解中，形成並強化一種兩分的局面：三代之上與三代之下之分，其實質是現實禮樂道德精神與政治制度之分。南宋理學揭示——現實的治已經和道分離——這種分離讓已有的「治」和「制」失去了合法性。而這種合法性的喪失，在理學家的思想世界中，將通過對「天理」以及「心」概念做理論上的闡釋，從而進行新的建構與整合，這種整合即理學倫理精神的彰顯，並爲理學之「道」在南宋社會的落實做了理論建構的準備。

#### 1、天理觀

二程建構起以「天理」爲核心的理學倫理學說，「天理」的提出，確立了理學的最高範疇，它是宇宙萬事萬物「合當如此」的根本原因，也是人倫道德「合當如此」的根本原因。「天理」重新創造了現實制度與道德重新統一的可能性，是理學家們在思想世界建構起的提供現實合法性論證的概念武器。從某種程度而言，「天理」概念內涵著批判性，「天理」天然地是爲批判和重建而服務，當後人在對種種不公進行反抗的時候，往往會說：「沒有天理」，而這一「天理」的使用語境大概就是從宋儒的批判性中得來。

二程建構的「天理」本體，它顯示了事物變化的必然性規律，並作爲具有實體性的永恒存在而具有「至高無上性」：

> 莫之爲而爲，莫之致而致，便是天理。〔註88〕

> 天理云者，這一箇道理更有甚窮已？不爲堯存，不爲桀亡，人
> 得之者故大行不加，窮居不損，這上頭來，更怎生說得存亡加減，
> 是佗元無少欠百理具備。〔註89〕

這種至高無上的神秘是莫之爲，莫之致的；這種至高無上性又是不爲人的意

〔註88〕《二程遺書》卷十八。
〔註89〕《二程遺書》卷二上。

志而轉移的，它天然地在那兒，決定萬物適得其所：

> 萬物無一物失所，便是天理時中。〔註90〕

在二程處，「天理」雖也和「人欲」對舉，但它還沒有對天理的「善」內涵進行絕對的賦予，它有時仍舊包含了事物的善和惡兩個方面。但是，「天理」作為萬事萬物的根由性，這層意義已經構建起來，而天理之絕對的善之含義要到南宋朱熹處解決，而後才使得「天理」成為更為神秘超然的、完滿的，對現實「當然之則」的證明依據：

> 事有善有惡，皆天理也。天理中物須有美惡。蓋物之不齊，物
> 之情也。但當察之，不可自入於惡，流於一物。〔註91〕

二程構建的「天理」本體，以其絕對性、神秘性和至高無上性，落實於人倫道德，傳遞了新的道德權威的信仰。它是對喪失了禮樂精神，以及道德合法性和權威性的現實政治和人倫秩序所進行的理學式的觀念重建。在這種重建中，「天理」創造了對生活世界人倫關係和禮樂制度的最高標準：

> 視聽言動，非理不為，即是禮，禮即是理也。〔註92〕

> 人倫者，天理也。〔註93〕

作為倫理本體的「天理」在二程的建構中，是人之為人的根本原則，並且理學家以傳統儒學的「仁」釋「天理」，並把「誠」作為天理的體現。由此，傳統儒學的基本道德規範融合入「天理」，使得「天理」這一具有至高無上性的概念有了人倫道德合法性的內容。道德合法性在現實之中，被最初認定為已經從制度禮樂乃至人的行為中喪失了，而後，又通過「天理」的重塑而被理學家們在思想世界再次找回，這一切將指引著理學倫理精神的形成。

南宋理學繼承了二程的「天理」這一最高理學範疇，雖理學內部有理論路徑的不同，但都是以天理作為道德合法性的訴諸源頭，都是以「理」構架起統一的倫理觀，天理是正確賞罰的道德根據，是氣（物質、人性）背後邏輯的先有，實然的存在：

> 凡事不合天理不當人心者，必害天下。〔註94〕

---

〔註90〕《二程遺書》卷五。
〔註91〕《二程遺書》卷二上。
〔註92〕《二程遺書》卷十五。
〔註93〕《二程外書》卷七。
〔註94〕陸九淵：《象山集》卷十八。

> 天命有德五服五章哉，天討有罪五刑五用哉，其賞罰皆天理。
> 〔註95〕

> 先有箇天理了，卻有氣，氣積爲質而性具焉。〔註96〕

## 2、理一分殊

爲了解決高高在上的道德權威——「天理」——如何與社會人倫相連接而成爲一切的依據問題，朱熹從理論上發展了程頤「理一分殊」的命題。從社會人倫關係角度而言，證明了人類社會不同的「倫」所具有的不同的「理」，終其根源都是一個，那就是「天理」。由此，道德合法性滲入到以「天理」爲分殊的，人類社會的每一倫份中，每一被稱呼爲「理」的倫理之則中。「理一分殊」不僅分殊了儒家的仁、義、禮、智，還分殊了天理的絕對性和至高無上性。而後者恰恰是重新建立道德合法性的理學信仰。

重要的是，「分殊」概念的提出，強化了對倫理而不是道德的關注，在朱熹處，「分殊」要說明的是人類社會的不同之倫，其當然之則權威性的問題，關注點在於證明每一種不可替換的倫常具有天然的道德合法性，雖看似相互不同乃至對立，但卻能達到和諧的秩序。「分殊」關注人與人之間的關係，將道德合法性權威通過「天理」進行證明，以現實人倫秩序的和諧爲最大倫理目標：

> 男正位乎外，女正位乎内，直是有内外之辨。君尊於上，臣恭
> 於下，尊卑大小，截然不可犯，似若不和之甚，然能使之各得其宜，
> 則其和也孰大於是。〔註97〕

> 萬物皆有此理，理皆同出一原，但所居之位不同，則其理之用
> 不一。〔註98〕

同時，「分殊」概念還使得實踐的意義得到彰顯。「理」能包容各種看似矛盾的關係：一方面，天下只有一理，推之四海而皆準，另一方面，萬物皆有理，萬物之理都在我心中，「反身而誠」即能把握天理。因此，分與總之間的距離必須通過實踐來連接，這種實踐無論是人必須通過具體的認知才能把握事物之理，還是通過心即理的「辨志」工作，都將實踐的意義提了出來，實踐意味著二分狀態的重新接續，意味著理學天理中道德合法性的重新建立，而總

---

〔註95〕 陸九淵：《象山集》卷十一《與吳子嗣》。
〔註96〕 黎靖德編：《朱子語類》卷一。
〔註97〕 黎靖德編：《朱子語類》卷六十八。
〔註98〕 黎靖德編：《朱子語類》卷十八。

理對於分殊的本體論意義，又使得「人倫日用」這一現實生活的意義提高到「天理」層面，使之成爲「分殊」的體現和實踐的對象。

那麼，這個超然神秘卻至高無上的天理，以及得理而分殊的實質是什麼呢？實際上，是以「仁」這一傳統儒學精神爲內核的倫理規範系統：

> 且所謂天理，復是何物？仁義禮智，豈不是天理？君臣、父子、
> 兄弟、朋友，豈不是天理？〔註99〕

南宋理學最重五倫中之君臣、父子、夫婦三倫，把它們稱作三綱，而三綱之中更看重君臣和父子二倫：

> 仁莫大於父子，義莫大於君臣，是謂三綱之要，五常之本，人
> 倫天理之至，無所逃乎天地之間。〔註100〕

朱熹將「仁」與「理」相聯繫，既以「心之德」強調「仁」與「人之所得」的關係，也以「愛之理」強調了「仁」的至上性；「仁」是本質，是體，而「心得之」，以愛用之，則就能達到本質的「仁」，這同樣是「理一分殊」的思維邏輯：

> 仁者，心之德，愛之理。〔註101〕

因「天理」有了「仁」的內涵，而且也強調了「仁之用」的內涵，加上朱熹對「仁包五常」的闡釋，使得傳統儒學的「仁義禮智信」等德目統攝在「仁」概念之下，這就能夠使上達天理和下至人倫日用都完全地統一於對「仁」的具體實踐來，理學的倫理精神至此，充滿了一種向外踐行的態勢，而在這種態勢中，傳統孝悌、忠信的爲仁之本、爲仁之方就通過新的道德標準——天理——重新建立起更絕對的權威性，這種權威性可以理解爲理學式的具有宗教情懷的倫理道德原則，具有至高無上性，它是社會人倫的「原因」。理學也在探尋「所以然」的過程中說明了其道德合法性：

> 凡事固有「所當然而不容已」者，然又當求其所以然者，何故？
> 其所以然者，理也。理如此，固不可易。又如人見赤子入井，皆有
> 怵惕、惻隱之心，此其事「所當然而不容已」者也。然其所以如此
> 者，何故？必有箇道理之不可易者。〔註102〕

---

〔註99〕朱熹：《晦庵集》卷五十九《答吳斗南》。
〔註100〕朱熹：《晦庵集》卷十三《垂拱奏箚二》。
〔註101〕朱熹：《四書章句集注》《孟子集注》卷一《梁惠王上》。
〔註102〕黎靖德編：《朱子語類》卷十八。

### （二）「心統性情」與「良心」

南宋理學朱陸兩派都非常重視對「人心」的理論闡釋，從本質而言，南宋理學是希望通過普遍地改變人心，來整合現實社會，這一點使得理學的倫理精神中，其重人心的部分將有可能發展爲關注德性的道德修養論，其重普遍性的部分將發展爲關注普遍德行的落實如何可能的倫理實踐，這種對普遍性的實現來自於理學否認現實的「治」具有道德合法性，而寄希望於「士」，群起而學「道」、習「道」，達「道」的實踐理想。

#### 1、心統性情

「心」在朱熹的人性論中佔有重要地位。他認爲，「心」是虛靈知覺，以其虛靈而包藏「性」與「理」之至善，又以其知覺而外接於物發生「感應」作用而可外顯於情。在朱熹處，「心」是人的主宰，「心統性情」而主宰人的現實行爲：

> 統是主宰，如統百萬軍，心是渾然底物，性是有此理，情是動處。〔註103〕

在朱熹看來，「性」之本是「天命之性」，是至善的，而「情」作爲「性」的表現，也是至善的。「性」包含著「仁、義、禮、智」四德，「情」便是這四德所體現的惻隱、羞惡、辭讓和是非之心，具體而言，則是喜、怒、哀、樂、懼、欲。如果不按中節處之，則「情」便會流於惡。而人心則彷彿是個容器，既容放至善如水的「性」，也容放中節或失中之「情」：

> 性便是人之所有之理，心便是理之所會之地。〔註104〕

> 性如水，情如水之流。情既發，則有善與不善，在人如何耳。〔註105〕

因此「心」就有「道心」和「人心」的兩分。道心源於性命之正，而人心則出於形氣之私：

> 人心者，氣質之心，可爲善，可爲不善；道心者，兼得理在裏面。〔註106〕

而且道心和人心並非兩個心，是「二者雜於方寸間」的雙重屬性而已，爲「上

---

〔註103〕黎靖德編：《朱子語類》卷九十八。
〔註104〕黎靖德編：《朱子語類》卷五。
〔註105〕黎靖德編：《朱子語類》卷五十九。
〔註106〕黎靖德編：《朱子語類》卷七十八。

智」和「下愚」所共有的特點。「心統性情」說的確立，使得「人心惟危」之「危」轉而為安，為人心去惡從善的可能性提供了理論根據，使得個體日常道德修養成為必要。

朱熹在理學道德修養論中，以「心統性情」強調了心的主宰作用，提高了對人的主體性認識，這為世人進行自我革新，為新民德的道德實踐開闢了途徑，他在「理一分殊」的理論下，勾連起「理」、「性」和「心」三者，使三者統一了起來。

### 2、良心

「良心」是陸九淵對道德修養論必要性提供的一種理論根據，他把「心」的主體性提到了比朱熹更高的位置，以至於獨成為別於朱熹的一種修養論，而其實質卻沒有太大差別。「良心」的提出，是致力於解決「天理」如何轉化為人的內在情感和現實道德行為的一種路徑。陸九淵的名言：「宇宙便是吾心，吾心便是宇宙。」表達了強烈的主體性道德自覺。他對「心即理」的詮釋，指明了社會合當如此的倫理秩序其實根源於人心，人的心靈自有善良秩序：

> 人皆有是心，心皆具是理，心即理也。〔註107〕

> 蓋心，一心也；理，一理也；至當歸一，精義無二。此心此理，實不容二。〔註108〕

> 吾心之良，吾所固有也。〔註109〕

「心」在陸九淵看來，它是人的道德原則和規範，是仁義：

> 仁即此心也，此理也，求則得之，得此理也。〔註110〕

陸九淵把「理」直接安放在人心，使用「得」和「失」來說明善惡的留存。而對「得」或者「失」的選擇又是人心所具備的辨別善惡的能力：

> 苟此心之存，則此理自明，當惻隱處自惻隱，當羞惡，當辭遜，是非在前，自能辨之。〔註111〕

因此，陸門理學講「本心開發」，正因為陸在這個「心」中仍植入的是天理的

---

〔註107〕陸九淵：《象山集》卷一《與李宰》。
〔註108〕陸九淵：《象山集》卷二《與曾宅之》。
〔註109〕陸九淵：《象山外集》卷四《養心莫善於寡欲》。
〔註110〕陸九淵：《象山集》卷一《與曾宅之》。
〔註111〕陸九淵：《象山集》《象山語錄》卷一。

內涵，因此，本心的開發從落實的角度而言，就仍然是實踐理學的人倫秩序，人的行動服從本心，就是服從天理所蘊含的尊卑倫常之序，「服從」便是「開發本心」。陸是將理學的倫理原則和個體道德合而為一，天理和個體之間的距離比朱子所構架起的通道距離更短，彷彿於一念之間便可達到天理，其調動的個體能動性泛化為了道德行動的精神動力。

## 三、「崇義」的義利觀與「重理」的理欲觀

義利問題從根本而言，是精神生活和物質生活的關係問題，它涉及到道德原則的來源、選擇及其評價等諸多問題。在南宋，「義利之辨」還引發了「理欲之辨」。把辨明義利、理欲這兩對關係的對舉性，以及把揭示天理人欲之間的緊張，提高到了拯救社會和治國安邦的高度，這是南宋理學家們對現實問題的理解在倫理思想世界的概括與行動準備。南宋以來，「義」和「利」之間關係的探討在理學之中再度掀起，有其歷史必然，在理學對現實世界「治道分離」的觀念裏，「義」和「利」也被分開安放。「崇義」與「重理」成為南宋理學家倫理精神的核心內涵。這種對一方面的刻意強調所達到的高度，在南宋理學家處，也許是對現實不滿之後矯枉過正的思考高度。

### （一）義利之辨

朱熹說：「義利之說，乃儒者第一義。」陸九淵說：「凡欲為學，當先識義利公私之辨」。理學家提出義利問題時，是與現實問題緊緊聯繫在一起的。他們看到，官僚階層極端的物質欲望極大地刺激了各類趨利行為的發生：買官賣權，權商交易，貪婪橫行等等，而統治者卻在政治上並未對此能嚴肅有效解決。理學家認為，社會風氣往往是由一國之君、朝廷官員首先進行引領才能化民成俗的，然而如此的官僚階層必然只能使得民風時有敗壞。南宋理學家直指時代弊病，對於義利問題的闡發是把義利關係作為振興儒學的一個根本問題來進行闡明的。承孔子「罕言利」、孟子「何必曰利」、董仲舒「正其誼不謀其利，明其道不計其功」的道義論，朱陸在抨擊社會現狀中將儒家傳統「貴義輕利」的道義論在理論上推向頂峰，在實踐上則作為最重要的事來對待。

朱熹言「義利」時，以「宜」釋「義」，並取法「天理」，實際上就是以「義」為天理：

> 義者，天理之所宜。〔註112〕

> 義者，宜也。乃理之當行，無人欲之邪曲。〔註113〕

「義」，重在以理學家所構築的「天理」作為最終的根據，來指導日常生活世界中人們的思考和行動；其「當」，是為天理之宜，其「不當」則為人欲邪曲。而思想行動以一己私意為出發，就是「利」，朱熹以「欲」釋「利」：

> 凡事只任私意，但取其便於己則為之，不復顧道理如何。〔註114〕

> 利者，人情之所欲。〔註115〕

在朱熹看來，義和利，是兩種根本不同的價值取向。「義」指向人格修養上的君子，而「利」則指向小人：

> 小人之心，只曉得那利害，君子之心，只曉得那義理。〔註116〕

「義」指向「公」，「利」指向「私」：

> 義利公私，分別得明白。〔註117〕

> 人心之公，每為私欲所蔽。〔註118〕

當然，朱熹並未把「義」和「利」絕對地對立起來，實際上，他是主張「義中有利」、「見利思義」和「先義後利」的。在解釋孔子「罕言利」一言時，他指出：「非不言，罕言之爾」，「利，誰不要。」等極其明確的肯定「利」存在的合理性。朱熹指出孔子少言「利」，只是因為「但聖人方要言，恐人一向去趨利」，言下之意，孔子是擔心明言說利，恐人會據而專門趨利。義之合處便是天理之宜，而天理之宜，朱熹將其與「利」聯繫了起來：

> 義之合處便是利，如君臣父子各得宜，此便是義之和處。〔註119〕

由此說明，「義」包含著「利」，其是否真正能得利，在於人的行為是否合宜，即是否合天理之宜，由此可以再次看到，理學家的「天理」真正是人倫秩序「合當如此」的最終標準。

> 問「利物足以和義」。曰「義便有分別。當其分別之時，覺得來

---

〔註112〕朱熹：《四書章句集注》《論語集注》卷二《里仁第四》。
〔註113〕朱熹：《四書章句集注》《孟子集注》卷四《離婁章句上》。
〔註114〕黎靖德編：《朱子語類》卷二十七。
〔註115〕黎靖德編：《朱子語類》卷二十七。
〔註116〕黎靖德編：《朱子語類》卷二十七。
〔註117〕黎靖德編：《朱子語類》卷十三。
〔註118〕黎靖德編：《朱子語類》卷十三。
〔註119〕黎靖德編：《朱子語類》卷六十八。

> 不和；及其分別得各得其所，使物物皆利，卻是和其義。如天之生
> 物，物物有箇分別，如君君、臣臣、父父、子子；至君得其所以爲
> 君，臣得其所以爲臣，父得其所以爲父，子得其所以爲子，各得其
> 利，便是和。若君處臣位，臣處君位，安得和乎？」又問：「覺得於
> 上句字義顛倒。」曰：「惟其利於物者，所以和其義耳。」〔註120〕

以上這段引文，可以充分表明朱熹在用「義利」解釋社會倫常當然之則合理
性時所具有的觀點：第一，作爲天理之所宜的「義」，在社會人倫關係之中的
意義在於「分別」。第二，別之宜則生利，利而生和，而「和」乃是朱熹所追
求的天理秩序。這種最初的倫常分別雖看似不和，但正是對這種倫常之分的
規則的遵守，卻使物物得到利益，這個利便是由義而來的，最終各得其所的
「利」使得所有的分別得以「和」。

　　這種由義生利的觀念，也使得朱熹將「由義而行」的行爲效果定義爲
「興」，反之則「亡」，可以看出朱熹的重義輕利觀念是強調動機的先義後利，
並不是否定「利」，認爲「利」具有存在合理性，這使得他在倫理教化實踐中，
非常強調富民養民，非常強調官吏的爲政清廉和爲民取利：

> 其心有義利之殊，而其效有興亡之異。〔註121〕

> 正其義則利自在，明其道則功自在；專去計較利害，定未必有
> 利，未必有功。〔註122〕

陸九淵在義利問題上，更反對功利：

> 上古道純德備，功利之說不興。〔註123〕

而現實是：

> 功利之習泛濫於天下〔註124〕

陸以義利判別君子小人，其義利之論說也爲朱熹贊賞。朱熹在知南康軍時，
請陸九淵在白鹿洞書院講學，陸九淵以「君子喻於義，小人喻於利」一章討
論「義利之辨」，使朱熹大爲佩服。總之，在義利問題上，朱陸是一致的，同
屬於南宋理學思潮。

　　陸之義利論與他的「辨志」說緊密結合，在他和學生陳正己的關於辨志

---

〔註120〕黎靖德編：《朱子語類》卷六十八。
〔註121〕朱熹：《四書章句集注》《孟子集注》卷六《告子章句下》。
〔註122〕黎靖德編：《朱子語類》卷三十七。
〔註123〕陸九淵：《象山集》卷十《與涂任伯》。
〔註124〕陸九淵：《象山集》卷十《與趙然道》。

問答中記載：

> 對曰：辨志。正己復問曰：何辨？對曰：義利之辨。〔註125〕

陸九淵強調爲學做人須先立志，並強調以「義」來立志。他和朱熹一樣，用爲學立志以義還是以利的選擇，作爲區分君子與小人的標準：

> 君子義以爲質，得義則重，失義則輕，由義爲榮，背義爲辱。

> 輕重榮辱，惟義與否。〔註126〕

與朱熹一樣，在「利」與「公」相聯繫的前提下，陸九淵並不否定這樣的公利，他認爲：

> 古人何嘗不理會利。〔註127〕

> 凡聖人之所爲，無非以利天下也。〔註128〕

因此，對於民，他和朱熹也持一樣的觀點，以寬民力爲先而後興教化、厚風俗的。

### （二）理欲之辨

「理欲之辨」是在宋代新展開的範疇，它是對「義利之辨」的深化，可進一步說，「理欲之辨」是以「義利」爲內容實質，要更清晰地評價現實世界人的需求，以及實現人的種種需求的不同手段對當時社會秩序所帶來的影響。因此「理欲之辨」對現實倫理行爲、道德修養具有強烈的指導意義，它使得「義利之辨」進一步深化，涉及到人性與修養的問題。

朱熹在理欲問題中，明確地提出理學倫理精神的旨歸：「明天理，滅人欲」。這一命題被朱熹看來是道德修養的最高境界。天理與人欲彼此對立，又成爲一個統一體。在朱熹處，「天理」是那個以仁爲全部內容的渾然天理，具體而言則是包含「仁義禮智」的至善，人得之而爲「性」。「人欲」則是「不好底」欲，朱熹承認「欲」存在的合理性，而反對不正當、過節之欲。當有人問：「飲食之間，孰爲天理，孰爲人欲」〔註129〕時，朱熹認爲「飲食者，天理也。要求美，人欲也。」〔註130〕朱熹對正當之欲和失當之欲的區分，避免

---

〔註125〕陸九淵：《象山集》《象山語錄》卷一。
〔註126〕陸九淵：《象山集》卷十三《與郭邦逸》。
〔註127〕陸九淵：《象山集》《象山語錄》卷三。
〔註128〕陸九淵：《象山集》卷二十四《策問》。
〔註129〕黎靖德編：《朱子語類》卷十三。
〔註130〕黎靖德編：《朱子語類》卷十三。

了對合理的生活需求的否定。在天理和人欲的關係上，朱熹更強調兩者「不容並列」。這種不容並列在於欲是人之情所發，而人之情容易溺於物質欲望。他雖肯定人欲與天理同行，但更強調其異情，認為人欲一旦溺於物質欲望，就會與「天理」為異，因此：

> 人之一心，天理存則人欲亡，人欲勝則天理滅。〔註131〕

> 此勝則彼退，彼勝則此退，無中立不進退之理，凡人不進便是退也。〔註132〕

進而，朱熹把天理人欲的對立與公私之分聯繫起來：

> 將天下正大底道理去處是事，便公；以自家私意去處之，便私。〔註133〕

而這個「公」，其實就是「禮」：

> 己者，人欲之私也；禮者，天理之公也。一心之中，二者不容並立，而其相去之間不能以毫髮。出乎此，則入乎彼；出於彼，則入於此矣。〔註134〕

可以看出，朱熹將三代之禮（具有道德合法性的禮樂精神）通過「天理」的權威，希望再次復原到現實的禮制之中，通過具有三代禮樂精神的禮制在現實的實踐，來實現普遍的道德修養工夫，以挽救理學家眼中世風日下的社會道德局面。

由此，對於有害於天理的人欲，朱熹提出了「滅人欲」的主張。至於如何實現「明天理、滅人欲」，朱熹則提出了「克己復禮」的主張。

陸九淵在理欲問題上，以「善」來理解天理彝倫，以「欲」解釋「惡」的來源。雖然對於程朱在天理和人欲兩分的形式上，陸九淵有所反對，認為，「心一也」，無需有道心人心之分，進而反對人的心裏有天理和人欲之分，「天理人欲之分論極有病」。這是他出於「心即理」的理論主張而將「心」理解為全然的良心善性。但是，陸門和程朱一樣，有個先天固有的綱常倫理，其實這固有的綱常倫理就是「天理」，即因其為萬世所共有，因此為「公」：

> 道者，天下萬世之公理，而斯人之所共由者也。君有君道，臣

---

〔註131〕黎靖德編：《朱子語類》卷十三。
〔註132〕黎靖德編：《朱子語類》卷十三。
〔註133〕黎靖德編：《朱子語類》卷十三。
〔註134〕朱熹：《四書或問》卷十七《論語‧顏淵第十二》。

有臣道，父有父道，子有子道，莫不有道。〔註135〕

這一公理的內涵也即是理學家所共有的對「仁」的理解。這一具有「仁」內涵的公理，是為所有人共有的常則，是：

皇極之建，彝倫之序，反是則非，終古不易。〔註136〕

由此，陸九淵的「天理」與朱熹並無實質不同，是對儒家的三綱五常權威性的論說。

在陸九淵處，也談「欲」，並以「欲」來解釋「惡」的來源，認為欲與道義是對立的：

為善為公，心之正也；為惡為私，心之邪也。〔註137〕

私意與公理，利欲與道義，其勢不兩立。〔註138〕

基於對於惡之來源——利欲的說明，陸九淵提出「寡欲論」：

故欲良心之存者，莫若去吾心之害。吾心之害既去，則心有不期存而自存者矣。

夫所以害吾心者何也？欲也。欲之多，則心之存者必寡，欲之寡，則心之存者必多。故君子不患夫心之不存，而患夫欲之不寡，欲去則心自存矣。然則所以保吾心之良者，豈不在於去吾心之害乎！

〔註139〕

陸以「存心去欲」的主張，表達了對利欲的反對，並對如何去欲的問題提出「簡易工夫」的方法論，這一簡易工夫，要言之，便是「力行」，強調道德實踐對道德修養提高的作用。

## 四、「禮」與「克己復禮」

南宋理學家用「天理」觀念重新建構了具有超然性、至高無上性、權威性的道德合法性標準，這一標準來自他們對現實問題的思考，也成為對現實批判的理論工具。天理觀中包含了對治道合一、具有道德內在性的政治、經濟、社會諸多關係中的秩序理想，唯其對秩序的渴慕，才使得理學處處呈現

---

〔註135〕陸九淵：《象山集》卷二十一《論語說》。

〔註136〕陸九淵：《象山集》卷二十二《雜說》。

〔註137〕陸九淵：《象山集》卷二十《贈金溪砌街者》。

〔註138〕陸九淵：《象山集》卷十四《與包敏道》。

〔註139〕陸九淵：《象山集》外集卷四。

出對現實各種人倫關係當然之則，以及所處人倫關係中個體內在道德的關注。南宋理學家又以「理一分殊」再次證明：人世的倫常與宇宙萬事萬物流化之本體的「理」同出一源：

> 天地生物，本乎一源：人與草木之生，莫不具有此理。〔註140〕

萬理只是一理，萬殊中只體現一個標準，在「理一分殊」的表述中，人倫分殊的應當之則最終都將在終極的「理」中分有全部的「當然性」。這種人倫之則即是「禮」。

「禮」的當然性，根源在於它分有的是作爲宇宙萬物流化運作上的自然有序與和諧，而這種自然與和諧的價值在理學家們的思想世界中是具有至上性的：

> 禮字、法字實理字，日月寒暑往來屈伸之常理，事物當然之理。
> 〔註141〕

### （一）「禮」是天理在現實人倫中的呈現

在理學家看來，「天理」體現了「仁」這一總體的道德精神，並且包含了具體的仁、義、禮、智、這些德目：

> 天理只是仁、義、禮、智之總名，仁、義、禮、智便是天理之
> 件數。〔註142〕

而對天理的理解僅到此爲止，遠不是理學家理論建構的完成，如果沒有對天理的落實這一面向的思想建構，那麼天理必然只是留於空泛，理學對現實的批判也就只能止於批判了，於是「禮」作爲象徵三代治道合一的最佳範疇，得到理學家的重視。理學家認爲，眞正的「禮」是天理在現實人倫關係裏的「著實處」，且具有教化功能，《朱子語類》記載：

> 問：「所以喚做禮，而不謂之理者，莫是禮便是實了，有準則，
> 有著實處？」曰：「只說理，卻空了去，這個禮，是天理節文，教人
> 有準則處。」〔註143〕

這種「著實處」是以行爲準則的形式表現出來，其內涵是「天理」，只有這樣的「禮」才是理學家眼裏與「三代」治道精神最爲接近，具有道德合法性的禮制，而不是三代之下空有形式，抽去了「仁」之道德內涵、圖有空名的「禮」。

---

〔註140〕朱熹：《延平問答》。
〔註141〕朱熹：《晦庵集》卷四十八《答呂子約》。
〔註142〕朱熹：《晦庵集》卷四十《答何叔京》。
〔註143〕黎靖德編：《朱子語類》卷四十一。

　　因此，對天理而言，它的實在性在於「由理入禮」的過渡，從而獲得對人倫秩序眞實的道德規約行動；而禮的實在性也恰恰在於能在「由禮明理」的過渡中，獲得對眞實無妄的至善之序的體悟與證驗。因此，南宋理學家對於「天理」的落實動機，可以理解爲對於包含道德合法性的「禮」的轉換與落實。在這種對「禮」的落實中，有兩個面向，一個即是強調天理「著實處」的「由理入禮」的倫理實踐，另一個則是強調禮的實在性的「由禮明理」的倫理實踐。前者強調對「禮」的制度性損益、恢復和履踐，後者則強調在履踐中對禮之本體——天理——體悟和掌握的價值。從根本上說，這兩個面向的合而爲一是理學眞正的努力所在。

　　「禮」作爲人類社會生活的規範化，它作爲規範準則對現實的人具有外在客觀性的一面，但是從根源說「禮」仍是人爲的，理學家並不排除人與「禮」相遇時具有的自由性一面。人的自由性決定了「禮」因時因勢的人爲程度。因此，理學家在「由理入禮」的過程中，爲「天理」向「禮」的過渡能夠眞實且可能，他們對「禮」的形制採取了損益的態度，並不主張對三代之禮進行單純的復原。對理學家而言，他們關注的是現實可行的「禮」如何在更爲有效的程度上直呈「天理」。朱熹通過區分「所因之禮」與「所損益之禮」，將禮之「義理」與禮之「形制」區分開來：

　　　　所因之禮，是天做底，萬世不可易。所損益之禮，是人做底，

故隨時更變。〔註144〕

所因爲何？三代禮樂精神，即禮制背後聖人制禮的義理，上達天理之至善下達人世之合序的道德合法性。這種道德合法性在理學家的話語中是亙古不變的倫理精神。而可損益的爲何？是因時因勢更革的禮之形制。

　　故此，朱陸對一味依古禮行於世的做法都持反對態度，認爲對於確實因形制而損害人情的部分應當剔除，《象山語錄》記載：

　　　　有行古禮於其家，而其父不悅，乃至父子相非不已，遂來請教

先生。云：「以禮言之，吾子於行古禮其名甚正，以實言之則去古既

遠，禮文不遠，吾子所行未必盡契古禮，而且先得罪於尊君矣。喪

禮與其哀不足而禮有餘也，不若禮不足而哀有餘也，如世俗甚不經，

裁之可也，其餘且可從舊。」〔註145〕

---

〔註144〕黎靖德編：《朱子語類》卷二十四。
〔註145〕陸九淵：《象山集》《象山語錄》卷二。

朱熹對「禮」的損益可從他對《周禮》的態度看出，一方面朱熹確認《周禮》為周公所作，維護《周禮》作為禮學經典的神聖地位；另一方面則認為不必拘泥古制，要因時制禮，到不可用法處應當變通處置。另一方面，「由禮明理」的理學面向則更為顯性。對南宋理學家而言，無論是朱熹還是陸九淵，都認為徒有虛名的形制，與其具備禮的形式，寧可首先掌握禮的義理所在：

> 「湯之德，以義制事，以禮制心，古人通體純是道義，後世賢者處心處事亦非盡無禮義，特其心先主乎利害，而以禮義行之耳，後世所以大異於古人者，正在於此。古人理會利害便是禮義，後世理會禮義卻只是利害。〔註146〕

「禮」與「理」關係中，南宋理學家強調「禮」的仁愛流化精神和「禮」與「天理」的關係。因此，對禮制在現實的實踐，他們認為應先達「理」然後可以制事，為學次第應該是「為己」而後可以「及人」，因此重視在日用倫常之中對士民的內心道德情感的教化和啟發。

## （二）理學家的「禮」以和為序，以分求和

作為天理在人世間的真實呈現，理學家把「禮」之功用或目的規定為人倫秩序之「和」。這種目的也可表述為《中庸》中所描述的「致中和，天地位焉，萬物育焉」的價值取向。對達到這種各就其位之和諧秩序的嚮往，正是南宋理學家有天理人欲之辨的原因，也是他們期望通過「禮」構架起止欲而達明理之中間環節的原因。在理學家看來：

> 道德仁義，非禮不成，教訓正俗，非禮不備。分爭辨訟，非禮不決。君臣上下父子兄弟，非禮不定。〔註147〕

「禮崩樂壞」對儒家而言歷來意味著道德仁義喪失，風俗敗壞，爭訟不止而人倫秩序顛倒混亂，概言之，社會的整合性崩塌。南宋理學家因襲了這種觀點，從人的外在行為而論，人倫關係的處理以「和」為上，其履踐若有不和，便是沒有按「禮」處之：

> 履以和行。行有不和，以不由禮故也，能由禮則和矣。〔註148〕

當然，南宋理學家並不安於對「禮是現實人倫秩序和諧的原因」這一層意義的理解。可以說，朱陸更關注對「禮」的學習，希望通過對「禮」的學習達

---

〔註146〕陸九淵：《象山集》《象山語錄》卷二。

〔註147〕《禮記注疏》卷一《曲禮上》。

〔註148〕陸九淵：《象山集》《象山語錄》卷二。

到個體對天理的體認，從而達到個體的性與天道合一的「和」境界，這是「由禮明理」的面向。「禮之用，以和爲貴」，雖禮以嚴格細密的準則爲形制，然禮所達到的「和」的最高境界在於：習禮之人對「禮」的義理眞實體悟後，達到「從心所欲不逾距」的和樂之安：

> 問禮之用和爲貴，曰：「禮如此之嚴，分明是分毫不可犯，卻何
> 處有個和？須知道吾心安處便是和。」〔註149〕

理學家的「禮」如何達到和諧秩序的目的呢？這個問題還能這樣問：當「天理」這一本體性的超然於外，以「禮」的實體方式呈現在人世間時，又是如何展現「理一分殊」的道理呢？朱熹說，「君君臣臣，父父子子，兄兄弟弟，夫婦朋友，各得其位。」這就是「禮」通過份與別——人倫關係之分，倫常儀則之別——整合社會的基本秩序並同時形成內在的價值支撐，達到「天地位焉」的過程。

### （三）「克己復禮」中求社會秩序與個人價值的統一

「禮者，履也。」對「禮」的實踐用理學的語言來說就是「克己復禮」。「克己復禮」是「禮」下達到「人」，連接起「天理」之道德本體和「心性」之道德主體的關鍵。朱熹言：

> 一於禮之謂仁。只是仁在內，爲人欲所蔽，如一重隔膜了。克
> 去己私，復禮乃見仁。仁、禮非是二物。〔註150〕

在朱熹看來，克己是去己私、滅人欲的道德實踐，是向內的個體工夫。對禮的履踐由克己而始，目的是復禮，徒有克己就會流於禪佛。理學的道德實踐精神的歸宿終歸是要落實於人倫秩序構建的，而不是單純追求個體心靈的安寧。因此，理學講「復禮」。復禮的追求使得「禮」的落實是要將人的內在修養工夫和外在的制禮及遵守禮則，在體「仁」的層面打通，換句話說，理學家對先儒「克己復禮」的闡釋和實踐，是希望將社會的和諧秩序和個體的內在價值實現統一。

「克己復禮」是「由理入禮」的具體化。朱熹言：

> 學者須先置身於法度規矩之中。〔註151〕

法度規矩是外在的具體制約，大而言之各類制度，小而言之居家儀則，能置

---

〔註149〕黎靖德編：《朱子語類》卷二十二。
〔註150〕黎靖德編：《朱子語類》卷四十一。
〔註151〕朱熹：《晦庵集》卷四十六《答潘叔昌》。

身約束之中，即為克己。這種約束在南宋理學家眼裏，正是現實社會應該所處卻並沒有所處的禮制環境。君不君，臣不臣，父不父；欲彰蔽天理，爭起滅道義，在理學家的解讀中，「克己」正源自於現實社會裏需要對法度規矩的無底線突破進行個體的反思與拯救，而北宋王安石以《周禮》為範本進行的制度改革又在他們看來只是在「利」上做文章而缺失先儒的道德內涵。因此，理學家關注得位之人（士大夫）、將得位之人（欲從仕途的士，潛在的士大夫）的克己復禮，這些人均歸在「學」者之內。「克己復禮」的具體化正表現在以法度規矩對個體的限制來糾正偏離仁義道德，處處唯利的社會現實。從對象上看，理學家所主張的克己復禮的對象是人倫關係中的全體成員，只不過對士，即「學」者以及君主，更強調通過自覺的自省自克的履踐，達到對天理的體認，並通過在位得道而使仁義禮智浹化天下，能制禮使民由之從而達到和諧的社會秩序以及強有力的社會整合程度。而對民來說，克己復禮便是約束自身不合禮的欲望，安於禮的約束，樂於行禮於倫分之內，接受教化，以醇厚的風俗，井然的社會秩序而流化一方。

「克己復禮」通過外在約束規矩，使群體具有整合性，它包含了理學倫理精神中的透過規則進行約束與自我約束的實踐精神；與此同時，理學家的「克己復禮」更講「由禮明理」的個體內在價值認同。

> 夫子曰：「一日克己復禮，天下歸仁焉。」此復之初也。鈞是人也，己私安有不可克者？顧不能自知其非，則不知自克耳。〔註152〕

陸九淵言「克己復禮」，重克己復禮之「初」，「克己」在他看來已是「行」。不知克己，行了只是約束，無法歸仁。知克己，則能夠復禮歸仁。陸從人心的源頭講究「克己復禮」中，個體對「仁」的道德價值的認同，對「仁」的知識的理解，陸的學說張揚了理學中強調個體主體性的一面。

朱熹不但言克己復禮之法度規矩的重要，更注重克己復禮的個體內省，無疑，在朱子這裡，克己復禮之「初」便是尋「仁」，便是貼身體驗「仁」，這和陸之「初」如出一轍：

> 克己復禮本非仁，卻須從克己復禮中尋究仁在何處，親切貼身體驗出來，不須向外處求。〔註153〕

先儒之學，仁禮並重，難分為二，對「仁」的知和行，追求個體內在的道德

---

〔註152〕陸九淵：《象山集》卷一《與邵叔誼》。
〔註153〕黎靖德編：《朱子語類》卷二十。

情感認同，成為習儒之人的共同特徵。這種情感認同，南宋理學家希望通過「教」與「學」的理學實踐重新構建起來，這也使得理學對傳統儒學的轉向被理解為「內在化」，這種內在化是理學力求「學」者在心性修養的方向上樹立對「仁」之精神的信仰，以及培養行「仁」之舉的勇氣，以別於世俗小人儒。

朱熹以下這段話可謂是理學對「克己復禮」的最好詮釋：

> 仁者，本心之全德。克，勝也。己，謂身之私欲也。復，反也。禮者，天理之節文也。為仁者，所以全其心之德也。蓋心之全德，莫非天理，而亦不能不壞於人欲。故為仁者必有以勝私欲而復於禮，則事皆天理，而本心之德復全於我矣。歸，猶與也。又言一日克己復禮，則天下之人皆與其仁，極言其傚之甚速而至大也。又言為仁由己而非他人所能預，又見其機之在我而無難也。日日克之，不以為難，則私欲淨盡，天理流行，而仁不可勝用矣。〔註154〕

朱熹在「天理」與「仁」，繼而在「仁」與「禮」之間建立起了可以通過「克己復禮」而相互涵攝的關係，這種「天理」到「禮」的落實，是在個體自覺中由樹立「仁」的道德信念作為中介的。最終，這種對仁之全德的體悟和認同將最終預示著克己復禮必會外王而使得個體擔當起行道天下的責任，而使天下歸仁。由此，理學的秩序理想將在「仁」的指引下，在「克己復禮」的實踐精神裏，從內外兩方面得到和諧統一。

「克己復禮」既從外在約束做起，又要求內在道德信仰的建立，它是從內外兩方面實踐理學「天理」觀念，是由「得道」至「行道」的社會秩序和個體內在價值的統一。南宋理學家在其思想世界中建構起天理標準，及其將其轉化為可具體化為個體實踐的「禮」與「克己復禮」的具體方式，實際是一種「由思想而行動」的倫理實踐預備。

## 第三節　南宋理學家的思想與行動

基於對南宋社會反映出的現實問題的理解，南宋理學家不僅在思想層面為他們倡導的人倫當然之則提供本體論的依據，更將在理學思想中的倫理精神的指引下，展開一場持久的由理學家發起的社會行動。在南宋理學家處，

---

〔註154〕朱熹：《四書章句集注》《論語集注》卷六《顏淵第十二》。

他們不僅爲儒學的發展提供了思想的生機與活力，更爲重要的是他們繼承了先秦而不是漢唐儒學特徵：社會人倫關懷的本質及其儒家道德信仰的內在建構〔註155〕，將思想緊密地和行動進行聯繫，推廣自己的人倫學說和實踐理學倫理方案。他們在思想層面重視「行」觀念，與此同時將這種思想之「行」竭力轉化爲現實之「行」。他們堅持德性與德行相互統一的行動路徑以及實踐精神。他們以行動的方式試圖解決思想領域的「三代」上下之別、試圖通過對「禮」的改造和「克己復禮」的具體規範創制和實踐來達到「天理」，他們在倫理實踐中關注對社會不同群體進行義與理的教化，以區別於利與欲的現實。南宋理學家創造了倫理精神落實社會現實的要素：「學」、「教」、「養」，他們更創造了一種倫理精神落實社會的具體形式：宗族教養、鄉里教化和書院教學，重要的是在這種具體傳播倫理精神的形式中，他們以一種基於社會層面的「共同體」建構實踐了理學倫理精神，並推動了南宋理學倫理精神的落實和普及，使得理學在南宋社會不僅具有一種改革思潮性質的論說，還成爲一種改革社會的行動指南。在南宋大多數時間內，可以發現，理學的行動往往並不十分依賴現實政治權力和官方系統，而更多地顯示出在「社會」層面的教化行動，來創建自己整合社會秩序的方式的。

## 一、「行」觀念在南宋理學家思想中的地位

「行」是關於道德實踐的倫理學範疇，「行」觀念的內涵在南宋理學裏尤其凸顯，表現了「天理」需要落實的邏輯與歷史的統一，同時也是對於當時從君主到權臣及士大夫、士子忽略對天理眞知的躬行，反而在利欲面前趨之若鶩風氣批評後的正面建樹與行動預備。無論是朱門理學還是陸門理學，都強調人倫秩序和道德實踐，有所差別的是朱熹更注重法度規矩習慣對人的影響，強調人在法度規矩中自覺自願的履踐；陸門則更強調日常生活裏，道德

〔註155〕漢唐儒學未必不關注社會人倫，但對儒學的官方意識形態的運用，及其注重用傳注經典的方式傳承儒學教義，這就使儒學要麼成爲訓詁之學，要麼就成爲一種直接的社會控制工具。在對抗佛老之學中，漢唐儒學日益失去活力和觀照個體內心的功能。因此，宋明理學特別重視對儒學思想的「轉化」，這種轉化是在對理學倫理精神的把握中，對現實社會糾錯，並努力使這種倫理精神轉化爲規範，這種轉化的最終目的是要將他們認同的天理人倫之則內化爲每個個體安生立命的根本，能夠以此作爲個體內在的道德信仰準則而生活，並且不僅僅以此爲外在之法的束縛。因此，這種理路必然使南宋理學家對「教化」給予了極大的重視，這正是先秦儒的原始精神之所在。

信念所調動起的履踐的主體性和能動性對人的社會行動的影響力。從本質上言，朱陸所注重的「行」就是要通過眞切的、普遍化的道德實踐使天理於人世間流行，希望通過喚醒世人對天理的履踐，而達到治國平天下的理想目標。

## （一）朱熹的「行」觀念

朱熹對「行」的關注，與「知」緊密相聯，在圍繞知行關係對北宋形成的「先後」、「難易」命題進一步闡發時，既繼承了北宋二程「知先行後」的知行觀，卻又改變了二程的「行難知亦難」的「重知」觀點，提出「行重」的觀點：

> 論先後，當以致知爲先；論輕重，當以力行爲重。〔註156〕

> 致知力行，論其先後，固當以致知爲先。然論其輕重，則當以
> 力行爲重。〔註157〕

朱熹考慮到任何日常人倫的事親從兄的道德實踐，不可一日廢，而由「知先行後」的知行關係進一步闡發出「行重」的觀點，以補二程之不足，以對倫理道德的實踐爲其學說的最終目的。當然，朱熹所重視的力行，不是脫離知識的行，而是講究「行其所知」、講究「力行是明理之終」、講究「行與知相須互發」，這具體包括以下三個方面：

其一，行其所知。朱熹認爲，行必須與知聯繫起來，

> 要在力行其所已知，而勉求其所示至，則自近及遠，由粗至精，
> 循循有序，而日有可見之效矣。〔註158〕

在已知的基礎上重行，而行其所知，並循序而進，不斷發展。對於知的獲得，朱熹闡發了「格物致知」與「即物窮理」的命題，其要在於求學的過程知識的積累，在於對客觀事物之條理的不斷認知，並達到內心的明白清晰：

> 格物以理言也，致知以心言也。〔註159〕

其二，力行是明理之終。朱熹認爲知是爲了行，明人倫義理，使人對天理有所了然的最終目的在於實踐這種義理，竭力反對「輕行」，

> 人言匹夫無可行，便是亂說。〔註160〕

---

〔註156〕黎靖德編：《朱子語類》卷九。
〔註157〕朱熹：《晦庵集》卷十五《答程正思》。
〔註158〕朱熹：《晦庵集》卷六十四《答盧粹中》。
〔註159〕黎靖德編：《朱子語類》卷十五。
〔註160〕黎靖德編：《朱子語類》卷十三。

朱熹更認爲對於任何人，包括凡夫俗子，日用之間的動止語默都可以對天理實行踐行。因此，任何人只要把符合天理的人倫道德滲透到自身的每一行動中，就能上達天理。

其三，行與知相須互發。「知行常相須，如目無足不行，足無目不見。」〔註161〕知行關係當爲相互依賴，彼此不可偏廢。而行的有效性和眞實性在於知識的清晰明白程度，「行」越是有效與眞實則知識掌握得更明白清楚：

> 知之愈明，則行之愈篤，行之愈篤，則知之益明。〔註162〕

對於知與行相互關係的重視使得朱熹對於求知過程的「學」也非常重視，因爲「學」的循序漸進可以使得「知之深」，而「知之深」則決定了「行之大者」。

## （二）陸九淵的「行」觀念

陸九淵對「力行」尤其看重，他言：

> 已知者，則力行以終之；未知者，學問思辨以求之，如此則誰得而御之？〔註163〕

在學以致知的前提下，陸強調將終極目的定位於力行眞知，而對於未得眞知的人而言，則要以學問思辨來進階獲得。而說到底，「學」同樣也是求眞知的一種行動，爲陸重視，而這一切都是以天理爲目標的。

對於「學」，陸相當重視其目的性，他言：

> 學也者，是所以致明致知之道也。〔註164〕

以「學」作爲達到致良知的途徑來看待，自然這樣的「學」本身就是具有實踐性的「行」。這種良知在學的過程中，又強調「改過」與「盡心」的個體活動：

> 所貴乎學者，在致其知，改其過。〔註165〕

> 所貴乎學者，爲其欲窮此理，盡此心也。〔註166〕

在陸九淵門下求學之人「多踐履之士」〔註167〕，都秉承了陸的「學」與「行」觀。學以明知，「仁智、信直、勇剛，皆可以力行。」〔註168〕「力行」就是對

---

〔註161〕黎靖德編：《朱子語類》卷九。
〔註162〕黎靖德編：《朱子語類》卷十四。
〔註163〕陸九淵：《象山集》卷六《與傅聖謨》。
〔註164〕陸九淵：《象山集》外集卷四。
〔註165〕陸九淵：《象山集》卷十四《示羅章夫》。
〔註166〕陸九淵：《象山集》卷二《與吳顯仲》。
〔註167〕陸九淵：《象山集》《象山語錄》卷一。
〔註168〕陸九淵：《象山集》《與劉淳叟》。

儒家道德理想從個體角度的實踐，爲民則孝悌於家，爲官則美教化移風俗於一方，爲君則行仁政於天下。

　　陸的「力行」說把人抬高到與天地並爲三才的地位，從而提高人在樹立道德信念時的自信和自尊，「君子以自昭而明德」，「禍福無不自己求之者」，陸九淵以「力行」對個體能動性的強調，來對抗南宋當時統治階級內部因循守舊，日趨腐敗的制度運作，以及個體喪失道德信念，社會流於利欲的局面，希望士大夫們能夠有勇氣和自信改變腐濁之「勢」。

　　陸的「力行」強調簡易，認爲「力行」處事並不難。在這一點上，他反對過份依據儒家經典文本進行實踐的路向，例如在陸對於王安石改革評價中可見一斑，他就曾反對王安石「法堯舜」而「每事當以爲法」的專恃做法，認爲是顛倒本末，其效果反而南轅北轍。相反，陸提倡的「力行」內容則是儒家最爲樸實的人倫關懷精神：

　　　　孩提之童，無不知愛其親，及其長也無不知敬其兄。先王之時，
　　庠序之教，亦申斯義以致其知，使不失其本心而已。堯舜之道不過
　　如此，此非有甚高難行之事。〔註169〕

陸的「力行」精神是南宋理學中對個體自主自覺的道德力量的呼喚，它通過反對背離「眞誠」的遵禮行事，而更容易成爲凡夫俗子皆能達道明理，完成道德自我認同的行動綱領。「力行」的最終意義是要實現個體內在秩序與社會秩序之間的和諧統一這一儒家的倫理目標。

## 二、倫理精神落實的基本要素

　　對於「行」的重視，是南宋理學的倫理精神內核，因爲「行」能使「天理」觀念落實到生活世界，成爲善化人倫、體悟天理的重要中介。注重踐履、篤行倫理，則反映了當時南宋理學家對社會秩序整合及其個體道德修養的要求，南宋理學家將這種要求表現在對於「行」的重視，他們的確自己身體力行，進行各種社會倫理實踐，塑造了理學倫理精神中的行動面向，通過特有的理學倫理精神落實的基本要素的建構與展開，實現著理學倫理精神的普及化與大眾化，並且，他們出於對行動效果的重視，尤其關注倫理精神落實的基本要素的具體化與規範化。

---

〔註169〕陸九淵：《象山集》卷十九。

### （一）以「學」之行作為倫理精神承載的基本要素

南宋理學在對於三代之上與三代之下區別的理解中，對現實提出了政治與禮樂道德精神分離的問題，在他們看來，在政治上擁有權力，實施治理責任的人，包括君王、權臣、各級官僚，必須是接受了正確的道德觀教育，擁有道德權威的人，而不僅僅只是徒有權力，肆意以權竊取利益的人，因此，他們認為擁有權力、在政治上希望有所為的人，必須通過學習聖人之道，以通曉天理人性，通過全心全意培育道德理想，才能成為合格的國家治理者。另外，他們還認為，道德權威可以脫離權力而存在，對於社會中的任何人而言，都可以通過「學」，通過獨立思考，獲得合乎天理的道德知識，並獨立自主地實踐道德，因此，任何人可以不需要非得到政治權力，也可以在社會上產生影響力，修己達人，實現理學治世理想。

> 人之有是生也，天固與之以仁義禮智之性，而教其君臣父子之倫，制其事物當然之則矣。以其氣質之有偏、物欲之有蔽也，是以或昧其性以亂其倫、敗其則而不知反。必其學以開之，然後有以正心修身而為齊家治國之本。此人之所以不可不學，而其所以學者初非記問詞章之謂，而亦非有聖愚貴賤之殊也。〔註170〕

南宋理學家相信，任何人只有通過「學」，才能夠改變氣質，剔除物欲之弊，而使人性中的天理之性顯現。「學」是正心修身與齊家治國的根本。值得注意的是，理學家所認定改變世道，能達到治國之效的「學」的內容，是人內在就有的「仁、義、禮、智」之性，而「學」的過程，就是讓人本身存在的天性得以發現，並在發現這些道德天性的過程中，實現道德的外在化，這種「外在化」正是達到儒家理想世道的過程。因此，這樣主張的「學」，使得理學家強調要始終把本然的自我與意識到天理的自我進行統一，內化的道德原則必須要實現為外化的社會倫理範式，從而完成「學」的真實性。理學家們認為，所倡導的符合天理的外在道德規範，其實都應該是本真自我發現的結果。按此，正確的「學」，就不僅需要個體完成知識的獲得、體驗與思考，還要依靠認真履行理學家所倡導的道德規範、禮儀。從這個意義上說，「學」將引導人們作為政治和社會的行動者的行為。

朱熹對《論語》的「學而時習之」的解釋說：

> 學之為言效也。人性皆善，而覺有先後，後覺者必效先覺之所

---

〔註170〕朱熹：《晦庵集》卷十四《行宮便殿奏箚二》。

爲，乃可以明善而復其初也。〔註171〕

這表明「學」的過程，也是「效」的過程，後覺者在模仿先覺者的行動中，在遵循先覺者所遵循的道德規範中，對自身所有的天性之善達到反省和恢復。因此，南宋理學家不排斥，甚至樂於以「師」的身份制定訓練學者尤其是年輕人的規矩禮儀，以先覺的身份爲後覺者創造學之效。而他們希望世人所「學效」的行動正如理學家自己所教導的：廣泛學習知識，不斷發現問題，仔細嚴謹思考，清晰分辨差異，從而認眞努力實踐：

> 問：「注云學之爲言效也。效字所包甚廣。」曰：「是，如此博
> 學、審問、愼思、明辨、篤行，皆學效之事也。〔註172〕

在此意義上的「學」，是一種既強調自我獨立思考的學習精神，又強調認眞篤行理學所認定的道德規範，內外合一的進修行動。以圍繞「學」所開展的行動，成爲了在當時現實情況下，南宋理學家認爲的唯一可行的糾正風俗，德治天下的方案。

### （二）以「教」之行作爲倫理精神傳播的基本要素

南宋理學家強調「學」是現實問題解決方案，一方面，在於他們大多是懷有淑世抱負的儒學飽學之士，自信自己掌握了自孟子以後失傳的道統和三代之上的聖人之教，他們希望以對「學」的推廣，喚醒世人對自身內心的反省，擺脫利的誘惑、剔除物欲，各安其所、各司其職；另一方面，還在於他們認爲北宋王安石改革的失敗在於只以外在的制度救世，而不從人心找原因，無法根本解決政治弊病。更者，現實政治並沒有給予南宋理學家充分實行改革的機會，南宋朝廷的行政困難讓理學家更堅信必須要喚醒所有人向「學」的心，才可能有改變現實問題的可能。

因此，南宋的理學家完成了一套關於「學」的理論，這些理論包括了學習的內容，學習的方法，學習的意義，甚爲全面。這些理論不僅教導士子如何求學，求何學，還闡明使民進行「學效」的方法與內容問題；這些理論不僅希望學校習科舉的諸生小子學習，還希望每一個宗族裏的孩童學習。這一切的希望，使南宋理學家以無限的熱情投入到以宗族教養、鄉里教化、書院教學爲重點的理學的倫理實踐中。

---

〔註171〕朱熹：《四書章句集注》《論語集注》卷一《論語卷一》《學而第一》。
〔註172〕黎靖德編：《朱子語類》卷二十。

　　理學家認爲：有學而無教，就能知其性與天道的人，那是聖人。大凡世人都需通過學來修齊治平。「教」，就是使普通世人有所「學」、可以「學」的實踐行動，朱熹在其《大學章句》中《大學序》中對「教」的問題有比較集中的論述：

　　　　《大學》之書，古之大學所以教人之法也。蓋自天降生民，則既莫不與之以仁義禮智之性矣。然其氣質之稟或不能齊，是以不能皆有以知其性之所有而全之也。一有聰明睿智慧盡其性者出於其間，則天必命之以爲億兆之君師，使之治而教之，以復其性。此伏羲、神農、黃帝、堯、舜，所以繼天立極，而司徒之職、典樂之官所由設也。

　　　　三代之隆其法寖備，然後王宮國都，以及閭巷莫不有學。人生八歲，則自王公以下，至於庶人之子弟，皆入小學，而教之以灑掃、應對、進退之節，禮樂、射御、書數之文，及其十有五年，則自天子之元子、眾子，以至公、卿、大夫、元士之適子，與凡民之俊秀，皆入大學，而教之以窮理、正心、修己、治人之道。此又學校之教、大小之節所以分也。

　　　　夫以學校之設，其廣如此，教之之術，其次第節目之詳又如此，而其所以爲教，則又皆本之人君躬行心得之餘，不待求之民生日用彝倫之外，是以當世之人無不學。其學焉者，無不有以知其性分之所固有，職分之所當爲，而各俛焉以盡其力。此古昔盛時所以治隆於上，俗美於下，而非後世之所能及也！

　　　　及周之衰，賢聖之君不作，學校之政不修，教化陵夷，風俗頹敗，時則有若孔子之聖，而不得君師之位以行其政教，於是獨取先王之法，誦而傳之以詔後世。〔註173〕

天命令聰明睿智慧盡其性者作爲君師，使上至王宮貴族下至鄉里呂巷，莫不有學，這就要求有「教」，從而使天下人皆知其仁義禮智之性，這是來自「天」對「師」賦予的職責與權威。可以說，南宋理學家們希望通過對「教」的實踐，重新樹立儒家道德學說的權威，由此引導世人行爲。以上出自《大學序》中的話基本說明了南宋理學家以「教」的行動實現修齊治平理想的觀點：

〔註173〕朱熹：《四書章句集注》《大學章句》《大學序》。

1、「教」的目的在於使世人無不得其「學」。

這有兩層含義：首先，所「教」學的內容當涉及世人生活的方方面面，方能「治隆於上俗美於下」。凡人倫日用乃至天理流行之故都是所教內容，所學之應當，從對灑掃應對、進退之節的人倫禮節的學習，對禮樂射御書數之技能的學習，繼而到對窮理正心修己治人之道的理解與掌握，其「教」的次第節目清晰而有進階。這些「教」被認為都不出乎民生日用彝倫之外，因此，所教與所學皆是日常生活所必須的，皆有出入禮節，是日常生活中調節各類人倫關係之必須，又有生活常識技能，是社會生存本身之必須。所「教」的內容的實踐性和務實性油然體現。當所「教」真正落實到「學」時，就能夠達到使天下人皆知其仁義禮智之性的目的，就能達到美風俗的治平理想。陸九淵在此和朱熹一樣也曾說過：

> 聖人教人只是就人日用處開端〔註174〕。

陸九淵繼而也同樣提出「上無教則下無學」，而「無學」的結果之極端往往就會出現人倫秩序的混亂：

> 然上無教，下無學，非獨不能推其所為以至於全備，物蔽欲汩，推移之極則所謂不能盡亡者，殆有時而亡矣，弒父與君，乃盡亡之時也。〔註175〕

其次，所「教」學的覆蓋面，須相當廣泛，這種廣泛體現在上自王公貴族，下至平民百姓，皆有「學」的可能性。在南宋時代，理學家希望實現「學」的可能性，倡導民間辦學，十分關注教育的普及性問題。當一種「教」可以脫離政治權力而能獨立顯現道德權威之時，能獨立發揮其在社會上引導人心的功能時，它所指引的「學」就能夠實現普及化，也必然能顯現它的應有價值。

2、接續孔子傳聖人之教，雖沒有君師之位，也可行「教」之實。

對於王公貴族、對「士」的「教」和對於「民」的「教」雖就其內容而言本沒有什麼不同，因為理學家相信任何人的本性都是善的，都是「仁、義、禮、智」，「知性則能達道」的努力對任何人都是適用的，這並不取決於權力和出身；但是，對於如何「教」，則在理學家的實踐中還是有所區別，這種區別使得他們提倡「因類施教」。要言之，對「士」的「教」，可歸納為教「學」，而對「民」的「教」，可歸納為教「化」：

---

〔註174〕陸九淵：《象山集》《象山語錄》卷三。
〔註175〕陸九淵：《象山集》卷二十一《論語說》。

首先，對「士」施以教「學」。朱熹對《論語》中「子曰：有教無類。」的解釋說：

> 人性皆善而其類有善惡之殊者，氣習之染也。故君子有教，則
> 人皆可以復於善，而不當復論其類之惡矣。〔註176〕

這種對於所有受教育者都提供「教」，使善性得以「復」的觀念使得「教」的範圍擴大。所有人，包括士和民的各個階層，其善性上沒有差別，差別在於受「教」與不受「教」的區別而導致的復性與不復性的區別。在這種回到先秦儒的語境中來為「教」提供普及化的依據後，畢竟理學家還是對士與民的受教育方式有所區別。陸九淵曾言：

> 民之於道，繫乎上之教，士之於道，由乎己之學。〔註177〕

對於「士」，也就是讀書人，他們具有飽讀儒家典籍的經歷，因此，「教」其明曉「為己之學」與「為人之學」的差別，通過對理學家特有的「學」的理論的切磋和自身的獨立思考，發明義理，達到內心與天理的合一，因此，對「士」的教，可以概括為教「學」，即教士子如何學儒家典籍，如何才是進行真實的「學」。

其次，對「民」，施以教「化」。對於「民」，從一般意義而言，理學家指的是不專以舉業謀生的人，在當時社會，往往是務農為生的農民、商賈之人及其百工雜藝等，從狹義而言，「民」是並非自覺以「學」明理的人，這也自然包括還在幼年，還不知道要學事、明理的準「士」們。對於社會上廣泛的「民」，南宋理學家主張：「風以動之、教以化之」〔註178〕的教「化」觀，以區別於對「士」進行的教「學」。「風是血脈、教是條目。」〔註179〕通過美風俗以涵養民，通過各種令、嘉獎的鼓勵手段，通過勸諭文和普及的義理讀物等等由上而下的教化方法，以到達化民秉性，安於一方，形成良好社會秩序的效果。

朱熹在解釋論語中「子曰：善人教民七年亦可以即戎矣。」〔註180〕一句時，對民眾之「教」做了說明，教民眾的主要內容是什麼呢？自然離不開「教民者，教之以孝悌忠信」這些處理人倫關係的應然道理，更要教之「務農講

〔註176〕朱熹：《四書章句集注》《論語集注》卷八《衛靈公第十五》。
〔註177〕陸九淵：《象山集》卷二十一《論語說》。
〔註178〕陸九淵：《象山集》《象山語錄》卷四。
〔註179〕陸九淵：《象山集》《象山語錄》卷四。
〔註180〕朱熹編：《近思錄》卷三。

武」這些確保社會秩序正常的「安守職份」。在循循善誘、政教合一的教化中，使得民眾「知親其上死其長」〔註181〕。在此，可以看出，對於民的教，重在即便其不知儒家人倫規範之所由，也能夠通過後覺跟隨先覺的指導，在遵循規矩禮儀的實踐中，受到教育與感化，從而在潛移默化中接受義理的浸濡。

### （三）以「養」之行作為倫理精神落實保障的基本要素

南宋理學家所處的時代，讓他們看到民眾生活的艱難與權臣富商生活奢侈無度的反差，以及社會底層百姓因貧窮使得他們無法守住儒家人倫底線的現實，則讓他們深刻理解「生存」才是「民」的底線，民不「養」，就無以「教」。從這點而言，「養民」的理學行動出自於儒家富民德治思想，南宋理學家在其任官期間，往往會千方百計依靠一己之力，或尋求地方之力，或創造「養民」的種種模式，對改善民眾生活採取行動。對民之「養」，在理學家看來，是實施教化的前提，民不養，則施加教化也無濟於事。無教之民是謂「暴民」，而殺暴民是謂「虐」，朱熹釋「虐」為「殘酷不仁」。這是南宋理學家對孔子的「不教是為虐」的思想的繼承。然而，在南宋時代，比對民不教更為普遍的一個問題，卻是為政者對民之「不養」。在解釋《論語》中：

> 子適衛，冉有僕，子曰：「庶矣哉，僕御車也。」冉有曰：「既庶矣，又何加焉？」曰：「富之。」曰：「既富矣，又何加焉？」曰：「教之。」

這段話時，朱熹表達了養民必要性的思想：

> 庶而不富，則民生不遂。故制田里，薄賦斂，以富之。富而不教，則近於禽獸。故必立學校，明禮義，以教之。〔註182〕

庶是謂民眾，富民的意思實質上就是養民，以何養民？那就是對社會無限制的土地兼併進行遏制，立田制，減賦斂，從政治倫理而言，即施仁政。仁政才是使民教化而風俗美於一方的基礎。南宋理學家對制度不直接報以如王安石一般的改革熱情，是因為他們看到當時即便有好的制度，但是一旦人心壞了，也一樣無濟於事，因此他們轉向廣立學校，明禮教化的社會行動方式。

## 三、倫理精神落實的具體形式

南宋理學家當他們聲稱道德的最高權威並不來自政治權力，而來自掌握

---

〔註181〕朱熹：《四書章句集注》《論語集注》卷七《子路第十三》。
〔註182〕朱熹：《四書章句集注》《論語集注》卷七《子路第十三》。

正確「學」說的人時，他們意識到當權者並非聖賢，君主往往可能是暴君、昏君，士人也往往會從私利出發，踏上政治舞臺後也可能利令智昏。因此，理學家希望恢復禮樂的倫理精神，將他們所宣稱的倫理精神和道德學說付諸實踐，將「學」、「教」與「養」的具體要素通過具體的形式落實到社會生活中，使理學倫理精神轉化爲更多人生活的應然原則和實際規範。理學家所創建的倫理精神落實的具體形式，大致有三：宗族教養、鄉里教化和書院教學。

第一，南宋理學家提供了一種家族及宗族的組織方式，以形成基於血緣共同體之上的，共同生活並共同接受理學倫理教養的模式。他們認爲教育要從生活日用開始，要從人之初開始，並認爲只有穩定的血緣共同體，才能提供最爲可靠的系統的倫理實踐，他們對家禮的推行、對族規與族學的倡導和推廣，使得以維持一個共同祖先之信仰的宗族共同體，成爲提供理學倫理實踐的日常載體，從而通過宗族共同體建構過程本身，潛移默化地落實宗族教養過程，達到社會基層秩序的整合。在理學家們對「家禮」的創制過程中，通過對「禮」下於庶民的改造，使原本只對上層社會進行規範的「禮」平民化、普及化，這種改創以南宋朱熹《家禮》爲代表，使得適用於普通士庶民的「禮」在宗族範圍實施，並成爲宗族共同體建構的基本準則和宗族共同體中人倫關係的具體規範。在普通士庶民對家禮的實踐中，理學家倡導一種以「祠堂」爲中心的士庶民宗族生活，「祠堂」被理學家塑造成具有培育社會民眾祖先信仰和宗族宗法精神的家禮之具體形制，並在他們的實踐和倡導下，成爲南宋以後普通士庶民宗族生活中日漸普及的重要的倫理生活形式，與此同時還形成了一套完整的體現宗族內部宗法倫理觀念的禮文儀節。對於家禮的平民化改創，使得普通士庶民宗族具有共同生活的共同信仰和共同遵守的準則。在理學家們對「族訓族規」的創制過程中，則通過「訓與規」的形式顯示了以往所沒有的儒家倫理教化的約束性和懲戒性的面向，使得倫理規範對宗族共同體維護的價值凸顯。在理學家們對「蒙學」的倡導與推動中，他們通過力行族塾童蒙教養，圍繞蒙學教材的編訂爲宗族內的成員提供從小就開始的理學教養內容，蒙學教養提供了宗族共同體的人倫秩序整合的道德知識基礎。由此，理學家相信對家族及宗族教養平臺——宗族共同體——的建構，以及對宗族教養的落實，是一種重要的理學倫理實踐形式。

第二，理學家將養民與倫理教化的思想落實在鄉里的秩序整合之中，並希望志於道的士人，共同加入理學事業，以改變鄉里社會的人倫道德風俗，

在地方上，他們試圖在養民和道德勸諭方式之外，基於地緣而建立自願的、互助的理學教化系統，比如建構社倉共同體、鄉約共同體等。這首先從改變民眾生活水平開始，對於土地、習俗、勞動生產、信仰都提供一種理學式的引導，這種引導往往使用各種在他們看來是適合民眾的方法進行，比如為官的理學家，會通過建立符合他們理念的地方官學，吸收地方士子入學，通過諭俗文的形式勸諭來宣傳理學治理思想，實施鄉里教化，同時以對抗佛寺遍佈的局面等等。與此同時，更為重要的是理學家作為普通的理學士民群體的示範，發起主要存在於官方系統之外的「共同體」建構，如社倉、鄉約，來落實基於地緣的民眾群體之倫理道德教化。社倉的建構一方面是落實原儒「養民為先，後施於教」的倫理精神，另一方面是要集結起鄉里中理學士民群體的自覺意識，實現「民胞物與」和「傳道濟民」的治世理念。鄉約的建構則是理學家希望通過社會基層鄉里道德自律團體的建設，通過一定的規約進行社會人倫秩序的基層整合。南宋理學家所實踐的「鄉約」區別於宋以前的「鄉規民約」，是在於他們創制了一種集結起基層鄉民的倫理實體，在實體內進行倫理的自我規範和道德的自我督促。鄉約在南宋理學家的倫理實踐中已經超越了僅僅還屬於倫理文本的「鄉規民約」，以「約」的形式建構起一種自願共同進行倫理生活，有組織、有參與者、有規約、有讀約、有賞罰的共同體。鄉約共同體的建構使得理學倫理精神的落實超越宗族範圍，在更廣泛的鄉里範圍內有了平臺，這使得理學家圍繞理學倫理精神的「學」與「教」有了具體而相對穩定的教化群體，以「鄉禮」為核心的倫理教化在落實上有了現實平臺。

第三，南宋理學家建立一套供士人教學使用的理學課程，並尋求官學之外的另一種選擇——書院，以供士人集結為具有共同使命和一致價值觀的書院共同體，以此鼓勵士人成為真正的學習者，而不是被舉業所困，只知經典文字不知義理的小人儒。通過書院的教學，南宋理學家以「先覺者」的身份開展講學，成為眾多士人的榜樣，帶領他們成為道德選擇上以「義」為上，以「理」為重的人，帶領他們成為具有自願奉獻於宗族、鄉里的人，並在共同的思考和切磋之中，參與理學的事業，試圖通過共同的選擇、共同的學習、共同的實踐，使士人與盲目應舉、追名逐利的社會現狀劃清界限，同時能正確看待科舉，通過努力使現有體制接受理學方案的影響，而不是和現有體制妥協。對於書院教學的實踐與書院共同體的建構是無法分開的。書院共同體

作爲倫理精神落實的平臺，理學家對此進行了廣泛的實踐，他們共同倡明書院的使命是「明德新民」與「傳道濟民」，在書院使命的承載下，書院所教之「學」的本意和旨歸得以揭示。理學家通過書院祭祀活動維繫整個書院教學群體的使命和情感，進而使書院的宗旨與目標——有教無類與培養理學人才——得到實現。在書院共同體的建構中，不僅明確了書院的使命與宗旨，維繫了書院的信仰系統，他們通過具體的講學活動、書院教學內容的理學式創制以及書院學規的制度化建設，使書院共同體成爲理學倫理精神落實和發揚傳承的基地。理學家的書院教學行動實質上是在建構一個不同於以血緣爲紐帶，也不同於以地緣爲紐帶，而是以思想之緣爲紐帶所組成的共同體，以進行對理學倫理精神傳播。

## 四、一種倫理實體——「共同體」——的建構

南宋理學家以「學」、「教」、「養」爲倫理精神落實的要素，通過「宗族教養」、「鄉里教化」和「書院教學」的具體形式進一步對理學倫理精神進行有效的傳播，實質上，理學家們的這些倫理實踐活動是在「國家」系統之外進行著一種「社會」建設的實踐，這種建設的下手處，是構築一種倫理實體〔註183〕：「共同體」，並以此作爲理學倫理精神落實的教化途徑或依託。通過一種「共同體」的建構，南宋理學家試圖圈起或集結起社會生活世界特定範圍的人群，從而實施具體的倫理教養、教化和教學，進行不同層面，但都是基於社會基層的、廣泛的符合理學倫理精神的道德培育。

所謂「共同體」，是指具有追求「善」的旨歸的群體。在西方思想中，「共同體」的內涵最初源於古希臘哲學家亞里士多德賦予的這樣一個性質：「追求善的社會團體」〔註184〕。對傳統社會來說，「共同體」經由情感、血緣與精神紐帶而緊密連接。德國社會學家滕尼斯所著《共同體與社會》一書中的闡釋，表達了如下含義：其一，「共同體」是基於情感、血緣和記憶等自然意志形成的社會有機體。其二，共同體包括血緣、地緣和精神共同體三種結合形式，

〔註183〕不是所有的共同體都具備倫理關切，能成爲一個「倫理實體」（參見本文緒論部分對「倫理實體」的注釋），只有當共同體主要以體現倫理化的社會關係，具備倫理關切，重視個體在此一群體中的人際行動所反映的信仰、共識和生活的互動，才是一個倫理實體意義上的共同體，而南宋理學家進行建構的「共同體」當從倫理實體的角度來理解之。

〔註184〕〔古希臘〕亞里士多德著、吳壽彭譯：《政治學》，〔M〕商務印書館1981年版第38頁。

血緣共同體作為行為的統一體發展為和分離為地緣共同體，地緣共同體又發展為精神共同體，而精神共同體是真正的人的和最高形式的共同體。這三種形式的共同點在於「共同的關係與參與」。其三，「共同體」的最大特徵是：具有深刻而持久的共同性，這種共同性包括歸屬感、權威、默認一致。其四，相對於建立在自然情感的一致、身份的認同基礎上的「共同體」，以利害和契約為關係紐帶而構成的聯合體——「社會」必將在工業化、城市化的現代化進程中替代「共同體」〔註185〕。涂爾幹的共同體理論對滕尼斯「共同體」含義中的第四點進行了強化：他以「機械關聯」來指稱滕尼斯所言的「共同體」代表的社會連接方式，認為那是基於彼此的相似而形成的關聯；而「有機關聯」即社會中的個體是彼此相似又彼此有別，由於分工的擴大，專業化發展，社會中的成員以「異質」作為特點，「社會」正是達到新的「協調一致」而形成的「有機關聯」。〔註186〕無論是滕尼斯對前現代社會「共同體」的失落，還是涂爾幹對於有機關聯必然代替機械關聯的振奮，似乎他們都看到了：「共同體」之於社會學意義上的「社會」之前現代性。韋伯更為清晰地解釋：

> 所謂的『共同體』關係，是指社會行動的指向——不論是在個
> 例、平均、活純粹類型中——建立在參與者主觀感受到的互相隸屬
> 性上，不論是情感性的或是傳統性的。〔註187〕

繼而他認為共同體關係建立在許多不同的情感性、情緒性或傳統性的基礎之上，而最容易舉證的便是家庭。他進一步指出：

> 並非有著任何特質、共同情境或行為的共同模式，便意味著一

---

〔註185〕參見〔德〕斐迪南・滕尼斯：《共同體與社會》，〔M〕譯者：林榮遠，北京大學出版社2010版，第48～77頁。

〔註186〕涂爾幹認為社會人際結合方式有兩種，即機械的社會團結方式和有機的社會團結方式，機械關聯下的人們，具有共同的信仰和道德規範，集體意識強烈，由此，個體之間具有「同質性」，人際關聯猶如被巨大的機械力控制著，而由此產生的道德意識便直接來自這種機械關聯下的集體意識，法律是倫理實體化的結果。當人際關聯隨著社會分工的日趨複雜並顯示出相互依賴之時，依靠社會分工而實現的人際關聯就成為一種有機關聯，有機關聯說明了人們像身體各器官一樣相互依賴的狀態，在有機關聯中，那種強烈的集體儀式淡化，個人價值凸顯。對於有機械關聯和有機關聯的論述詳見〔法〕愛米爾・涂爾幹：《社會分工論》，〔M〕譯者：渠東，三聯書店2005年版。

〔註187〕〔德〕馬克思・韋伯著、顧忠華譯：《社會學的基本概念》，〔M〕廣西師範大學出版社2011年版第76頁。

個共同體關係的存在。〔註188〕

共同體關係中成員的「相互隸屬」和「分享共同情境的面向」被韋伯看來是共同體關係區別於其他組織關係類型（社會行為指向利益，以尋求利益平衡的「結合體」關係）的關鍵，如果沒有對「共同體」關係中成員間相似性的感覺，彼此行為也並不相互指向時，就不構成共同體關係。「共同體」包含道德的深意，並被理解為通過人倫關係的緊密性形成的內在凝聚力，同時在倫理關係中具有天然的正當性。「共同體」不僅是共同生活、共同感覺、相互認同的組織，它更代表了對具有「和諧」性質的人倫關係的理想建構行動。當這種建構被「反覆操作」後，即而成為習俗作用於共同體成員，成員的行為模式將由此逐漸固定下來，共同體關係在日益牢固中內向凝聚，遂成為「自然而然」日用而不覺的人際環境，它將深深影響著其中每一個成員的倫理行為和道德觀念。

在傳統中國社會，歷史進程發展到南宋時期，理學家他們的倫理實踐活動，恰恰是在官方系統之外，尋找和培育社會基層可「共同體」化的「建構要素」〔註189〕，這一過程使得理學家個體的努力能夠化作整個社會基層的普遍性行動，得以有「下手處」，從而整合社會生活秩序，使理想的教化有效地落實到社會生活，當然這並不排除他們採用其他簡單而直接的落實理學倫理精神的手段進行社會秩序整合。

---

〔註188〕〔德〕馬克思·韋伯著、顧忠華譯：《社會學的基本概念》，〔M〕廣西師範大學出版社 2011 年版第 78 頁。

〔註189〕這些建構要素使南宋理學家建構的共同體具有倫理實體的性質，使之能夠承載理學倫理精神的落實及其倫理教化。

# 第二章　南宋理學家的倫理實踐之一：
## 　　　宗族教養

　　宋代，是秦漢之後中國社會生活方式轉變的一個關鍵時期。自宋代起，特別是經歷了南宋，社會生活秩序的整合模式逐步成爲此後中國傳統社會的定型。在經歷了五代戰亂，中國傳統社會的基層生活中，世家大族對政治權力的把控、對社會中倫理位序的把控，以及它作爲「族」之共同體的擴張和續存都已中斷，士族門閥集團逐步瓦解，這不僅因爲宋代商品經濟的發展，還由於科舉制的日漸發達，不斷強化對宋代社會生活各階層流動的主導作用所致。原先「士庶天隔」的人與人關係被突破，契約化的人與人關係卻逐漸在鄉村土地買賣和租佃制度的興起中得到孕育與發展。社會基層民衆的生活方式也由此發生重大改變：作爲傳統中國社會的最基本經濟單位的「家庭」，它所賴以建立的聯姻模式已「不問閥閱」，這意味著原先受到世家大族所左右的一些基本觀念被打破；作爲傳統中國社會權力獲得通道的「仕途」，它的選拔模式已「不問家世」，這意味著以世系和特權爲基礎的社會權威體系被沖決。而與此相對應的另一面，則日益顯示出中國傳統社會中君主專制的政治系統得到不斷完善。只是，這在宋代理學家看來，對社會完善的政治控制無論從形式上還是實質上都無法滿足社會生活秩序重新整合的倫理要求，社會最基本單位「家庭」的自我認同和整個社會基於「道德」的權威系統缺失，這將意味著儒家治國平天下的淑世理想所依賴的「我──家──族──國──天下」的同構關係以及差序倫理模式的瓦解。要言之，儒家之「達善於天下」的自然基礎並沒有因爲國家對社會基層政治控制的加強而重建。

　　理學家否認現有的行政體系能夠實現社會人倫關係的和諧以及生活秩序的整合。他們更傾向於認為，現有行政控制體系既沒有實質性地照料傳統社會中以血緣關係組織起來的社會第一生活重心──家與族；更沒有按照儒家之「禮」的內在精神去培育上至帝王下到庶民的人倫規範性及道德真實性；天理被現實社會關係中人的外在行動所遮蔽，而全然只以整個政治體系內每一個「在上者」的一己私利為誘導。

　　為此，宋代理學之「力行」對象，首要的就是在順應時代的前提下，倡導並重建社會中最為基礎的組織──宗族──的凝聚力。理學家所倡導的這種「宗族」，不同於西周以來貴族官僚層宗族的性質，它以可平民化、可普及化的模式，寄託了理學家所呼籲的儒家倫理精神。從這個意義上來理解，理學家倡導的宗族可謂之「新」宗族。理學家希望，新宗族以其重建的內在凝聚力和新發展出的教養功能，實現社會層面人倫關係的理學化，以此落實對每一個個體的宗族教養，最終完成社會生活秩序的整合。由此，北宋理學家著重於新宗族模式的理論論證和初步嘗試，而南宋的理學家們則通過實際創建、維護和發展新的宗族活動來實現官方教化之外的另一種典範：宗族教養。這種典範以不同於以往世家大族的，可平民化、普及化的「宗族共同體」模式建構作為理學倫理精神的落實途徑，來實現理想社會秩序。因此，南宋對新「宗族共同體」的暢想與倡導遂成為明清及以下歷史時期更為廣泛地形成宗族組織，及其依託宗族共同體施展基層民眾教化行動的嚆矢。

## 第一節　宋代理學家對宗族問題的思考

　　魏晉至唐代是世家大族式家族，宋以後是近代封建家族組織，其有嚴密的組織系統、嚴格處理族眾關係的管理規範，實行族長族權的統治，同時以祠堂、家譜和族田為主要特徵。〔註1〕宋代是由門閥權貴等級性宗法宗族制向一般官宦及庶民戶鄉類型宗法宗族制過渡的時期。〔註2〕宋代的宗族重建，相對於唐宋之際逐漸走向衰落的門閥宗族而言，是一種由理學家主張，意在使普通官宦、庶民可模仿普及的，以「敬宗收族」和「社會秩序整合」為主要

---

〔註1〕　徐揚傑：《中國家族制度史》，〔M〕人民出版社 1992 年版，第 20 頁。
〔註2〕　李文治、江太新：《中國宗法宗族制和族田義莊》，〔M〕社會科學文獻出版社 2000 年版，第 27～31 頁。

功能的實踐。南宋理學家倡導的宗族，依據的宗法制度明顯區別於前代。其倡導平民化的宗法制度，突破了僅可由王室貴族，門閥世族才能組建的具有嫡長子繼承制、大宗法、小宗法之區分嚴格的宗族，在宗族的供奉、祭祀等等宗教儀式和內容上進行革新，以顯現出其組織原理的平民化新意來。宋代理學家的道德關懷和現實倫理指向使得他們開始思考現實的新宗族建構問題。

## 一、宗族的定義

儒家十三經的釋義著作《爾雅》的《釋親》篇對「宗族」作了以下定義：

> 父之黨爲宗族，母與妻之黨爲兄弟……婦之黨爲婚兄弟，婿之黨爲姻兄弟。〔註3〕

「宗族」即是「父之黨」，這裡的「父」，根據錢杭先生的研究，具有「父系」和「父系祖先」兩層含義，而不僅是指「父親」，由此，「宗族」體現了由父系一脈爲特徵的含義。〔註4〕

漢代的班固在其《白虎通義》的《宗族》篇中，對中國歷史上的「宗」與「族」進行了準確而全面的解釋：

> 宗者，何謂也？宗者，尊也。爲先祖主者；宗人之所尊也……古者所以必有宗何也？所以長和睦也。大宗能率小宗，小宗能率群弟，通其有無，所以紀理族人者也。〔註5〕

> 族者，何也？族者，湊也，聚也。謂恩愛相流湊也。上湊高祖，下至玄孫。一家有吉，百家聚之，合而爲親。生相親愛，死相哀痛，有會聚之道，故謂之族。〔註6〕

班固對「宗」的解釋可看出，「宗」在宗教層面而言，就是祖廟進行供奉和祭祀的先祖。何來先祖，即是由「父之黨」的代代相傳的世系所確定的，可追溯的祖先。「宗」在倫理層面而言，先祖的後代在供奉和祭祀的宗教情感中，則必然產生一個世系中後代對先祖的「尊敬」感，同時也獲得了這一脈而不是別他父之黨脈的「歸屬」感。從「宗」的社會功能層面而言，則是「長和睦」和「紀理族人」。爲什麼「宗」可以起到這兩項功能？皆在於「宗」統起

---

〔註3〕　鄭樵：《爾雅注》卷上《釋親》。
〔註4〕　錢杭：《中國宗族史研究入門》，〔M〕復旦大學出版社2009年版，第25～27頁。
〔註5〕　班固：《白虎通義》卷上《宗族》。
〔註6〕　班固：《白虎通義》卷上《宗族》。

了一個確定世系的生活團體，在宗教儀式中，在後代和先祖之間形成的尊卑關係之倫理觀念中，使後代獲得同根同種的內聚力和人倫秩序整合。當這個具有內聚力的生活團體要延續這種世代被尊敬的信仰時，就自然激發出如何更有效地延續這個世系，壯大這個世系的動力。所有的生活團體成員將根據自己與先祖的血緣關係遠近，分別出大宗、小宗、群弟和族人，各按等級，有序地統轄或被統轄，最終形成各安其分，皆得其所，內聚性強，對外防衛性強的族之共同體。班固對「族」的解釋可看出，其一，「宗」之聚合的邊界是上至高祖，下至玄孫的世系親屬，而所有親屬的聚居則形成了「宗」之「族」的實體。其二，同宗之人以「家」為最基本的單位生活，所有的「家」則相親相愛於這個共同體，以有序而和睦之人倫規範形成同「宗」的自我認同和相互協助。可以認為，由婚姻形成的家庭，是宗族的基礎，而宗族是家庭在時間軸上，在「宗」的確認下，以世系連接起的一個具有時間和空間意義的共同體。

由《爾雅》、《白虎通義》中對「宗族」的解釋可以看到，中國傳統社會中的「宗族」出現的歷史久遠，而理學家所思考的「宗族共同體」是何種意義上而言的呢？

## 二、北宋理學家重建宗族的設想

在唐末五代的社會大動盪之後，存在了幾百年的門閥士族組織崩潰，其組織法則宗法制度也走向了消亡。五代亂世使社會出現了宗法關係的紊亂，世系無考，人不知來處，宗族觀念淡漠，而導致君臣父子之道亂，倫理乖張的局面：

> 世道衰，人倫壞，而親疏之理反其常，干戈起於骨肉，異類合為父子。〔註7〕

這種宗族觀念淡漠、宗族組織難以建立的現象一直延續到北宋，北宋建立後，「不立田制、不抑兼併」的土地政策使得土地轉移頻繁，社會各階層經濟地位沉浮不定，加之官方社會基層控制系統以利益驅動，不重養民，教化不力，出現了倫理缺失、社會無序的狀態，理學家張載這樣描述北宋時期缺失整合力的基層宗族面貌：

> 今驟得富貴者，止能為三四十年之計。造宅一區及其所有，既

---

〔註7〕 歐陽修：《新五代史》卷三十六《義兒傳》。

死則衆子分裂，未幾蕩盡，則家遂不存。〔註8〕

蘇軾所言則又顯示了北宋時期有族無宗，忘祖無倫，缺乏內聚力和秩序整合功能的宗族消亡之必然性：

今夫天下所以不重族者，有族而無宗也。有族而無宗，則族不可合。族不可合，則雖欲親之而無由也。族人而不相親，則忘其祖矣。今世之公卿大臣賢人君子之後，所以不能世其家如古人之久遠者，其族散而忘其祖也。〔註9〕

北宋宗法關係紊亂導致的宗族組織脆弱、社會基層無序渙散的現象，使理學家們開始積極論證新宗法組織的合法性並著手倡導推廣。

張載提出重建宗族的設想：

管攝天下人心，收宗族，厚風俗，使人不忘本，須是明譜系世族與立宗子法。宗法不立，則人不知統系來處……譜牒又廢，人家不知來處，無百年之家，骨肉無統，雖至親，恩亦薄。宗子之法不立，則朝廷無世臣。且如公卿一日崛起於貧賤之中以至公相，宗法不立，既死遂族散，其家不傳。宗法若立，則人人各知來處，朝廷大有所益。公卿各保其家，忠義豈有不立？忠義既立，朝廷之本豈有不固？今驟得富貴，既死則衆子分裂，未幾蕩盡，則家遂不存，如此則家且不能保，又安能保國家！〔註10〕

張載爲此後的新宗族共同體的形成重建宗子法，在維護宗子突出地位的基礎上，以宗族的維繫和穩固爲目的。此外，他以「天理」論諸侯建宗，突出了宗族制度的重要性，這爲宗族制度的普及化提供了最根本的理論依據。他還提出了平民化的祭祀制度改革主張，即不分貴賤，官僚和平民都要建立家廟，這一主張使得以往僅限於士大夫以上的祭祀制度有了普及到民間的可能：

凡人家正廳，似所謂廟也，猶天子之受正朔之殿。人不可常居，以爲祭祀，吉凶冠婚之事於此行之。〔註11〕

程頤也提出重建宗族的設想。程頤在宗族祭祀制度上，不僅要求士大夫建立家廟祭高祖以下四代祖先，而且也提出可以祭先祖：

---

〔註8〕　張載：《張子全書》卷四《經學理窟・宗法》。
〔註9〕　蘇軾：《東坡全集》卷四十七《策別八》。
〔註10〕　張載：《張子全書》卷四《經學理窟・宗法》。
〔註11〕　張載：《張子全書》卷四《經學理窟・宗法》。

> 今無宗子法，故朝廷無世臣。若立宗子法，則人知尊祖重本。
> 人既重本，則朝廷之勢自尊。……且立宗子法，亦是天理。譬如木
> 必從根直上一幹（如大宗），亦必有旁枝，又如水雖遠，必有正源，
> 亦必有分派處，自然之勢也。〔註12〕

程頤將大宗和小宗，比作樹乾和樹枝的關係，認爲這是自然而然的，大宗小宗都要知尊祖而重本。作爲以宗族重建來維護社會基層秩序的理學家而言，希望把這種思想和始祖祭祀連接起來，認爲只要是可知範圍內的祖先都應該祭祀：

> 祭先之禮，不可得而推者，無可奈何。其可知者，無遠近多少，
> 猶當盡祭之。祖又豈可不報，又豈可厭多？蓋根本在彼，雖遠，豈
> 得無報。〔註13〕

此外，程頤進一步還強調了家法族規的功能，他說：

> 治家者，治乎衆人也，苟不閑之以法度，則人情流放，必至於
> 有悔，失長幼之序，亂男女之別，傷恩義，害倫理，無所不至，能
> 以法度閑之於始，則無是矣。〔註14〕

歐陽修與蘇洵倡導新式族譜的實踐。歐陽修採用史書體例和圖標方法，按小宗譜法和詳親略疏的原則修成了本族《歐陽氏譜圖》。根據歐式族譜的修編方法，族譜記載可見之世中由高祖至其玄孫五代的世系成員，按照血緣關係的遠近而定詳略。這一修譜原則切實可行，操作性強。他指出，通過修譜可實現「尊尊親親」、「統宗收族」的功能。蘇洵則吸收了歐陽修的譜圖之法，不僅強調父系縱向世系的小宗之法，還強調從橫向兄弟分支加以區別和繪圖。

歐蘇開創了宋代開始的私修家譜的先例，新式的族譜內容包括了譜例、世系圖、人物傳記，較以往族譜內容豐富，並且創立的五世小宗譜法，這爲後世新宗族修譜的實際操作修譜提供了範例。

此外又如范仲淹的實踐：

宋代族田、義莊始爲范仲淹所設立，他言：

> 吾吳中宗族甚衆，於吾固有親疏，然以吾祖宗視之，則均是子
> 孫，固無親疏也。吾安得不恤其飢寒哉！且自祖宗來，積德百餘年

---

〔註12〕 《二程遺書》卷十八《伊川先生語四》。
〔註13〕 《二程遺書》卷十七《伊川先生語四》。
〔註14〕 程頤：《伊川易傳》卷三《家人》。

而始發於吾，得至大官，若獨饗富貴而不恤宗族，異日何以見祖宗
於地下？今亦何顏以入家廟乎？〔註15〕

範式義莊為後來的新宗族共同體形成，確立了保障族人認同感和向心力的經
濟基礎，使救恤宗族，使族人免於飢寒的同族同榮的儒家思想得到伸張。他
親自訂立的《義莊規矩》使得義莊得以按一定的宗族規範經營，並由此可以
達到維繫整個宗族長久不衰的目的。義莊的意義在范氏處凸顯了族田經濟收
益可以保障族人生活共同體穩定持久的重要性。在義莊設立的基礎上，范氏
專設了「義學」以供族人教化和培養科舉人才，他更設立「義學田」以支持
族人的向學志向。

以上這些典範彰顯了北宋理學家已在謀劃新宗族共同體過程中，開始了
實質性的行動，北宋理學家對於新宗族共同體的確立提供了豐厚的理論依據
和初步嘗試經驗，這使得南宋理學家繼起的新宗族共同體確立和實踐行動得
到了有力的理論基礎和前期準備。

## 三、南宋理學家對宗族問題的再思考

南宋理學家繼北宋理學家對新式宗族的初步思考與實踐後，為新宗族共
同體提供了更為詳備的方案，在確立新宗族範式的安排中，強調了綱常倫理
根據，並使三綱五常成功地化為可以在日用生活中教化人的「禮」，以養「尊
祖敬宗」之心，以明親疏差序之儀，從而起到調正宗族共同體內人倫之序的
目標。

### （一）宗族共同體的依據與模式

南宋理學家中，朱熹是繼北宋張載、程頤後，為新宗族共同體設計提供
最為詳備方案者，他和他同時代的理學家從新宗族確立的「範式」意義上，
繼續做出更為統合、實際的思考和安排。

首先、主張大、小宗法制在祭祀儀式中的統合，為「新宗族共同體」的
尊祖敬宗的信仰系統提供依據。

《禮記・大傳》所記：

別子為祖，繼別為宗，繼禰者為小宗。

這被看成為周代大小宗法制的綱領性表述。在周代特有的分封制下，能夠繼

---

〔註15〕朱熹：《朱子全書》第十二冊，《八朝名臣言行錄》前集卷七《參政范文正公》，
　　　　〔M〕上海古籍出版社、安徽教育出版社，第219頁。

承王位或諸侯位的只能是眾多子嗣中的一個。未繼承的其他庶子即成爲接受父族分封於另外地方，即稱爲「別子」，在新的地方創建新族，這個宗族的後代供奉他爲始祖，而「別子」的第二代，仍由別子之嫡長子繼承其「宗」位，故這一「繼別」的代代相傳便使得其始祖之「宗」永不中斷，從這一意義上班固在《白虎通義》中言：

> 宗其爲始祖後者爲大宗，此百世之所宗也。〔註16〕

大宗顯示了與始祖的最明確的直系關係，因此人們獲得了在尊奉大宗的同時，達到尊奉始祖的宗教情感，而最終達到維繫整個宗族，和睦紀理的目的。雖然周代的分封等級制度到秦以後就不復存在了，《禮記》裏清晰表述周代宗法含義的「繼別」之「大宗」也消失了，但是「大宗是宗族世代延續的實體和象徵」這一觀念卻沒有消失，在家國同構的中國傳統社會中，無疑大宗的百世不遷的觀念在倫理上能夠明確祖、宗、子孫在世系中的位置，有所謂「敬宗收族」的功能，強調了祖先與子孫的相互所屬的共同體觀念。程頤也正是基於此，才倡導復興大宗，祭祀先祖的。但是，古禮認爲只有天子和諸侯才能祭始祖，士和庶人是不能祭的，無疑大宗之法的復興從古禮角度對普通人而言是不合法的。朱熹在繼承程頤關於復興大宗，敬宗收族的理學思想時，在祭祀先祖的設想中是另有安排的——墓祭：

> 大宗之家，始祖親盡則藏其主於墓所，而大宗猶主其墓田，以奉其墓祭。歲率宗人，一祭之，百世不改。其第二世以下祖親盡，及小宗之家高祖親盡，則遷其主而埋之。其墓田則諸位迭掌，而歲率其子孫一祭之，亦百世不改也。〔註17〕

朱熹認爲，始祖並不放在家廟祭，而於墓祭，是不算僭越的，並且子孫由大宗統率，一年一度於墓田祭祀始祖，也正滿足了理學家們在新的歷史時期收族、睦族的社會教化功能。

「繼禰者爲小宗」，「禰」爲宗廟中亡父的牌位，能繼承父親爵位的兒子，就是「繼禰者」，其他兄弟應尊其爲小宗。萬斯大言：

> 謂之小宗者何？唯五世之內，族人之同高祖者宗之，所宗者小也。〔註18〕

---

〔註16〕 班固：《白虎通義》卷上《宗族》。
〔註17〕 朱熹：《家禮》卷一《通禮·祠堂》。
〔註18〕 《清經解》卷四九，上海書店，1988 年影印版，第一冊，第 320 頁，轉引自

小宗法五世則遷，在上至高祖下至玄孫的五世內的族人以繼禰者爲小宗，五世的族人包括每一世小宗的同代兄弟、堂兄弟，再從兄弟和三從兄弟及其家庭。以小宗法統合起來的宗族比大宗更具有現實存在感。誠如錢杭先生所言：「大宗的意義在於代表、象徵和統轄宗族『共同體』，小宗的意義就在於代表、象徵和統轄宗族的一個個分支。」〔註 19〕而這一個個的分支在經歷過五代亂世，世家消亡，世人不知所宗的時期，倒是比大宗的收族更爲容易確立起來，一個個小宗族的復興過程即是整個宗族「共同體」的形成的同一過程。由此，到了南宋，朱熹則更注重對小宗法下的宗族建構提供重建信仰的儀式安排：祠祭。

　　朱熹爲普通士庶提供了「大宗法既立不得，亦當立小宗法」的祭祀之專門場所——祠堂：

　　　　君子將營宮室，先立祠堂於正寢之東（祠堂之制三間，外爲中

　　　門，中門外爲兩階，皆三級。……凡祠堂所在之宅，宗子世守之，

　　　不得分析）。〔註20〕

主持祠堂祭祀的即爲小宗內率族人共祭祀的宗子，即便是小宗之法下朱熹所主張的祭祀，也已經突破了古禮對於普通士庶祭祀的規格：士最多只能有祭至祖父之廟數，而庶人是不得祭祀於廟的。爲此，朱熹特創制了可由民間普通人也能祭祀的專門場所：祠堂。這一場所被設計在君子之家中，這一創舉對此後的傳統中國社會影響甚遠，下節將詳論。

　　其次、挖掘宗族的社會整合功能，爲「新宗族共同體」的社會普及提供具體模式。

　　先秦時期，只有王公貴族才有悠久的世系，這種世系的規模並不太影響他們的實際生活狀態，除了能彰顯聲名。因此，宗族世系累積的歷史之於王公貴族的現實意義大大小於王公貴族之世卿世祿的特權對其世系累積的意義，魏晉、隋唐時期發展來的門閥士族，其族之統合，世系的積累往往同樣爲的是標示貴族特權，並爲士庶分隔標示身份和門第，其宗族存在的功能對紀理社會基層現實生活而言不大。

　　但是，累積的宗族世系，其意義不在於現實的實際社會整合功能，而恰

　　　　錢杭《中國宗族史研究入門》，〔M〕復旦大學出版社 2009 年第 25～27 頁。

〔註 19〕錢杭：《中國宗族史研究入門》，〔M〕復旦大學出版社 2009 年版，第 101 頁。

〔註 20〕朱熹：《家禮》卷一《通禮・祠堂》。

恰在於「漢人對本身和本宗族『歷史感』與『歸屬感』深沉執著的追求。」〔註21〕正由於這種歷史感和歸屬感，提供給族人祖先信仰的實在感與存在價值。北宋理學家們從這一層意義上倡導宗族重建，但是他們所面對的是官方對社會基層的秩序整合與道德教化不力，社會各階層流動加劇的不安定，佛老對社會基層影響甚大的現狀。對理學家們而言，他們更希望在重建宗族祖先信仰之外，宗族還要具有社會秩序整合的功能，這也即南宋理學家所面對的新的實踐性問題。

呂祖謙在其《家範》中言：

> 收族，如窮困者，收而養之；不知學者，收而教之。收族，故宗廟嚴。宗族既合，自然繁盛，族大則廟尊。如宗族離散，無人收管，則宗廟安得嚴耶？宗廟嚴，故重社稷。蓋有國家社稷，然後能保宗廟，安得不重社稷？重社稷，故愛百姓。國以民為本，無民安得有國乎？故重社稷，必愛百姓也。愛百姓，故刑罰中。刑罰中，故庶民安。〔註22〕

宗族的重建在南宋理學家看來，還需對社會秩序整合起到重要作用，在家國同構的儒家治世觀念中，治家就是治國。宗族的重建不僅只是讓族人知自身的來處，確認世系，從而獲得認同感和內聚力；更是在於紀理宗族的過程中，能夠起到幫助窮困族人，支持族人求學，規勸教化族人和睦的功能，此即為「收族」的真實含義。而這樣的「收族」所起到的社會基層整合功能又恰恰能彌補現實中官方對基層整合不力的現狀，成為理學家們達到治國平天下的理想。

呂祖謙所寫的《宗法條目》便是對一個新式的宗族如何紀理所做出的方方面面的具體安排，其中十三個方面是：

> （1）祭祀，（2）忌日，（3）省墳，（4）婚嫁，（5）生子，（6）租賦，（7）家塾，（8）合族，（9）賓客，（10）慶弔，（11）送終，（12）會計，（13）規矩。〔註23〕

如此分類細緻的宗族管理規定項目，正是「收族」的具體化，也即新宗族的

---

〔註21〕 錢杭：《中國宗族史研究入門》，〔M〕復旦大學出版社 2009 年版，第 65 頁。
〔註22〕 呂祖謙：《呂祖謙全集》第一冊《家範‧宗法》，〔M〕浙江古籍出版社，第 284 頁。
〔註23〕 呂祖謙：《呂祖謙全集》第一冊《家範‧宗法條目》，〔M〕浙江古籍出版社，第 299 頁。

功能化表現。這種功能對一個社會基層最爲普通的宗族，能夠使其作爲一個共同體得以眞實地料理實際生活事務，使現世的族人和睦相處，人倫有序，經濟富足。這種功能化的宗族重建必然要求有紀理宗族的「規範」、「約束」和「教化」，否則是不能想像在一個人口不斷增長的宗族中，人們能夠依靠單純的對先祖的尊、宗子的敬就可以達到有序的結果的。

　　在南宋理學家中，陸門在家族義居中爲後人示範了理學宗族紀理的樣本。在《宋元學案》的陸九韶學案中，更記載了陸門宗族紀理使用的《居家正本》和《居家制用》兩種文本，其中記載了南宋陸門理學家自身家族實行的具有一定強制力的具體行爲規範。

　　南宋理學家們繼承北宋理學家整合社會的方案同時，更爲具體地從實際生活層面完善了「新宗族共同體」的範式創建，並開始身體力行的實踐，這種實踐的價值在於：從南宋開始，中國傳統社會中有了一種依靠可普及化的宗族共同體來展開社會基層教化與整合的模式。

### （二）宗族的綱常倫理根據

> 蓋三綱五常，天理民彝之大節，而治道之本根也。故聖人之治，
> 爲之教以明之，爲之刑以弼之。〔註24〕

在南宋理學家的天理觀中，「三綱五常」是天理在現世展現出來的理想倫理結構和眞實道德，將這種倫理結構推之家庭、宗族、社會乃至國家和天下，通過教化得以知之、行之，通過懲戒得以警示，這是三代聖人的治道根本。「三綱五常」實爲他們熱忱投入到新宗族共同體確立的行動中的核心思想。將這一核心的儒家倫理結構和道德要求具體化爲所有差序有別的道德規範，則是儒家倫理精神落實的路徑：

> 或問：「何謂三綱？」曰：「按邢疏白虎通云，君爲臣綱，父爲
> 子綱，夫爲妻綱，大者爲綱，小者爲紀，所以張理上下，整齊人道
> 也。何謂五常？」曰：「仁、義、禮、智，信也。」〔註25〕

朱熹應弟子之問，回答了三綱五常的倫理結構爲：君臣、父子、夫婦。君、父、夫分別在這三個對舉的關係中處於綱位，統領後者。而這一凝練爲三代天理民彝之大節的結構，又須爲仁義禮智信五大德目所統轄，才能眞正實現

---

〔註24〕 朱熹：《晦庵集》卷十四《戊申延和奏劄》。
〔註25〕 朱熹：《四書或問》卷七。

「張理上下，整齊人道」的和諧狀態，無仁義禮智信之德目，三綱自無法張理，無三綱，德目自無所依賴。這一料理天下，小到家庭、大到國家的「天理」被理學家們認爲是具有永恒性的，任何禮節或在歷史長河之中有所損益，但是這一核心內容是不可更改的：

> 謂君臣、父子、夫婦之實，則秦不能有以甚異乎周，而漢亦不能有以甚異乎秦也。〔註26〕

故此，紀理新宗族共同體，即是根據親疏遠近紀理父子、夫妻關係及其由此兩種關係衍生出的諸多關係，使人倫明，忠義生，從而宗族之和睦在家國同構的觀念下，使君臣關係尊卑有序。

> 男女有別，然後父子親。父子親，然後義生。義生然後禮作，禮作然後萬物安。無別無義，禽獸之道也。〔註27〕

陸九韶在其紀理陸門大家族的家規《居家正本》中言：

> 愚謂人之愛子，但當教之以孝悌忠信。所讀須先六經語孟，通曉大義，明父子、君臣、夫婦、昆弟、朋友之節，知正心修身齊家治國平天下之道。以事父母，以和兄弟，以睦族黨，以交朋友，以接鄰里，使不得罪於尊卑上下之際。〔註28〕

這便是南宋理學家希望通過宗族教化達到的一家一族一國一天下的和睦理想。自家、自宗族如何做起？便是將三綱五常化爲可以在日用生活中教化人的禮，以養尊祖敬宗之心、以明親疏差序之儀；並以書寫家族歷史的方式，提供家族經濟保障的方式和施以族規、族學直接教化的方式，將新宗族眞正凝聚成明禮、有序、有愛的和睦共同體。以此過程，達到眞實的理學倫理精神的傳播與普及，從而到達理學家的治國平天下的理想。

南宋理學家對新宗族模式的推崇和對於宗族作爲一個「共同體」的建構與實踐，既是實現「宗族教養」的前提，同時又是「宗族教養」的過程本身。那麼，從何種意義而言，宗族教養是以「共同體」的整合模式作爲理學行動的指向的呢？這種「宗族共同體」的建構又是如何彰顯理學式宗族教養之過程本身的呢？

---

〔註26〕 朱熹：《四書或問》卷七。

〔註27〕 朱熹：《御定小學集注》卷二。

〔註28〕 陸九韶：《居家正本》，摘自沉善洪主編：《黃宗羲全集》（第五冊）《宋元學案（三）‧梭山復齋學案》浙江古籍出版社，第250頁。

在南宋理學家的倫理實踐中，「宗族」是「共同體」這種倫理實體存在的主要形式，其後又展現為理學家嘗試構建的其他實體，如鄉里教化中的社倉和鄉約，書院教學活動展開其中的書院共同體等。在理學的價值判斷下，由此不斷彰顯出區別於單純依靠「國家政治控制行為」所獲得的社會整合之差異性。

拋開社會學研究中日本學者圍繞中國村落共同體存在與否而展開的著名的戒能——平野論戰來看，無論傳統中國社會中是否存在村落共同體，南宋理學家倡導和實踐新宗族模式的行動，正是在創造「共同體」性質的倫理實體所必須的所有結構和情感：南宋理學家熱心建構的宗族共同體為此後中國傳統社會各時期的社會基層整合描摹出了以「信仰的塑造和培育——提供道德內聚力，規範和一定的懲戒的設立——提供倫理秩序，聚集和教化——提供持久穩定的人倫環境和知識基礎」為核心特質的「共同體」教化的形成路徑。

「『宗族共同體』的建構如何彰顯理學式宗族教養之過程本身的？」對於這個問題的回答是：在上述描述南宋理學家建構「宗族共同體」的核心特質時，其中包含了「教養」。這種教養的主體不僅是熱忱的理學家們，還包括理學家所倡導的，在宗族共同體結構內，那些作為共同體人倫差序頂端的權威者：家長、族長。所有起到主導新宗族共同體實踐的尊者，都能嫻熟地根據理學家倡導並建構一套具體化、條件化，便於反覆操作的人倫規則，即落實於現實人倫關係中的倫理規範——禮——來進行收族教養。沒有這種宗族教養，就無法完成理學家的共同體建構，就無法使成員形成相互隸屬的情感，以及超越感覺而相互指向的行為和分享。為此，宗族共同體的建構過程實質上是一個實現宗族教養和社會基層生活秩序整合的過程。

那麼，南宋理學家如何通過指向「共同體」形成的實踐行動，推動了新宗族制度下社會基層生活方式改變，並在這一推動過程中實現新宗族平臺上的教化，在社會層面落實理學倫理精神的呢？詳論如下。

# 第二節　家　禮

「家」是宗族形成共同體的基本單位，在傳統儒家的視野裏，無家之個體是不可理解的，一個家庭在不斷繁衍生息的過程中，既作為一個經濟共同

體，也作爲一個道德共同體，逐漸形成了以父系爲世系的「族」團體，由此最終形成宗族，超過五服以外，小宗自遷。然而，在南宋民間社會，共同祖先的各世代小家庭多聚居在一起，聚居爲由家成族、成宗族提供了必要基礎。理學家認爲，「禮」是「理」在現實生活中的落實，它在整合社會方面的內涵便是人倫之序的和睦，三綱五常的顯現，以禮統合家族，以此擴大至時間軸上更大範圍時，禮便統合了空間意義上更大範圍的宗族。因此，在一家一族之中實施「禮」的教化是南宋理學家格外重視的。

南宋理學家認爲，適用於高官貴族的禮制，在現實中並沒有發揮整合社會基層的功能，於是他們提供了另外一種可以落實到士庶民日常生活中的禮——家禮。北宋推行新法時期，官方曾頒佈過《政和五禮新儀》。這部禮書討論的多是和皇權有關的典禮，它也包括了對官員與百姓的婚禮、冠禮和喪禮的描述，但它卻把建家廟的權利保留給有品級的官員。朱熹在他修編的《朱子家禮》〔註29〕之序中言：

> 凡禮，有本、有文。自其施於家者言之，則名分之守、愛敬之實，
> 其本也；冠婚喪祭，儀章度數者，其文也。其本者，有家日用之常體，
> 固不可以一日而不修：其文又皆所以紀綱人道之始終。〔註30〕

朱熹明確指出了「禮」有教化之意，並重視其日用之中的「習」。家禮可以下及庶民家族、宗族，使其在平常日用中用於規範、教化族人，經反覆操作、以之爲習，可以通過「禮」，設置尊祖歸宗的儀式，而和睦族黨、知禮明德，這就是理學家重視「禮」在家族、宗族等社會基層實施的用意所在。

隨著南宋理學家對家禮的實踐，確立了「新宗族共同體」範式，南宋時社會上士庶民家族、宗族逐漸建立，改變了原來唐宋之際「有家無族」，「有家無宗」的社會面貌，也爲明清宗族活動的興盛打下了基礎。這一過程，便是「禮」的教化過程本身，理學倫理精神的落實過程本身。

---

〔註29〕 後人對朱熹作《家禮》產生質疑，但據束景南先生考證，認爲朱子作過《家禮》，並草於淳熙二年九約至三年二月間，尚未完稿，即在三月赴婺源展墓途中被竊失於僧寺。參見束景南：《朱熹〈家禮〉真偽考辨》，《朱熹佚文考》第684頁，江蘇古籍出版社1991年版。在本章所言「家禮」一詞時，是指普遍意義所說的適用於家族、宗族中使用的禮文，朱熹所作之《家禮》文本與上述「家禮」的表述惟恐發生理解上的混亂，特以「《朱子家禮》」表示朱熹專作的《家禮》文本。《朱子家禮》爲南宋及其以後中國傳統社會家族乃至宗族內施行家禮提供了具體的適用文本，影響深遠。

〔註30〕 朱熹：《家禮》序。

　　朱熹爲家族生活專門寫成的禮儀指導——《朱子家禮》，借鑒、整合了北宋司馬光的《家儀》，並作出特有的創新。《朱子家禮》行於世後，朱門弟子身體力行之，將禮之精神傳播於世，對此後的中國社會形成了很大影響。現就《朱子家禮》爲例，說明理學家們的家禮教養，是如何在促成新宗族共同體確立起來的同時，對族人和社會基層進行整合的？

## 一、《朱子家禮》對祖先信仰的樹立：以祠堂爲中心

　　《朱子家禮》首篇爲《通禮》，以描述一個家族應該設立「祠堂」爲始，以祠堂之制爲「始」的表述結構，突出了「祠堂」因其勾連了本族後人對祖先的宗教信仰情懷，而在整個家禮中具有重要地位。這種對祖先的宗教信仰的樹立和形成，通過對於「祠堂」功能的開發和使用，在反覆操作中得到培育。對祖先信仰的樹立，爲新宗族共同體的確立提供了基於同根同祖的認同意識和共同體情感基礎。

　　「祠堂」的確立首次爲普通士庶民提供了真正以家族爲單位對祖先祭祀的專門場所，「祠堂」將人們的祖先信仰情懷凝固在一個具體的空間，而空間也因這種信仰的培育產生了超出「祭祀」之外的功能價值。朱熹言祠堂設置的用意時說：

　　　　古之廟制不見於經，且今士庶人之賤亦有所不得爲者，故特以

　　祠堂名之，而其制度亦多用俗禮云。〔註31〕

楊萬里曾言當時士族已開始興建家廟，如張栻和呂祖謙等理學家，但是沒有涉及到社會基層，民間祭祀場所缺漏：

　　　　民廬隘漏，初無堂、寢、陛、戶之別，欲行之亦不可得。〔註32〕

朱熹之所以設祠堂，是因爲古代廟制已難適用，而對於普通士庶人按古禮既達不到古禮建廟的特權等級，又本無專門場所用以祭祀的習俗，而人人皆有祖，敬宗收族的意義太過重大，既然當時俗禮中，民間普通士庶已在祭祖，而且也有祭始祖的現象，不如確立規範，倡導適用於士庶的專門祭祀之所，改寢祭爲祠祭。

　　「祠堂」最初在漢代功能爲祭祀先人，先人或是有德之人，或是受敬重的祖先個人，而這類「祠堂」也往往以墓所建造爲主。

---

〔註31〕朱熹：《家禮》卷一《通禮‧祠堂》。
〔註32〕楊萬里：《誠齋集》卷一百三十《通判吉州向侯墓誌銘》。

　　從戰國至漢代，民間祭祖一般採用墓前祭祀的方式。〔註33〕

　　許多貴族官僚及豪民在墓地也建造祠堂，墓祠爲特定的個人建造，子孫的祭掃，也只是對個人的禮敬，同後世的祠堂不一樣。〔註34〕

唐代祠堂的設立基本也是爲有德才、受人敬重的個人設立，宋代祠堂作爲鄉賢名宦實施教化的公共場所，爲此，任職的地方官如朱熹、陸九淵、張栻等，都會積極爲當地名儒先聖先師、爲民眾敬仰的先賢設祠。相對於歷史上「祠堂」的實際含義，朱熹於《朱子家禮》中則賦予了「祠堂」全新的含義和價值，這就是將作爲一個一般意義上是「公共場所」和「無家族祭祀含義」的「紀念地」轉換爲「私人場所」和「家族共同體祭祀含義」的「信仰培育和宗族教養功能的統合地」。由此，爲先祖和先師、先賢在社會基層建構了同樣崇高的地位，並對普通士庶民而言有了名正言順的專門祭祀地。對於家族祠堂的建立不必由官方批准和操辦，而只是家族內部的決定，這對於普通士庶而言無疑既提供了「方便」的操作，又對民間俗禮進行了理學式的說明和規範，將建祠堂的宗旨明確爲「報本反始、尊祖敬宗」，傳承了儒家慎終追遠的道德傳統。就此意義而言，《朱子家禮》對「祠堂」的定位已去除了古代廟制中它的政治象徵含義。

　　那麼，「祠堂」是如何發揮其祖先信仰樹立和培育功能的呢？這涉及到《朱子家禮》對於祠堂之制的規定，抬高了祠堂在家中的地位：

　　　君子將營宮室，先立祠堂於正寢之東。祠堂之制，三間，外爲中門，中門外爲兩階，皆三級。東曰阼階，西曰西階。階下隨地廣狹以屋覆之，令可容家眾叙立。又爲遺書、衣物、祭器庫及神廚於其東。繚以周垣，別爲外門，常加扃閉，若家貧地狹，則止爲一間，不立廚庫，而東西壁下置立兩櫃，西藏遺書、衣物，東藏祭器亦可。正寢謂前堂也。地狹，則於廳事之東亦可。凡祠堂所在之宅，宗子世守之，不得分析。凡屋之制，不問何向背，但以前爲南，後爲北，左爲東，右爲西。後皆放此。〔註35〕

〔註33〕譚剛毅：《兩宋時期的中國民居與居住形態》，〔M〕東南大學出版社 2008 年版，第 195 頁。

〔註34〕譚剛毅：《兩宋時期的中國民居與居住形態》，〔M〕東南大學出版社 2008 年版，第 195 頁。

〔註35〕朱熹：《家禮》卷一《通禮·祠堂》。

朱熹在祠堂營建問題中將祠堂設立在正寢之東，凸顯了「祠堂」是日常生活環境不可或缺的一部分的含義，並作出了須臾不離日用的安排。朱熹言：

> 家廟要就人住居。神依人，不可離外做廟。〔註36〕

《朱子家禮》中，這種祠堂地點的設置和日常各種家族、宗族節慶儀式的安排是緊密聯繫在一起的，祠堂是人和祖先離得最「接近」的地方，起到了時時刻刻喚醒尊祖即要守禮行事的觀念，如：

> 主人晨謁於大門之內，出入必告，正至、朔望則參，有事則告。〔註37〕

在施行祭禮占卜時，要求占卜地點需在祠堂中門，如占得吉卦後，要求「告於祖考」，在家族中舉辦子弟成人冠禮之時，《朱子家禮》又要求「前期三日，主人告於祠堂」，「冠者」也須見於祠堂。在對於婚禮的儀式化規定中，朱熹也安排了「初昏，婿盛服，主人告於祠堂」等條目，朱熹在祠規的設定上，做了更多凸顯祠堂在整個家族活動中的地位，如：

> 水火盜賊，則先救祠堂，遷神主、遺書，次及祭器，然後及家財。〔註38〕

祠堂因其深入平常人家的日常儀式化生活而地位提高了，它在家禮的整個儀式群中成為了一個中心場所和意義空間。祠堂還要求「宗子世守之，不得分析」，這種管理安排激發了全體族人將維護祠堂的「不分析」作為自己和睦家族的責任感，進而保證了族人能夠以宗法為紐帶連接凝聚起來，接受宗族教養而明白人倫之序。

可以說，設立士庶民專門祭祀祖先的祠堂，將所有家族的重要儀式都與祠堂連接起來，使祠堂成為象徵家族最高榮譽和地位的意義空間，這就是理學家以祠堂為中心，培養家族共同體祖先認同與信仰的行動。「祠堂」是維繫宗族生活的一個中心，以它培育族人從心理上對家族、宗族先祖的崇拜和依賴的觀念在此後理學家的實踐中得到傳播，這使得元明開始，以祭祀祖先為核心，敬宗收族為象徵意義的祠堂之制普及開來，社會基層的士庶民家族、宗族都有了家祠、宗祠，「祠堂」也逐步代替了「家廟」與「影堂」而流行起來。

---

〔註36〕黎靖德編：《朱子語類》卷九十。
〔註37〕朱熹：《家禮》卷一《通禮・祠堂》。
〔註38〕朱熹：《家禮》卷一《通禮・祠堂》。

有必要說明的是，在宋代通常將家祭或墓祭之地稱爲「家廟」或「影堂」，普通士庶人家是不可設「廟」的，因此在宋代多流行「影堂」，影堂祭祀用「影」也即祖先的畫像，這種習慣應該是受到佛教的影響，而儒家是反對這樣的偶像崇拜的，例如北宋張載就曾認爲用祖先畫像祭祀，一不眞實、二容易損壞，這些都是對祖先的不敬之擧。南宋時期，可能祖先的畫像和祠版共同使用，朱熹則明確反對影祭，主張專用祠版祭祀：

> 按古禮，廟無二主。嘗其原意，以爲祖考之精神既散，欲其萃
> 聚於此，故不可以二。今有祠版，又有影，是有二主也。〔註39〕

所以，《朱子家禮》中明確提出「祠堂」之制而非「影堂」之制來對「家禮」進行革新，這應當十分符合當時儒家以上的觀點。自此後，明清祠堂興盛，與南宋理學家對影堂的改造，對祠堂與祠版的倡導有著密切的聯繫。

## 二、《朱子家禮》對宗法倫理觀念的落實

《朱子家禮》重宗法，將新宗族共同體的宗法觀念，盡可能地在家禮的儀式細節中進行落實，並把宗族觀念和「齊家」思想聯繫起來轉化到每個共同體成員內心。不止朱熹，同時期的呂祖謙、陸九韶等理學家都十分關注家禮和宗法的關係。呂祖謙按其日記記載，在淳熙七年（1180），三至十二月只除九、十月外都在讀《宗法》，十一月讀《祭禮》。〔註40〕而當其「建家廟，立宗法」之時，朱熹則認爲：

> 此正所欲討論者，便中得以見行條目，子細見教爲幸。〔註41〕

朱熹根據呂祖謙的家族建構實踐，認識到了宗法和家廟祭祀間的重要關聯。而陸九韶、陸九淵也曾在淳熙四年（1177）來信詢問關於祔禮事宜，而祔禮中又具有很明顯的宗法思想。

在《朱子家禮》的許多家族儀式的規定中也都顯示出宗法貫穿落實的明顯痕跡。在首篇《通禮》祠堂章，家禮規定：

> 祠堂之內，以近北一架爲四龕，每龕內置一卓。大宗及繼高祖
> 之小宗，則高祖居西，曾祖次之，祖次之，父次之。繼曾祖之小宗，
> 則不敢祭高祖而虛其西龕一。繼祖之小宗則不敢祭曾祖而虛其西龕

---

〔註39〕朱熹：《朱文公文集》卷四十《答劉平甫》。
〔註40〕呂祖謙：《東萊集》卷十五《庚子辛丑日記》。
〔註41〕朱熹：《晦庵集》卷三十四《答呂伯恭》。

> 二。繼禰之小宗則不敢祭祖而虛其西龕三。若大宗世數未滿，則亦
> 虛其西龕，如小宗之制。……非嫡長子，則不敢祭其父。若與嫡長
> 同居，則死而後其子孫爲立祠堂於私室，且隨所繼世數爲龕，俟其
> 出而異居乃備其制。若生而異居，則預於其地立齋以居，如祠堂之
> 制，死則因以爲祠堂。〔註42〕

在《冠禮》中，對「主人」這一角色做了界定，「謂冠者之祖父，自爲繼高祖之宗子者」，突出了宗子的地位。

> 若非宗子，則必繼高祖之宗子主之，有故則命其次宗子。若其
> 父自主之，告禮見《祠堂》之……〔註43〕

可見，以世系內代表先祖的「宗子」來對本族子弟施以成年禮，彷彿是在告誡每一個始爲成人的家族子弟，自己與這個家族的血脈關係是永遠無法割離，而必須爲之繼起，爲整個宗族的延續而自立，立人的。在《喪禮》中：

> 若宗子自爲喪主，則叙立如虞祭之儀；若喪主非宗子，則宗子
> 宗婦分立兩階之下，喪主在宗子之右。〔註44〕

在這些禮儀中，「宗子」和「非宗子」的禮節是不同的。這種不同，象徵著同一宗族共同體內個體的身份之不同，而這種身份不同即是來自於每一位族人與祖先直系的親疏關係。如果說官方的廟制之禮是規範了政治等級的權力。那麼朱熹所提供的家禮則完全規範了倫理等級的權力，當倫理等級即具有差序的人倫規範確立之後，宗族的權威便在這種儀式的反覆操作中，逐步被創造出來，尤其當家族擴展到宗族之後，同族成員的宗教情感和祖先信仰則在共同體中獲得維繫和鞏固。

## 三、《朱子家禮》的平民化特徵使家禮適宜在社會基層普及

誠如上述「祠堂」小節引用的那段話之首言「君子將營官室……」，實施家禮，建造祠堂，供奉祖先，紀理宗族的對象不是皇室、不是官僚，而是「君子」。何謂「君子」，即有德之人，能知理行禮之人。在宋代這是理學家對一名普通的「士」所做出的要求。發展到宋代，隨著庶人階層興起，「士」已經成爲一個平民階層，「士」僅僅是普通讀書人的名稱，其門閥內涵，官僚內涵已經蕩然無存，那麼作爲「士」，怎樣的品質才能眞正符合其名呢？理學家的

---

〔註42〕　朱熹：《家禮》卷一《通禮·祠堂》。
〔註43〕　朱熹：《家禮》卷二《冠禮》。
〔註44〕　朱熹：《家禮》卷四《喪禮》。

回答是，具備道德性的「君子」品質。士族不問貧富，只有按君子的標準那樣行事不為利欲誘惑，那麼他就可以實現一己的道德力量，努力實踐、自成一族。所有的士（讀書人）都擁有象理學家建立宗族共同體一樣的權利，由此力行人倫道德，救濟貧困族人、制定族規、建立族學，維護鄉里秩序等等。所以，家禮在建祠堂一章，格外突出無論貧富，都可以以「君子」自視而按實際情況來設立祠堂，而且並不關心這家主人的地位和官階。家禮儀式上的分別，均在於每個成員與祖先關係的遠近，而不在其他。因此，以此邏輯，可以認為即便是庶民，只要向學，稍微有點家產，未必富足，都可以組建起一個具有祖先信仰，人倫有序的族。《朱子家禮》確實提供了後世平民階層實踐家禮的權利說明。

朱熹在為士庶民家族生活編訂家禮的時候，直接全文使用了司馬光的《居家雜儀》部分，並將其放置在《家禮》的首篇《通禮》內，意為有「家日用之常禮，不可一日而不修者」的重要地位，朱熹言：

> 此乃家居平日之事，所以正倫理、篤恩愛者，其本皆在於此，必能行此，然後其儀章度數有可觀焉，不然則節文雖具，而本實無取，君子所不貴也，故亦列於首篇，使覽者知所先焉。〔註45〕

可見在朱熹心裏，是極度贊賞司馬氏這份提供給大家族使用的日常禮儀的，直接指明其落實倫理精神的功能，而家禮的實施對象，不是達官貴族，而皆為「君子」。隨著《朱子家禮》編撰成書，為弟子刊刻，並在後世的廣泛流傳，收錄在其中的《司馬氏居家雜儀》也得到了社會各大家族和宗族的借用和模仿。《司馬氏居家雜儀》無疑提倡以「禮」治家，在這份居家的各種禮儀規定中，從如何伺奉父母舅姑，到飲食起居；從體現長幼有序，父子尊卑的跪拜禮節到如何站坐的要求，都不厭其詳進行了十分具體規定，對於落實理學倫理精神無疑具有「下手處」。

《朱子家禮》在把儒家禮儀推廣普及到平民日常生活的過程中，使得士庶之家日常生活婚喪嫁娶的活動有了禮文可遵循，這些禮文所規定的內容並不顯得高高在上，而是在尊重古禮的前提下適當從俗，化繁為簡，使得家禮簡易可行，與細無聲處實踐理學三綱五常和宗法觀念。對於一部分「古制今不可知」的，以從俗為標準；對於古禮易造成破費，貧困家庭無法實施的也從簡；對於古禮本身十分繁多複雜的不便施行的從簡；俗禮雖在古禮中找不

---

〔註45〕 朱熹：《家禮》卷一《司馬氏居家雜儀》。

到根據，卻符合人情事理的，也予以採納等等。〔註46〕

## 四、其他南宋理學家對家禮的實踐

在南宋，並不是朱熹一人在實踐家禮對宗族的教養作用，當時對於家禮的制定和整理在理學家群體中都有所實踐，比如呂祖謙編訂的《家範》和《少儀外傳》，袁采所撰的《袁氏世範》等等，這些用於家族紀理的禮文逐步都呈現出簡單化和世俗化的面貌，同時還凸顯了對於族人尤其是童蒙的教養作用，此一主題在後詳論。在朱熹同時代以及其後的理學家，不僅倡導家族以禮範導日常生活、統合族人的觀念，而且還身體力行，其行動表徵著一個以真實道德為追求，不以利欲為左右的士君子群體在生成。南宋理學家群體將首先對宗族共同體的確立展開示範行動，這種示範力量很多時候包含了向社會顯示：作為「士」的個人，在仕途以外也是可以發揮個體及家族、乃至宗族本有的道德力量去完成治世理想的。

朱門弟子，在朱熹過世後，開始刊行並實踐《朱子家禮》。陳淳指出，當時對於朱熹的《家禮》就有門人的五羊本，餘杭本刊刻出，並且其中將朱熹生前在家中對禮的實踐也補充進刊刻本中：

> 五羊本先出，最多訛舛。某嘗以語曲江陳憲，而識諸編末矣。
> 餘杭本再就五羊本為之考訂。所謂時祭一章，乃取先生家歲時所用之儀入之，準此為定說，並移其諸參神在降神之前，今按餘杭本復精加校。〔註47〕

此外，朱門的弟子及其再傳弟子紛紛也都從自身的力行開始實踐家禮〔註48〕，如周謨，為朱熹門人：

> 居家孝友，母喪疏食三年，治喪悉用古禮，斥去浮屠老子法，鄉人多效之。〔註49〕

---

〔註46〕此處詳細佐證資料參見王立軍：《宋代民間家禮建設》，〔J〕河南社會科學
　　　　2002年第2期，第79頁。
〔註47〕陳淳：《北溪大全集》卷十四《家禮跋》。
〔註48〕以下朱子弟子對家禮的實踐史料轉引自孟淑慧：《朱熹及其門人的教化理念與
　　　　實踐》，〔M〕國立臺灣大學出版為會員2003年版《附錄》部分對朱門弟子實
　　　　踐家禮、古禮的史料彙集。根據孟的收集，展示了十四位朱門弟子及其再傳
　　　　弟子在家中、鄉里實踐朱子家禮或用古禮教化子弟和鄉民的事跡，詳見該書
　　　　第437～439頁。
〔註49〕黃幹：《勉齋集》卷三十八《周舜弼墓誌銘》。

陳祖光，爲朱熹弟子蔡沈的門人：

> 蔡沈喪，一遵文公《家禮》。〔註50〕

黃振龍，爲朱熹門人黃幹的弟子，據陳淳爲其寫的行狀中言：

> 君疾革，命取新衣易之。家人方環立侍疾。君整襟肅容，呼其
> 子曰：「養吾疾者莫若子。男子不死於婦人之手，婦人退。」又曰：
> 「我死，謹毋用浮屠法，不然是使我不得正其終也。」君之學既行
> 於妻子，又嘗以朱文公家禮帥其家人，使守之。〔註51〕

理學門人以對家禮實踐的方式，將三綱五常的儒家倫理精神落實於家，使家
人守之，化之鄉里，這無疑爲新的平民化宗族共同體的構建做出了行動示範。
自南宋朱熹在其《家禮》提出以「祠堂」作爲普通士庶民皆可爲之的祭祀祖
先之場所後，後世漸漸爲民間社會接受並推廣。自南宋以後，民間祭祀祖先
用「祠堂」的情況興盛，規模也逐漸擴大，有俞氏家族：

> 每歲寒食，主祭者率子弟各執事，自始祖而下合祀焉。〔註52〕

莆田黃氏：

> 祠吾蒼族祖所自出。〔註53〕

其族祠則成爲團結族眾的：

> 春秋享祀、歲節序拜之所也。〔註54〕

隨著祖先信仰的鞏固和收族功能的彰顯，宗族的建立行動日益興盛起來。

　　如果說南宋理學家在新宗族共同體確立中，格外重視家禮教養，那是因
爲家禮可以提供社會基層廣大士庶民家族內部基於祖先信仰的集體共識和情
感，從而爲新宗族共同體的確立與鞏固提供精神內核。依靠對祖先的敬仰和
對「宗子」的敬仰，以及對三綱五常的儒家倫理思想進行反覆強調和實踐的
各種儀式活動，南宋理學家提供給每一個宗族成員如何過日常倫理生活的具
體平臺，這個平臺能在日常生活的時時刻刻都可以統合起過去、現在和未來
從而創造集體記憶，給予族成員以心靈的歸屬與依賴。無疑，這種從社會基
層出發構建起來的倫理生活，對於整合社會秩序的意義重大，它提供了社會

---

〔註50〕沈善洪主編：《黃宗羲全集》（第五冊）《宋元學案（三）・西山蔡氏學案》浙
　　　　江古籍出版社，第250頁。
〔註51〕黃幹：《勉齋集》卷三十七《貢士黃君仲玉行狀》。
〔註52〕徐元傑：《楳埜集》卷十《洪慶庵記》。
〔註53〕黃仲元：《四如集》卷一《族祠恩敬堂記》。
〔註54〕黃仲元：《四如集》卷一《族祠思敬堂記》。

基層宗族倫理教養的路徑和目標：同心同德，光宗耀祖。作為一個普通人，他的存在價值和榮耀以及他的安全感和使命感都被妥帖地安放在此。

呂祖謙在其家範中很好地詮釋了禮與俗的關係，這也回答了理學家們為何如此積極努力地循俗制禮的原因，那就是「禮」如果脫離生活現實高高在上，就無法發揮對人倫做出規範，教化民眾的功能，無用之「禮」在這個意義上必然和「俗」相分離，而真正的「禮」是要為規範人倫之日常而用的，也是在這個意義上，「禮」是「制而用之」，何謂「制而用之」，就是可以讓人們在現實中反覆操作之的，「反覆操作」是韋伯用語，它按照現代社會學理論來講，就是「習俗」的形成，因此「禮」是一件多麼重要的生活用品：

> 禮俗不可分為兩事。且如後世，雖有籩豆籃簋，百姓且不得而見，安能習以成俗？故禮、俗不相干。故制而用之謂之禮，習而安之謂之俗。如春秋祭祀，不待上令而自安而行之。刑，是儀刑之刑。須是二者合為一，方謂之禮俗。若禮自禮，俗自俗，不可謂之禮俗。

〔註55〕

# 第三節　族訓族規

中國傳統社會經歷唐宋之際的亂世之後，到宋代，累世同居類的大家族逐漸多起來。《宋史・孝義傳》中記載了以「共財」為家庭經濟活動基礎的累世同居的「義門」五十多例，這類大家族到了南宋，往往能夠存續下來並獲得地方官注意而得到「義門」之榮稱的，一定是紀理得十分成功的，這種典範象徵著理學家心目中家（宗）族和睦一方，遵守國法，具有較強凝聚力和整合力的理想形態。如江州陳氏義門，自唐代就開始同居共爨，南宋末年真德秀曾在《諭俗文》中言：

> 江州陳氏，至今稱為義門。〔註56〕

金溪陸氏義門也是累世同居。浦江鄭氏則從南宋建炎年同居共爨，到明初已有十世。這些大家族其實已具有構成宗族的規模。陸氏義門，有陸九韶作為家長帶領全家族所要遵循的族規，江州陳氏為本族也設立族規，浦江鄭氏到

---

〔註55〕呂祖謙：《呂祖謙全集》第一冊《家範・宗法》，〔M〕浙江古籍出版社，第285頁。

〔註56〕真德秀：《西山文集》卷四十《潭州諭俗文》。

了明初有成文族規 50 餘條，而經後人的發展則增至 100 餘條之多。〔註 57〕這些族規並非憑空想像，也不是一紙空文，而是在家族的實際存續中，由家長（在理學家的宗法重建中，就是宗子）制定並執行的，具有約束力的行為規範，這類規範具有顯著的宗族教養功能。

累世同居的例子在南宋具有示範意義，但南宋民間社會普遍存在於社會基層的，更多的是合族聚居形態。這種以「不共財」為家庭經濟活動基礎的小家庭合族聚居是南宋社會基層普遍存在的。這種合族聚居在一起的「家」，至少從秦漢到南宋時期，很少有超過五服的。一來是由於唐代以前普通士庶民缺乏形成世家大族所整合的一系列手段，如穩定而雄厚經濟財產、政治特權、統一的家族治理規範和起到家族整合作用的強大的祖先信仰系統等等；二來由於經歷五代戰亂，即便是有超過五服的大家族、宗族，也在宋社會私有制日益發展，國家對土地不抑兼併、社會階層沉浮變換過程中，散亂無序了。

這類「家」在理學家看來，是要進行重塑和整合的，為了實現其理學倫理精神的落實和社會基層秩序的整合，除了提供以祠堂為祖先信仰活動核心的家禮實踐外，理學家格外重視一個「家族」對全體子弟和子弟後代的約束和倫理道德的養成教育：他們關注族訓、族規的建構，並在意這種訓誡和規範所發揮的功能。

## 一、族訓族規的教養

南宋理學家在對新宗族共同體倡導並構建之時，清楚地意識到只提供一個「共同體」確立的信仰系統和情感共識是不充分的，還需要具有適合普通士庶民清晰易曉，容易操作的日常倫理規範，即把理學倫理精神落實為具體化的，具有約束性的條目：族訓族規。南宋理學家在倡導新宗族共同體確立的過程中，非常重視一族之訓、之規的實際教養功能，這種教養功能在於每個宗族成員對理學倫理觀念的接受和實踐是通過按照族訓族規行事做人之過程而逐步養成的，並以履行這種富有倫理道德思想的行為規範來作為自己對「尊祖敬宗」的承諾兌現。族訓族規一般都順應國家律法，維護社會秩序，因此在傳統中國社會具有社會秩序整合的功能，正所謂：

---

〔註 57〕江門陳氏族規、浦江鄭氏族規參見費成康：《中國的家法族規》，〔M〕上海社會科學院出版社 1998 年版，第 238、268 頁。

　　　　家之有規，猶國之有律，律不作，無以戢小人之心思，規不立，

無以謹子弟之率屢〔註58〕。

要言之，理學家希望這個倡導的新宗族共同體的確立，不僅有凝聚力，同樣
有約束力和道德習慣的養成教育功能。

　　韋伯在區分「常規」和「法律」概念時曾說：

　　　　常規（Konvention），其效力是由一種機會而外在地被保證，也
　　就是若在一個既定的社會群體中偏離了它，則將導致一個相對普遍
　　且實際感受得到的不同意（Missbiligung）的反應的機會。法律
　　（Recht），若它的外在保證是通過下列機會，即靠著一群執行人員
　　（Stabes）為了集體承諾或對違規的懲戒，而可能運用對個人生理或
　　心理的強制。〔註59〕

在南宋理學家們主張並實踐的新宗族共同體中，我們會發現理學家們正在對
這個共同體進行一種可以形成行為規範（常規）的建構，以確保理學倫理精
神的落實，從而達到宗族秩序的和諧。這種常規在最初的宗族料理日常人倫
秩序和實際生活的建構中，的確如韋伯所言，也許只是某種機會形成，並以
一種僅僅是宗子或族長、族人長輩的「不同意」作為違反常規的約束，比如
北宋開始日益增多的家訓、家範即是如此，這些材料表達了一個家族的權威
對子弟的真摯勸導，使其能夠以不違逆家訓、家範來表達對於長輩的遵從，
從而在此後共同體生活裏以遵守宗族規範的訓導來達到與父輩乃至宗族的認
同，這種行為規範往往只是在道德上和倫理中使族人受到約束，對它的違反
往往只是違反者心裏感受到父輩的「不同意」和自己內在的「歉疚」。理學家
們通過對宗族行為規範的建構和反覆操作，使得規範被逐步穩固下來，從而
成為宗族內部的常態，這便是共同體賴以產生其各種功能性的基礎。

　　到了南宋以後，這些家訓、家範逐步具有了「懲戒性」，雖然並沒有達到
明清時候的規模和程度，但如果按照上文所引韋伯對於常規和法律概念的界
定，那麼，這類約束活動便具有法的力量，「法」所含有的部分要素在南宋的
宗族管理中已經從一般意義上理學家們的「常規」建構中區別出來。「懲戒性」
對於共同體的最初建構和發展而言，其重要性和一個共同體具有的共同信仰

〔註58〕　《中湘下砂陳氏族譜》卷四。
〔註59〕　〔德〕馬克思‧韋伯著、顧忠華譯：《社會學的基本概念》，〔M〕廣西師範大
　　　　學出版社2011年版，第66頁。

和共識基礎是等同的。南宋時期，宗族開始擁有具有一定強制性的行爲規範，還產生了對違反行爲規範的族成員進行約束和懲戒的「執行人員」：宗子或族長。約束和懲戒往往體現了一個新宗族共同體如何教誨族人按照「三綱五常」思想來學習做人以及應對整個人生和社會，這無疑起到了對社會基層倫理教化的功能。

首先，族訓族規的發展，在南宋理學家的家禮文本中出現「由訓而規」轉變，這種轉變主要體現在規的具體性、可操作性和規的約束性、懲戒性上。

朱熹的《家禮》中因包含了《司馬氏居家雜儀》而顯出理學家在料理一個大家族或宗族時，將理學倫理精神落實爲人倫規範的具體條目上，顯示出很強的操作性，現擇取主要內容如下：

> 凡爲家長，必謹守禮法以御群子弟及家衆，分之以職……

> 凡諸卑幼，事無大小，毋得專行，必咨稟於家長……

> 凡爲子、爲婦者，毋得蓄私財，俸祿及田宅所入，盡歸之父母，舅姑當用則請而用之，不敢私假，不敢私與……

> 凡子受父母之命，必籍記而佩之，時省而速行之……

> 凡父母有過，下氣怡色，柔聲以諫，諫若不入，起敬起孝；悅則復諫，不悅，與其得罪於鄉黨州閭，寧熟諫父母，怒，不悅而撻之，流血不敢疾怨，起敬起孝……

> 凡爲人子弟者，不敢以貴富加於父兄宗族……〔註60〕

由上面的內容可以看出，朱熹家禮中反映出的族規性質主要表現在對族中人倫秩序的講明和實踐。其一方面突出家長之權威，家長之職責，規定了作爲子弟的倫理規範在於對父母的遵從，這種遵從不是大而泛之的講道理，而是落實於「咨稟」父母、「盡歸之」父母、「必籍而佩之」等行爲中；另一方面突出了儒家倫理對於「道義」的深刻理解，當「道義」的標準與父母之過衝突之時，父母之過可能造成鄉黨州閭的詬病，寧可站在「道義」的一邊，哪怕要接受父母之怒，也當勸之。此外，儒家對於重義輕利精神的詮釋，落實在族規中，則轉化爲「不敢以貴富加於父兄宗族」的勸誡，朱熹對此更進行了解釋，言：「加，謂恃其富貴不率卑幼之禮。」〔註61〕因此，儒家人倫原則

---

〔註60〕朱熹：《家禮》卷一《司馬氏居家雜儀》。
〔註61〕朱熹：《家禮》卷一《司馬氏居家雜儀》。

便由此，通過家長對子弟的訓誡和規導得到落實。

朱熹《家禮》對《司馬氏居家雜儀》的引用和實踐，還使得宗族在族訓、族規的建構包含了「懲戒」的成分，這種「懲戒」落實於文本，可憑藉參照、可供宗族傳承，這使得宗族內部的儀式活動不僅出現約束性的規導內涵，而且還使族規的倫理規範功能強化並且持久。《雜儀》不只是一份對族中子弟作出要求的「訓」，更展示了「規」的端倪。這種規的蘊含，主要表現為諸「禮」在族中實行時帶有了韋伯所言的「法律」的特徵：懲戒，如《雜儀》規定：

> 凡子婦，未敬未孝，不可遽有憎疾，姑教之。若不可教然後怒
> 之；若不可怒，然後笞之；屢笞而終不改，子放婦出。勸諫父母，
> 父母怒，不悅而撻之流血，不敢疾怨，起敬起孝。〔註62〕

「懲戒」在以往中國歷史上的各種家訓中是少見的，當這種懲戒不再是依靠某種情感上「不同意」的表達，而有專門的執行人進行實施肉體和心靈上的懲罰時，「法」的含義就在行動中凸顯出來了。更者，《雜儀》中條目文字簡潔，條目具體，並使用了諸多的「勿」和「不」字，這份家族規定中大多以禁止族人某種行為的面貌出現，從文氣之中更顯現族訓開始出現對約束性的強調，而這種迹象實為明清時期社會基層家法族規的開端。

其次，理學家為宗族共同體設立的族訓族規，不僅關注宗族成員之間的倫理規範，還注重對宗族成員履行國家義務的教化。呂祖謙在其家族文本《家範》中，在「租賦」條目下對族眾如此規定：

> 每遇夏秋稅起催日，先期輸納。〔註63〕

在「規矩」條目下，對出仕而危害國家和百姓的子弟都將對其行「榎楚」的懲戒方法，所謂「榎楚」就是用作鞭笞的刑具：

> 子弟不奉家廟，未冠執事很慢，已冠頹廢先業，並行榎楚。……
> 凡出仕，不問官職大小，蠹國害民者，皆為不忠。凡法合所載贓罪，
> 皆為不廉。凡法令所載濫罪，皆為不潔。〔註64〕

可以看到，呂氏以族規的方式，對族眾規範了要履行按時繳納賦稅的國家義務，並對出仕子弟出現危害國家的行為視為不忠，不廉，不潔，而這些為公

---

〔註62〕朱熹：《家禮》卷一《司馬氏居家雜儀》。
〔註63〕呂祖謙：《呂祖謙全集》第一冊《家範》，〔M〕浙江古籍出版社 2008 年版，第 305 頁。
〔註64〕呂祖謙：《呂祖謙全集》第一冊《家範》，〔M〕浙江古籍出版社 2008 年版，第 305 頁。

法所不容的行爲，呂氏以族規的方式同樣所不容，而其顯示出的對肉體加以傷害的「懲戒」方式開始蘊含了族規中「私法」的端倪，在此可以看到在理學家族規實踐中，包含著穩定社會秩序的內容。

## 二、族規範本及實踐：《居家正本》、《居家制用》與陸氏義門的紀理

陸九韶是撫州金溪（今爲江西）人，曾聚徒講學於梭山，號梭山居士。他與其弟陸九齡、陸九淵合稱「三陸子之學」，陸氏家族累世義居：

> 陸象山家於撫州金溪，累世義居，一人最長者爲家長，一家之事聽命焉，逐年選差子弟，分任家事。或主田疇，或主租稅，或主出納，或主廚爨，或主賓客。公堂之田僅足給一歲之食。家人計口打飯，自辦蔬肉，不合食。私房婢僕各自供給，許以米附炊。每清曉，附炊之米交至掌廚爨者，置歷交收，飯熟，按歷給散。〔註65〕

以上也是當時南宋一個理學家實際生活的大家族場景。至南宋時期，陸九韶作爲大家族之長，爲紀理族眾製定了《居家正本》和《居家制用》兩份族訓族規，陸氏義門之族訓族規實踐將儒家倫理所言之「孝悌忠信」和日常族眾生活之「制用」的經濟倫理結合了起來。對這兩份文本的制定和實踐可見陸門之學是如何實際地在宗族共同體的族訓、族規建構中落實理學倫理精神的。

先看《居家正本》。

陸九韶重視族眾子弟的道德養成，所謂《居家正本》的「正本」的意思，就是此規能夠作爲家長之根本。他在族規中言：

> 古者民生八歲入小學，至十五歲各因其材而歸之四民。秀者入學，學而爲士，教之德行。愚謂人之愛子，但當教之以孝、弟、忠、信；所讀須六經、論、孟。明父子、君臣、夫婦、昆弟、朋友之節，知正心、修身、齊家、治國、平天下之道，以事父母，以和兄弟，以睦族黨，以交朋友。次讀史，知歷代興衰、治平、措置之方。〔註66〕

首先，陸九韶關注子弟的教育問題，不以高深的儒學精義來教育，而是以人倫日常之道德規範來訓示，卻又包含了儒家思想之精義所在。他認爲對於一

---

〔註65〕 羅大經：《鶴林玉露》卷五。

〔註66〕 陸九韶：《居家正本》參見沈善洪主編：《黃宗羲全集》（第五冊）《宋元學案（三）‧梭山復齋學案》浙江古籍出版社，第250頁。

族之長而言，「愛」子弟，應體現在對子弟的教育教化上，其內容便是讓子弟懂得「孝、弟、忠、信」的人倫規範，這些規範不是儒家思想抽象的德目，而是必要指向某一現實人倫關係才能落實的倫理規範，如孝之於父子、弟至於兄弟、忠之於君臣，信之於朋友。因此，家長族長需要教授子弟，使其明瞭這些倫理規範落實於真實的父子、君臣、夫婦、昆弟和朋友諸人倫之中的節度。而後，才有所謂知「正心、修身、齊家、治國、平天下」的儒家「達濟天下」之正道，並且也才能夠使自己自覺地在日常生活中事父母以孝、和兄弟以悌，由此達到使族黨和睦，廣交朋友的儒家治家理想。對於以上的愛之教化，陸九韶認為是最為根本的，繼而教育子弟讀史、知治平之方則是次第為之的。「家國同構」的儒家傳統觀念使得以家族為核心的紀理被認為是要教給子弟真正治理一國的最基本之道。這一點上正是理學宗族共同體建構的思考路徑所使然。

第二，陸九韶的族訓族規針對現實社會的矛盾，強調家族成員當以「義理」為上，講求實學，注重孝悌。陸九韶以理學之「為仁由己」的道德要求訓誡子弟，當求於自身之通經知古今，修身孝悌的品德，「求」在內而不在外，由此求得實學後，外在的科舉之功名自然會來。故此，不應以徒有其名的外在作為追求的目標，即不以世俗科舉之名利左右。他在族規中如此訓誡：

> 科舉之業，志在薦舉登科，難莫難於此。所謂「求在外者，得之有命」是也。至通經知古今、修身為孝悌之人，此有何難？況既通經知古今，而應今之科舉，亦無難者。又道德、仁義在我，以之事君、臨民，皆合於義理。〔註67〕

第三，族訓規範了族人基於血緣關係之「愛」的情感，主張以「理」導「情」，以「重義輕利、孝悌仁義」之道紀理族眾：

> 為人孰不愛家、愛子孫、愛身？然不克明愛之之道，故終焉適以損之……其道在於孝悌、謙遜。若仁義之道，口未嘗言之，朝夕之所從事者名利，寢盒之所思者名利，相聚而講究者取名利之方。言及於名利，則洋洋然有喜色；言及於孝悌、仁義，則淡然無味，惟思臥。幸其時數之遇，則躍躍以喜；小有阻意，則躁合若無容。如其哮數不偶，則朝夕憂煎，怨天尤人，至於父子相夷，兄弟叛散，

---

〔註67〕 陸九韶：《居家正本》參見沈善洪主編：《黃宗羲全集》（第五冊）《宋元學案（三）‧梭山復齋學案》浙江古籍出版社，第250頁。

良可憫也。豈非愛之適以損之乎？〔註68〕

陸九韶勸誡家長愛家、愛子孫、愛身須遵循愛之道，無道之愛便是損家、損子孫、損身。何謂道？便是以孝悌為基本禮儀節度的準則處理族眾關係。陸以「家族」為出發點，格外重視調節家族人倫差序和諧的孝悌觀念，這也是新宗族共同體建構中被著力宣揚的儒家倫理道德。至於所提出的「謙遜」實可以理解為尊卑之人倫差序，懂得卑幼之於長輩的禮節，只有在此之上才能生發合道之「愛」。陸九韶更以事例言，那些只講究以名利誘導於族眾子弟的家族，往往使得子弟缺乏孝悌、仁義的觀念，幸時歡喜，小有阻礙便躁悶無容，怨天尤人，導致父子背反，兄弟背叛，陸認為這便是愛之無道，因此義與利孰重孰輕，在此族訓族規中判然曉矣。

第四，陸九韶的族訓族規用語通俗，講究以情理曉喻族眾：

夫謀利而途者不百一，謀名而遂者不千一。今處世不能百年，而乃徵文幸於不百一，不千一之事豈不癡甚矣哉！〔註69〕

這筆通俗易曉之帳的算法，使得其不求名利的勸誡通俗易懂。

值得說明的是，從《居家正本》的族訓族規內容來看，既有教訓子弟的，更有訓誡家長的，比如要求家長如何重視教育子弟，對子弟的道德教化予以重視，如何不以名利為誘導等。可見這份既為家長，也為子弟準備的族訓族規，並不定位於學識淵博的士大夫階層，而是針對社會基層聚居一方水土的普通士庶民家族，這個家族雖是累世同居，但這類同居一定是有許多單獨的核心家庭或主幹小家庭組成，否則怎理解如果僅是作為唯一一位家長的陸九韶，為何其中的訓誡很多成分又彷彿是說給不同家長所言的呢？在這份《居家正本》中可看出，陸當然是作為陸氏宗族的族長對各家庭家長進行訓誡的，其次旁及陸氏宗族的所有子弟的。

再看《居家制用》。

《居家制用》這份族訓族規，仍是從家族角度出發，陸九韶十分重視「制用」對於家族的重要意義，並將家族的制用和國家的管理進行同類比較以顯其對於家族續存和子孫綿延的極度重要性，陸言：

---

〔註68〕陸九韶：《居家正本》參見沈善洪主編：《黃宗羲全集》（第五冊）《宋元學案（三）・梭山復齋學案》浙江古籍出版社，第250頁。

〔註69〕陸九韶：《居家正本》，參見沈善洪主編：《黃宗羲全集》（第五冊）《宋元學案（三）・梭山復齋學案》浙江古籍出版社，第250頁。

> 古之爲國者，冢宰制國用，必於歲之杪，五穀皆入，然後制國
> 用。量地大小，視年之豐耗，三年耕必有一年之食，九年耕必有三
> 年之食，以三十年之通制國用……國既若是，家亦宜然。故凡家有
> 田疇足以贍給者，亦當量入以爲出，然後用度有準，豐儉得中，怨
> 謗不生，子孫可守。〔註70〕

制家之用的經濟倫理爲「有度有準」，其包含了「豐儉得中」的消費倫理。何謂「有度有準」？陸九韶爲家族制定了非常詳細的制用方案，以顯一位有作爲和管理能力的族長的宗族紀理之道：

> 今以田疇所收，除租稅及種蓋糞治之外，所有若干，以十分均
> 之，留三分爲水旱不測之備，一分爲祭祀之用，六分分十二月之用。
> 取一月合用之數，約爲三十分，日用其一，可餘而不可盡，用至七
> 分爲得中，不及五分爲嗇。其所餘者，別遵簿收管，以爲伏臘裘葛、
> 修葺牆屋、醫藥賓客、弔喪問疾、時節餽途；又有餘，則以周給鄰
> 族之貧弱者，賢士之困窮者，佃人之飢寒者，過往之無聊者，毋以
> 妄施僧道。〔註71〕

可以看出「有度有準」便是對家族之產按照族用有所計劃，量入爲出。陸爲每天的計劃消費都定下規矩，對族眾進行有度有準的要求，可貴的是，對餘產的使用中，陸又一次將「達濟天下」的理學倫理思想落實在一個普通家族的財產使用中，當有節餘時，可用以接濟鄰族的貧弱者，賢者中的困窘者和佃農中的飢寒者，以及陌生過往路人中無所依賴者。可以看出，一個以儒家倫理精神爲範導的家族必然是以家爲核心，繼而和睦一方鄉土的，它是社會秩序和諧穩定的重要因素。從社會控制角度而言，理學家相信宗族的紀理只有按理學的範導才能統合社會基層之道德力量。陸九韶禁止將家族節餘用於妄施僧道的做法，更體現出理學對佛道的反對，這種反對的理由完全出於對現實生活人倫關係的理學態度，既無家、無父、無孝的佛教必然導致社會人倫的喪失和基層秩序的散漫無序，因此供養僧侶亦是不可爲之的。

　　從維護家族興盛的角度，陸還提出了需要防止的居家七病：

---

〔註70〕陸九韶：《居家制用》，參見沈善洪主編：《黃宗羲全集》（第五冊）《宋元學案
　　　　（三）·梭山復齋學案》浙江古籍出版社，第252頁。

〔註71〕陸九韶：《居家制用》，參見沈善洪主編：《黃宗羲全集》（第五冊）《宋元學案
　　　　（三）·梭山復齋學案》浙江古籍出版社，第252頁。

> 居家之病有七，曰：「笑」、如笑罵戲謔之顛。一本作呼，如呼
> 盧喧嚷之煩，曰：「遊」、曰：「飲食」、曰：「土木」、曰：「爭訟」、
> 曰：「玩好」、曰：「惰慢」，有一於此，皆能破家。〔註72〕

陸九韶將這份家族制用的規定稱之為「法」，顯示出一族之規的嚴肅性和約束性。

> 世所用度，有何窮盡，蓋是未嘗立法，所以豐儉皆無準則。……
> 愚今考古經圖之制，為居家之法，隨貲產之多寡，制用度之豐儉，
> 是取中可久之制也。〔註73〕

陸的「立法」也不僅僅只是理學倫理精神落實的盡頭，他還將其推之於日常生活，力行不離人倫日用的實踐。據《鶴林玉露》記載，陸氏大家族每日早晨，由家長：

> 率眾子弟致恭於祖禰祠堂，聚揖於廳，婦女道萬福於堂，暮安
> 置亦如之。子弟有過，家長會眾子弟責而訓之，不改則撻之，終不
> 改度，不可容則告於官屏之遠方。晨揖擊鼓三疊，子弟一人唱云：
> 聽聽聽，勞我以生天理定，若還懶惰必飢寒，莫到飢寒方怨命，虛
> 空自有神明聽。又唱云：「聽聽聽，衣食生身天付定，酒肉貪多折人
> 壽，經營太甚違天命，定定定。」〔註74〕

在對族訓族規以整個家族的族眾為教化對象的反覆操練中，如每日率子弟至恭於祠堂以內化祖先信仰和凝聚本族同心同德之力量，每日對於為人處事之倫理道德朗朗上口的念誦，都將以無形之中強大的「習之為俗」的力量，創造韋伯所說的「常規」，行為規範和倫理道德才能內化於人心，而這裡再次看到族訓族規中以「七病」所出現的基於「不同意」的溫和訓誡教誨轉化為了以「懲戒」作為使族眾遵守族規的教化手段，從這個意義上而言，族訓族規就有了「族法」的蘊含，一個新宗族共同體的建構開始具有精神動力以外的護衛：「規」與「法」。

---

〔註72〕陸九韶：《居家制用》，參見沈善洪主編：《黃宗羲全集》（第五冊）《宋元學案
　　　（三）‧梭山復齋學案》浙江古籍出版社，第253頁。
〔註73〕陸九韶：《居家制用》，參見沈善洪主編：《黃宗羲全集》（第五冊）《宋元學案
　　　（三）‧梭山復齋學案》浙江古籍出版社，第253頁。
〔註74〕羅大經：《鶴林玉露》卷五。

# 第四節　蒙　學

　　一個日益形成「共同體」傾向的新宗族模式，要顯示出明人倫之教化功能，才能以積極的方式使宗族成員自覺進行道德履踐。如此，方能使一個宗族共同體的存續具備穩定而持久的力量，以及實現宗族在社會秩序整合目標下的功能。故此，以「學」為重的南宋理學家們重視「蒙以養正」的教育觀念，他們施以專門的「習行」教化內容，突出對宗族成員從「童蒙」起的養成教育。這是南宋理學家圍繞族「學」為核心構建起來的新宗族共同體的倫理教養體系，這個系統既擔保了新宗族共同體能夠持久穩定的按照理學倫理精神的實質發展，也同樣以他們可以想像得到的最符合天理的方式來整合社會基層的秩序。

　　南宋理學家在建構新宗族共同體的過程中，強調宗族對子弟教化的重要性，這是因為任何懲戒都只是一種「外在」的保障。不基於對「明人倫」的道德知識學習基礎，不基於「習之為常」的道德化育基礎，即沒有養成教育，那麼信仰是脆弱的，懲戒便只能是一種「惡」，而「共同體」也無法真實的確立。族學，就是依靠宗族共同體的力量，展開對全族子弟專門的教養功能，這種教化擔保了宗族共同體對人倫知識的掌握和實踐，對宗族信仰基於理性的學習和強化。

　　理學家在倡導族學時，尤其重視子弟在童蒙時期就要接受人倫道德教養。因為，在理學家看來，當時官方缺乏對童蒙教養的基層安排，使得「蒙以養正」的教育思想只可能在家庭和宗族的共同體內才能得以實現。宗族共同體的教化功能對理學家心目中的「一個真正有道德的人」的培養是具有重要地位的。因此，對族學的推動和倡導，南宋理學家做了兩件事：第一，力行本族私塾童蒙教養，並倡導義學的建設。第二，積極倡導童蒙教養理念，並編訂人倫道德類童蒙教材。此兩件事不僅極有助於一個具有教養功能的宗族共同體範式的確立，更有助於社會基層基於宗族教養，使童蒙教育理念渡向了民間，人倫道德類童蒙教材能在民間推廣普及，從而在社會基層實現基本的人倫道德教育訓練。

## 一、力行族塾童蒙教養

　　南宋理學家在宗族共同體建構中，設族塾之學，並對族塾內子弟的學與行進行教養，制定族塾的規範，而不少志於理學的讀書人也會成為族塾、村

塾的延請對象，教化一方。累世同居於金溪的陸氏義門，就設有專門對族中子弟進行教化的槐堂家塾，而它正是槐堂書院的前身。據《山堂肆考》記載：

> 槐堂書院在撫州府金溪縣學東，宋令陳詠之建，以陸子靜家塾
> 之名因扁曰：「槐堂」。〔註75〕

朱熹在建族塾基礎上，還專編有教材，他曾為自己所編《論語訓蒙口義》作序時，言：

> 將藏之家塾俾兒輩學焉。〔註76〕

朱熹在幼年時期，也接受過族塾教育，朱熹曾在劉子翬的家塾學習過，而這種理學家不僅接納本族子弟，一樣接納友人、鄉里子弟的族塾教育也在南宋得到繼承發揚，這也是族塾逐漸擴展到村塾、鄉校的必然趨勢。張栻記載劉子翬：

> 闢家塾延名士，以教鄉之秀子弟。吏部郎朱松疾病，以家事託
> 公築室買田，居之舍旁，教其子熹與己子均卒以道義。〔註77〕

還如呂祖謙，朱陸門人袁燮、真德秀等也都辦有族塾，留有專門為子弟在族塾使用的書抄、讀詩記等。此外，據《理學淵源考》記載，一些理學士人也都重視族塾教化和禮的落實，如朱熹再傳弟子，受業黃勉齋之門的

> 提管鄭中實先生，鼎新鄭鼎新字中實仙遊人嘉定十六年進士知
> 晉江縣……居家好義，有家塾義莊，西山真氏嘗為之記，其卒也遺
> 命治喪一以儀禮從事。〔註78〕

呂祖謙在其族規中對呂氏族塾的維護還做了規定，在他的族規《家塾》條目下，對於族塾中：

> 屋宇損漏，戶牖破缺，如門無關或窗紙破之類。與凡日用之未
> 備者，謂面盆、浴湯及灑掃之類〔註79〕，

則要求在塾諸生：

> 告於掌事者，以時修整。掌事者亦時一檢校。〔註80〕

---

〔註75〕彭大翼：《山堂肆考》卷一百七十三。
〔註76〕朱熹：《晦庵集》卷七十五《論語訓蒙口義》序。
〔註77〕張栻：《南軒集》卷三十七《少傅劉公墓誌銘》。
〔註78〕李清馥：《理學淵源考》卷二十六。
〔註79〕呂祖謙：《呂祖謙全集》第一集《家範‧宗法條目》，〔M〕浙江古籍出版社 2008 年版，第 302 頁。
〔註80〕呂祖謙：《呂祖謙全集》第一集《家範‧宗法條目》，〔M〕浙江古籍出版社 2008 年版，第 302 頁。

並規定了對延塾之師的飲食和衣服、規定，束脩的供給規格，要求族塾：

> 尊長月一具食延塾之師。在塾諸生佐掌事者檢校。每日二膳。
> 冷暖失節，在塾諸生告於掌事者，隨輕重行一逞。掌事者亦時一檢
> 校。藥物準此。師疾，迎諸生侍粥藥。〔註81〕

對於延請的塾師，衣服、束脩都要：

> 以家之有無、諸生之衆寡爲之節。〔註82〕

可見，族塾在南宋理學家中的施行有其典範和規模。

有的理學再傳弟子還努力創立「義塾」：

> 學士留端父先生，歷知邵州，移知廣州，端平中除直龍圖閣奉
> 祠卒。初，佺元剛嘗欲建義塾不遂，後端輯其遺業三之一。建義莊，
> 贍鄂公直下諸孫之貧者。〔註83〕

這種與義莊連接在一起具有更大規模的「學」在南宋「義學」普遍的創立中可見一斑。

自北宋范仲淹建立義莊、義學以來，對後世影響很大，根據馮爾康先生在《中國宗族史》中的統計：

> 南宋時代設立的族學計十例……族學往往冠以「義學」，有五例
> 是義學，一例是義塾。〔註84〕

根據他的論斷，在宋代以前這類義學不曾出現於史書中。義學、義塾往往「以俟宗族之貧者」、「聚族教養」、「聘知名之士以教族子弟」。何謂「義」，《容齋隨筆》記載當時社會見聞時言：

> 人物以義爲名者，其別最多……與衆共之曰：義，義倉、義社、
> 義田、義學、義役、義井之類是也……〔註85〕

當時的「義學」實含有民間舉辦的規模大於家庭，擴及宗族，旁及鄉人子弟的公眾之學的含義，它反應了對於宗族內全體族眾教育的重視。

理學家們對此自然極力支持和倡導。在朱熹所撰《玉山劉氏義學記》中，

---

〔註81〕呂祖謙：《呂祖謙全集》第一集《家範・宗法條目》，〔M〕浙江古籍出版社 2008年版，第 302 頁。

〔註82〕呂祖謙：《呂祖謙全集》第一集《家範・宗法條目》，〔M〕浙江古籍出版社 2008年版，第 302 頁。

〔註83〕李清馥：《理學淵源考》卷三十一。

〔註84〕此處十例，詳見馮爾康等著：《中國宗族史》，〔M〕上海人民出版社 2009 年版，第 192 頁。

〔註85〕洪邁：《容齋隨筆》卷八。

記錄了當時知南康軍時，屬地內劉允迪創建義學的事跡，據朱熹記，當時劉氏告訴他：

> 間嘗割田立屋，聘知名之士，以教族子弟，而鄉人之願學者亦許造焉。兄弟之間，有樂以其貲來助者，而吾猶懼其或不繼也，則又出新安餘俸，爲之發舉居積，以佐其費。〔註86〕

朱熹對劉氏所創辦的義學極力贊賞，並寫此記對當時的士子倡導效行：

> 今士大夫或徒步至三公，然一日得志，則高臺深池，撞鐘舞女，所以自樂其身者，唯恐日之不足。雖廩有餘粟，府有餘錢，能毋爲州里災害則足矣，固未暇以及人也。如劉侯者，身雖寵而官未登六品，家雖溫而產未能千金，顧其所以用心者乃如此，是則可謂賢遠於人，而亦可以見其前日德安之政，不爲無本，而豈徒以聲音笑貌爲之矣。乃追本其事而記之如此。雖然，古人之所謂學者，豈讀書爲文以干祿利而求溫飽之云哉。亦曰：明理以修身，使其推之可以及夫天下國家而已矣。群居於此者，試以此意求諸六經、孔孟之言，而深思力行之，庶其有以不負劉侯之教也。〔註87〕

理學家對於族塾的力行及對於義學之舉的倡導無疑推動了普通士庶民宗族之「學」在社會民間的設立，由此從客觀上爲理學倫理精神落實在社會基層眾多宗族共同體提供了直接的動力。

## 二、爲族學編訂理學倫理道德類童蒙教材

族學主要提供宗族怎樣的教育內容？所謂族學大抵是指：

> 教授識字和日用基本知識的小學或蒙學，主要有鄉校、村學，或由宗族設立的義學，或富有人家的家塾」。〔註88〕

南宋理學家積極倡導童蒙教育的重要意義在於重視並提供一個人始於幼童，長爲少年的最初的教養環境。

朱熹及其南宋其他理學家認爲，人在幼年時期所接受的人倫道德的教化需堅持「蒙以養正」的原則和尊重孩童成長特點的道德養成規律。在朱熹看來，與呂祖謙合編的《近思錄》中選錄的程頤之言無疑是正確而重要的：

---

〔註86〕 朱熹：《晦庵集》卷八十《玉山劉氏義學記》。
〔註87〕 朱熹：《晦庵集》卷八十《玉山劉氏義學記》。
〔註88〕 毛禮銳、沈灌群：《中國教育通史》，第 41 頁，轉引自吾淳：《中國社會的倫理生活》，〔M〕中華書局 2007 年版，第 205 頁。

> 人之幼也，知思未有所主，便當以格言至論，日陳於前，雖未
> 曉知，且當薰聒使盈耳充腹，久自安習，若固有之，雖以他言惑之
> 不能入也。〔註89〕

因而，在童蒙時期，朱熹主張要先入為主，盡早提供孩童一個如理學家設計的人倫道德教化環境，並以孩童可以接受的語言，反覆操作的方法，

> 必使其講而習之於幼稚之時，欲其習與知長，化與心成，而無
> 扞格不勝之患也。〔註90〕

作為具有反覆操練含義的「習」便是朱熹提出對孩童養育過程中的具體方法，「習」重視在反覆的過程之中內心情感的養成。

朱熹以「學其事」作為「習」的內容，以「明人倫」作為「化」的任務，構建起理學提出的「蒙以養正」的教養理念，也正是對童蒙教育「習」的要求，使得理學家特別關注對童蒙的教育內容和教育手段進行適齡化的改創。

所「習」何為？針對幼童的身心發展規律，以反覆操練為特徵的實踐鍛鍊，朱熹稱作「學其事」，就是通過反覆練習日常生活的「灑掃、應對、進退之節，禮、樂、射、御、書、數之文」，從而習得基本生存技能和養成良好的習慣，並在這一過程中進行道德培養。在日常生活中實踐人倫知識和道德實踐，這是南宋理學家極為倡導的，這使得他們對於道德養成的方法具有非常豐富而靈活的安排，比如以宗族共同體為實體展開這種「學其事」：祖先信仰的激發和養成、家禮的訓練、族訓族規的範導、及其族塾教育對齋規、須知，讀書之要的遵守，族學中對人倫道德之理的專門學習。理學家相信「理一萬殊」，「天理」必然在普通的倫常之中得到顯現，並可以通過對倫常的認知和對「禮」的學習而獲得真知。因此，儒家的人倫日用就是孩童個體德性的最好訓練下手處。此外，理學家還以符合孩童意趣和智力，易懂、易曉的短小詩訓和嘉言善行的典範事例作為所習的內容，並凸顯對於孩童養「正」方式的活潑性，因此諸如朱熹《小學》這類童蒙教材的編目結構便能體現出這種特點，其中特選定「嘉言」和「善行」節目，摘選歷代儒家聖賢嘉言和傳記見聞對孩童進行儒家道德的榜樣示範教化。

朱熹講「化與心成」，即重視情感的養成、智識漸進的「化育」和「心成」。理學家重心性，強調人格之成就，倫理精神之根本落實，都在於人心的向善，

---

〔註89〕朱熹、呂祖謙編：《近思錄》卷十一。
〔註90〕朱熹：《晦庵集》第七十六卷《題小學》。

人性的合天道；對於人倫規範的習行，對於族規族訓的施行，都將是對人心向善的手段，理學家的根本所指在於「化育」，因此他們認爲這充實人心之化的過程是漸進而長期的，除了落實在人倫日用的萬殊一理的道德規範中，還能在何種漸進而長期的過程中習之呢？所以「化是逐旋不覺化將去」：

> 化是因其自然而化……且如一年三百六十日，須得一日日漸次
> 進去，到那滿時，這便是化……化不是一日內便頓然恁地底事。人
> 之進德亦如此，三十而立，不是到那三十時便立，須從十五志學，
> 漸漸化去方到。〔註91〕

人倫日用中的「明人倫」便是「化」之任務，由此，以「理一分殊」爲哲學根據的「三綱五常」將通過漸進的化育過程，於孩童之心得以養成之，這便是化的成功。朱熹在對童蒙的教養上規定的主要內容便是：

> 愛親敬兄，忠君弟長。是曰秉彝，有順無強。〔註92〕

故此，理學家把「習」的童蒙教養觀念推展至他們對族學的指導中，希望通過改創來闡發理學倫理精神的故有文本，將儒家的微言大義和縝密的注疏論證改創成一批適合孩童在族學中易於接受的教材，從而進行「立教、明倫、敬身」的習行，落實理學倫理精神。

理學家熱忱地投入到爲童蒙教育編訂儒家倫理類的童蒙教材中，使得南宋以後理學倫理精神日益通過族學的網絡、童蒙教材的內容向宗族共同體，繼而向社會基層輸送普及。在理學家積極投入到適合童蒙的小學教材編訂實踐以後，一批對後世影響深遠的以理學倫理道德教化爲內容的童蒙教材見世，如朱熹落實儒家倫理道德於社會民間的小學教材範本《小學》、《童蒙須知》，呂祖謙的《少儀外傳》、《辨志錄》，陳淳的《小學詩禮》、《訓蒙初誦》、《訓蒙雅言》，眞德秀的《家塾常儀》、陸九韶爲族衆子弟編寫的《誡子弟詞》等等。此後，這一批成就於南宋的理學童蒙教材的思想內容爲後世許多兒童教材和教化活動所運用，眞正成就了理學倫理精神的社會普及。

## 三、教材範例：《童蒙須知》、《小學》、《誡子弟詞》、《啓蒙初誦》

### （一）朱熹的《童蒙須知》對「敬」與「序」的養成教化

朱熹言：

---

〔註91〕 黎靖德編：《朱子語類》卷七十五。
〔註92〕 朱熹：《晦庵集》卷七十六《小學題辭》。

> 童蒙之學，始於衣服冠履，次及語言步趨，次及灑掃涓潔，次
> 及讀書寫文字，及有雜細事宜，皆所當知。今逐日條列，名曰童蒙
> 須知。若其修身治心，事親接物，與夫窮理盡性之要，自有聖賢典
> 訓昭然可考，當次第曉達，茲不復詳著云。〔註93〕

朱熹在《須知》中明確了孩童之蒙初皆當所知的事宜，這便是作爲一個初長
成的孩童，由族學所必須提供的教養之具。和這些具體的「事」學相比，修
身治心，窮理近性之「理」學則當以此爲基礎而次第曉達。朱熹重視在這些
「小事」上的化育所達到的教化功能，朱熹認爲：

> 事有大小，理無大小。故教人有序而不可躐等。〔註94〕

他言：

> 熹所聞聖賢之學，則見其心之所有不離乎日用尋常之近小，而
> 其遠者大者自不待他求，初不若是其荒忽放浪而無所歸宿也。故曰
> 下學而上達，又曰學問之道無他，求其放心而已矣。〔註95〕

《須知》正是對理學家「下學上達」思想的具體落實。《童蒙須知》共有五章，
章章講的是孩童在日常生活如衣冠、言行、清潔、書文等方面所要遵守的規
矩。而這些規矩中似乎都隱藏著理學家極爲重視的天理端倪。如第一章講孩
童的衣服冠履之儀節，詳述朱熹先輩對子弟的關於衣著方面的訓誡：

> 男子有三緊，謂「頭緊、腰緊、腳緊」。頭謂頭巾，未冠者總髻；
> 腰謂以絲或帶束腰；腳謂鞋襪。此三者要緊束，不可寬慢。寬慢則
> 身體放肆不端嚴，爲人所輕賤矣。……〔註96〕

而這種細小規範如何體現出儒家倫理道德深意呢？這便是對「敬」的養成，
持「敬」是對長輩、祖先和人倫之道乃至天理的基本情感之萌發處，而這一
切在理學家看來都可以化作諸如寫字端正、清潔百器、言語詳緩等「小事」
加以訓練和養成。從某種意義而言，理學家格外重視人倫道德教化中的儀式
感和象徵意義。對孩童的教化，也正是在一個現實人倫環境中學習建立這種
象徵意義的過程。《須知》對孩童在宗族共同體中「序」的意識培養做了基礎

---

〔註93〕朱熹：《朱子全書》第十三冊《童蒙須知》，上海古籍出版社、安徽教育出版
　　　　社，第 371 頁。
〔註94〕黎靖德編：《朱子語類》卷四十九。
〔註95〕朱熹：《晦庵集》卷五十五《答康戶曹》。
〔註96〕朱熹：《朱子全書》第十三冊《童蒙須知》，〔M〕上海古籍出版社、安徽教育
　　　　出版社，第 371 頁。

的養成規定，這些規定主要集中在第五章「雜細事宜」中：

> 凡對父母長上朋友，必稱名。凡稱呼長上，不可以字，必云某丈。如弟行者，則云某姓某丈。凡出外及歸，必於長上前作揖，雖暫出亦然。凡飲食於長上之前，必輕嚼緩咽；不可聞飲食之聲。凡侍長者之側，必正立拱手一有所問，則必誠實對，言不可妄。凡侍長上出行，必居路之右，住必居左。凡道路遇長者，必正立拱手，疾趨而揖。〔註97〕

在各種儀節之中，訓練作為一個子弟的人倫之道，以期默會於行為舉止的規矩之中。

## （二）朱熹的《小學》落實理學倫理精神於人倫日常規範

《小學》由《小學原序》、《小學題辭》以及《內篇》與《外篇》組成。詳看《小學》之《內篇》所選材料均出自儒家經典文本，如《論語》、《孟子》、《尚書》、《周禮》、《儀禮》、《孝經》、《詩經》、《史記》等等，《小學》將這些儒家經典內的微言大義轉換為道德行為規範，只教孩童先去學做那事。

朱熹的《小學》是南宋理學家重視族學教化、童蒙教養的範本，它的來源是儒家經典，它的哲學基礎是「理一分殊」，而它要落實的理學倫理精神，則是「三綱五常」。具體來說：首先，朱熹的《小學》特強調「三綱五常」的權威性及其神聖性。將之與人性之根本相聯繫闡發其是人區別於禽獸的社會本質，並提出了倫理規範之「禮」的教化具有社會秩序整合的功能：

> 元亨利貞，天道之常。仁義禮智，人性之綱。〔註98〕

> 凡人之所以為人者，禮義也……以正君臣、親父子、和長幼。君臣正，父子親，長幼和後禮義立。〔註99〕

> 男女有別，然後父子親。父子親，然後義生。義生，然後禮作。禮作，然後萬物安。無別無義，禽獸之道也。〔註100〕

其次，朱熹的《小學》繼承了儒家的「三綱五常」之倫理精神，結合未成年人的身心發展特點，制定了一系列日用人倫生活領域的道德原則及規範。《小

---

〔註97〕 朱熹：《朱子全書》第十三冊《童蒙須知》，〔M〕上海古籍出版社、安徽教育出版社，第375頁。

〔註98〕 朱熹：《晦庵集》卷七十六《小學題辭》序。

〔註99〕 《御定小學集注》卷三。

〔註100〕 《御定小學集注》卷二。

學》之《內篇》以「立教、明倫、敬身」分類，「立教」篇中，朱熹引孔孟之言和《尚書》、《周禮》、《禮記》，從總體上闡明了儒家的道德原則和道德規範。「明倫」篇分以「父子之親、君臣之義、夫婦之別、長幼之序、朋友之交」五目，詳細闡發「三綱五常」的儒家倫理原則。在「父子之親」的人倫關係中，引用孔子之言，著重突出「孝」之倫理規範，並在孝倫理的基礎上，連接起了個體的安身立命與為官忠君的道德：

> 身體髮膚，受之父母，不敢毀傷，孝之始也。立身行道，揚名於後世，以顯父母，孝之終也。夫孝始於事親，中於事君，終於立身。〔註101〕

在此，又引孔子言，《小學》把孝倫理推及其他人倫關係：

> 君子之事親孝，故忠可移於君。事兄弟，故順可移於長。居家理，故可移於官。〔註102〕

「敬身」篇則是對「明倫」篇的具體化，以人倫日常規範的形式可被習行、模仿、養成。

　　第三，《小學》的可貴之處在於它的文本容納了理學的倫理精神，同時又體現了「小學」的「知之淺而行之小」，重在學其事的思想。朱熹對《小學》的編訂，強調了習慣的養成在道德品質形成中的作用，突出了「習與智長，化與心成」的道德教化含義，並將抽象的理學倫理思想一步步轉換為具體的未成年人日常生活的各種方面，使之可以在日用習行的教養中內化之。《小學》之《內篇》試圖將三綱五常之儒家倫理原則以日常儀節規範進行象徵性關係的連接，突出「敬」乃聖之基的明倫之要。而其《外篇》則突出了對於這些日常人倫規範在古代先賢嘉言善行中的實踐中所顯現出的示範價值。《內篇》重孩童的理性習行，《外篇》重孩童的心理感受。如此安排，結合童蒙心理發展而凸顯了倫理規範在「下學上達」中的情理結合、學行結合、具體抽象結合的重要作用，使得理學倫理精神有了回歸現實的通道和方法，使得儒家的基本價值觀與社會基層的人倫規範教化結合起來，其象徵性關係在建構和反覆的童蒙訓練中積澱為中華民族尊德重行的精神支柱。

---

〔註101〕《御定小學集注》卷二。
〔註102〕《御定小學集注》卷二。

### （三）陸九韶的《誡子弟詞》將理學倫理精神落實在詩唱之中

陸九韶在紀理族中子弟時，創作了若干深合儒家倫理道德與個體命運相關的詩詞，並每天帶領族中子弟吟唱，如此在詩唱之訓中，將理學的倫理精神凝固在個體的生命軌跡之中，沉澱為深沉的道德情感。以下是陸九韶創作的生動詩訓並在族中進行詩唱教化的詩詞：

> 誡子弟詞一
>
> 聽聽聽聽聽聽聽，勞我以生天理定。若還惰懶必飢寒，莫到飢寒方怨命。
>
> 誡子弟詞二
>
> 聽聽聽聽聽聽聽，衣食生身天付定。酒肉貪多折人壽，經營太甚違天命。
>
> 誡子弟詞三
>
> 聽聽聽聽聽聽聽，好將孝悌酬身命。更將勤儉答天心，莫把妄思損真性。
>
> 誡子弟詞四
>
> 凡聞聲，須有省。照自心，察前境。若方馳驚速回光，悟得昨非由一頃。昔人五觀上時領。〔註103〕

陸九韶的詩詞循循善誘族人，對人倫規範突出孝悌觀念、勤儉德目進行與天理、天命的對接，也對一個個體的自省作出一個儒者的理性主張。

### （四）陳淳的《啟蒙初誦》將理學倫理精神滲入兒童易誦的三字訓中

陳淳言：

> 人自嬰孩聖人之質已具，皆可以為堯舜。如其禁之以豫而養之以正，無交俚談邪語，日專以格言至論薰聒於前，使盈耳充腹久焉，安習自與中情融貫若固有之，則所主定而發不差何患聖途之不可適乎？予得子今三歲，近略學語，將以教之，而無其書，因集易書詩禮語孟孝經中明白切要四字句協之以韻，名曰：《訓童雅言》，凡七十八章一千二百四十八字，又以其初未能長語也，則以三字先之名曰啟蒙初誦，凡一十九章二百二十八字，蓋聖學始終大略見於此矣，

---

〔註103〕陸九韶：《訓子弟詞》諸首，摘自《全宋詩》。

　　　　恐或可以先立標的，而同志有願爲庭訓之助者，亦所不隱也……〔註

　　104〕

陳淳在《啓蒙初誦》開篇引用程頤「蒙以養正」的觀點，以儒家倫理思想爲底，說明自己已經創四字言，而考慮到孩童的幼小，再創三字詩訓爲三歲小兒誦讀的初衷，可見其對孩童倫理教化之重視，在看《啓蒙初誦》正文若干：

　　　　天地性，人爲貴；無不善，萬物備；仁義實，禮智端；聖與我，

　　心同然；性相近，道不遠；君子儒，必自反；學爲己，明人倫；君

　　臣義，父子親；夫婦別，男女正；長幼序，朋友信；……〔註105〕

陳淳的三字啓蒙初誦和南宋末年流傳民間的《三字經》何等之像，其中可顯見按照儒家三綱五常的倫理原則編織成的朗朗上口的韻語，劉子健先生曾將陳淳的《啓蒙初誦》和《三字經》做過比較，並言：

　　　　《啓蒙初誦》說「夫婦別」，而《三字經》說「夫婦從」。有的

　　文句不同，而意思一樣。《啓蒙初誦》開頭說了三句：「天地性，人

　　爲貴，無不善。」而《三字經》另用兩句：「人之初，性本善。」更

　　爲凝煉有力。可以推想到，自南宋至元初，陸續有人留心普及讀物，

　　推敲字句，進行改編。〔註106〕

無疑，雖然南宋末年流傳的《三字經》兒童教材爲後世熟知，但比《三字經》更早的年月裏，理學家們就開始進行類似的文本改創探索了，他們研究童蒙教育的規律，嘗試將儒家精英文化逐漸變得更易讓普通士庶民接受，這種實踐必定會隨著士庶民的宗族共同體的確立以及族學活動的繁榮而傳播開來，形成更新的民間教化文本。

## 小結：宗族教養實踐對理學倫理精神的落實

　　南宋理學家相信真實的道德必須通過長期的培育才能獲得，誠懇的倫理行爲來自於內心對「天理」的獲悉與臣服。理學家相信人性是善的，德性的養成來自對良心的發現和保護，以及反覆訓練以符合「禮」的精神，從而在倫理行爲中對天理進行驗明。「人倫者，天理也。」至誠的天理之精神體現，

〔註104〕陳淳：《北溪大全集》卷十六《啓蒙初誦》。

〔註105〕陳淳：《北溪大全集》卷十六《啓蒙初誦》。

〔註106〕劉子健：《兩宋史研究彙編》《比〈三字經〉更早的南宋啓蒙書》，〔M〕聯經
　　　　出版事業公司 1987 年版，第 305 頁。

在於現實世界不同之倫中對「仁」的實踐。自南宋以後，宗族成爲中國古代社會倫理教化不可或缺的部分。它作爲民間社會的基本單位，承載著人倫的最基本關係：父子、夫婦關係及其由這兩種關係主導的各種親屬關係，它是理學天理觀念作爲一種精神，預將實現其本質的場所。南宋理學家的宗族共同體建構及其對宗族教養典範的倡導便是將思想層面的「天理」與行動層面對「禮」的創制和實踐進行勾連及轉換。在這種轉換中，「三綱五常」無疑成爲一種倫理精神向行動轉化的中間產物：它成爲了現實德行所需的倫理應然之則及其道德規範。

宗族共同體中的教養是面向族人的倫理教化活動，以《朱子家禮》爲典範的家禮，組織起新式的宗族，尊奉每個人與先祖關係中的身份倫理準則，由此尋找自己基於家族、宗族的人生價值和意義，以及心悅誠服的內在約束。祖先信仰在家、宗族「祠堂」的設計與實踐，提供了每個個體的道德信念和道德行爲的根據。禮，在此過程中的作用在於以明確的宗族倫理規範內容，說明並落實了個體道德的意義。理學家的家禮以和爲序，以分求和，試圖在克己復禮的普遍落實中，求的一家一族群體在社會秩序與個人價值關係內的統一和圓滿。

宗族共同體作爲一種倫理實體，提供了族訓族規及其族學的教化平臺，其內容是符合理學倫理精神的三綱五常。南宋理學家將「禮」的精神凝練成一條條的具體化的族訓族規，通過倫理之養與倫理之教，以落實「崇義」、「尚理」的倫理精神，符合人倫秩序整合目的的儒家倫理道德思想。在這種養與教的過程中，南宋理學家的宗族教養實踐開始逐漸從簡單的心靈教化（族訓）發展到具有身體和心靈約束（族規）的教化，一定程度的懲戒性內容出現在族訓向族規的轉換中。通過創制日常行爲準則對族中子弟進行行爲約束，從南宋的族規範本可見其規定的內容已經超出普通家訓範疇，對子弟在日常祭祀、家族經濟中的明確規定，並對於不肖子孫會給予不同程度的懲罰。在南宋時期，族訓族規雖然更多仍在士大夫階層流行，但其倡導的倫理精神卻是針對每一個以「君子」爲自我認同的士人之家族來使用的，這開啓了南宋以後族規在普通民眾中的流行。因此，明清時代，家法族規遂能進入尋常百姓之家，對民眾教化意義的彰顯實由南宋理學家的宗族實踐開啓。

從南宋理學家對族學的倡導實踐來看，他們特別重視童蒙教養的過程。朱熹及其南宋其他理學家認爲，人在幼年時期所接受的人倫道德的教化需堅

持「蒙以養正」的原則和針對孩童成長特點的道德養成教育，且主張要先入為主，盡早提供孩童一個如理學家設計的人倫道德教化環境，並以孩童可以接受的語言，反覆操作的方法施以教養，作為具有反覆操練含義的「習」便是朱熹提出對孩童養育過程中的具體方法，朱熹以「學其事」作為「習」的內容，以「明人倫」作為「化」的任務，構建起理學提出的「蒙以養正」的教養理念。理學家熱忱地投入到為童蒙教育編訂儒家倫理類的童蒙教材中，使得南宋以後理學倫理精神日益通過族學的網絡、童蒙教材的內容向宗族共同體，繼而向社會基層普及。

# 第三章　南宋理學家的倫理實踐之二：
## 鄉里教化

　　在對宗族共同體的倡導和理學倫理道德教養實踐中，南宋理學家們將一直以來局限在儒家士大夫以上才有的「禮」，基於宗族教養平臺推廣到一般士庶民階層，他們注重對一個普通人基於家族和宗族身份的具體化教養內容，這種集結式的教養由共同體的構建，及其基於共同體的信仰和一定規範乃至懲戒的塑造得以鞏固。南宋理學家爲了更有效地落實理學倫理精神，完成「達善於天下」的德禮治世理想和實踐「下學而上達」的道德修養理念，他們的視野並不僅僅限於在社會基層圈起基於血緣關係的「共同體」來實施宗族教養。理學家相信，社會基層需要在更廣泛的層面落實理學倫理教化，要將理學倫理精神的落實平臺由基於血緣之「家」而向基於地緣之「鄉里」進行衍射擴展。

　　在社會結構最爲基層的鄉里，落實儒家「養民爲先，後施之教化」的原儒精神，以廣泛的德禮教化塡補以往「官學之儒」忽視民間社會倫理建構和道德教化的薄弱性；作爲南宋理學家群體，他們相信在以鄉里教化爲己任的擔當中，也能夠圈起更多的「共同體」性質的組織，諸如社倉、鄉約和書院等，實現民間自發構築一個體現理學理想的和諧、互助的社會秩序體系的理想。

　　南宋理學家對於鄉里教化，一方面基於自身特定的官職身份展開了一系列「先養後教」的理學行動，諸如經界土地，平均稅賦，實施救荒，並在此基礎上，施以禮教，通過具體化儒家倫理精神的手段，諸如行諸禮於鄉里、

勸諭等等；另一方面則基於深信自己是一個理學「傳道濟世」信仰團體中的成員，相信依靠來自鄉里民間的向善之同志者，一樣能圈起具有整合社會秩序力量的「共同體」組織，來分享理學信仰，承擔維護社會基層秩序的責任，他們嘗試建構基於鄉里，超越宗族的更大「共同體」，有的當時就獲得成功，有的則有待日後發展壯大。這些組織之「共同體」性質，再次表達爲一個比宗族共同體更大範圍的「圈」在理學家的力行中得到描繪和踐行，容納一個並不以血緣關係爲集結特徵，卻以初步的志同道合爲原則，實現在一致的理念指導下，形成統一行動的組織：社倉共同體——基於「生存依賴」基礎上的互助共同體、鄉約共同體——基於鄉里患難相恤基礎上的道德教化共同體、書院共同體——基於思想理念一致、力行道德教化，繼起原儒精神的學習共同體。書院之爲共同體的豐富內涵，將獨爲一章詳論。

# 第一節　南宋理學家對鄉里教化的思考與實踐

理學家鄉里教化思想包含了「先養後教」的先秦儒家禮教思想，他們相信養民是完成社會基層秩序整合的基礎，此所謂「衣食足而知榮辱」，這種思想來自於他們對現實社會問題的理解和批評，這些問題使得他們的禮教視野必要超過宗族平臺，而關注超越宗族，基於鄉里的全面教化問題。對於鄉里，在「先養後教」思想指導下，南宋理學家試圖建構基於鄉里的互助共同體，這是他們「由家而鄉」進行教化和儒家倫理精神落實的前提與基礎。

## 一、養民爲先

自孔孟以來，儒家向來主張養民先於教民，爲上者要爲民製產。北宋張載在其理學主張中繼承先儒理想，希望通過實行井田制度，以經界的手段達到對最基本生產資料——土地——的平均，乃至解決根本的貧富的平均。南宋理學家們則在自身的力行中，將這種儒家治世理想落實到社會基層的治理當中，以解決道德倫理教化之先的養民問題。

朱熹在養民方面的實踐繼承了先秦儒家的思想，行經界之制以均賦稅，建社倉以施救荒。朱熹認爲行經界之制，便是治地、分田，如果不修經界，那麼就無法遏制豪強兼併土地的現象，就無法解決地不均賦、穀祿不平的現象。朱熹言：

> 至如經界一事，固知不能無小擾。蓋驅田里之民，使之隨官荷

> 畚持鍤、揭竿引繩以犇走於山林田畝之間，豈若其杜門安坐、飽食
> 而嬉之爲逸哉？但以爲若不爲此，則貧民受害無有已時。故忍而爲
> 之，庶其一勞而永逸耳。若一一恤此，必待其人人情願而後行之，
> 則無時而可行矣。且如此間紹興年間正施行時，人人嗟怨，如在湯
> 火之中。是時固目見之，亦以爲非所當行。但訖事之後，田稅均齊，
> 里閭安靖，公私皆享其利，遂無一人以爲非者。〔註1〕

朱熹把「正經界」看得非常重要，他贊成紹興年間實施的正經界，認爲雖要
勞民隨官奔走山林仗量土地，但卻可以一勞永逸，貧民可以免於被豪強兼併
土地而終日貧困，也可由此實現土地賦稅的分擔均勻。朱熹言：

> 今上下匱乏，勢須先正經界，賦入既正，總見數目量入爲出，
> 罷去冗費，而悉除無名之賦方能救百姓於湯火中。若不認百姓是自
> 家百姓，便不恤。〔註2〕

朱熹在知漳州時，便開始了他正式的正經界改革行動。朱熹親自花一月時間
排摸了州內田地和賦稅不均的情況，向上說明自己對經界看法，就選執行官
吏、丈量及均產法、廢寺田等方面提出建議〔註3〕。此後，朱熹開始選拔執行
官吏，並發佈《曉示經界差甲頭榜》，隨後朱門弟子也紛紛協助朱熹施行經界，
如蔡元定、范伯崇、楊元禮、劉仲則等。

但是正經界的嘗試並沒有順利推行下去，朱熹在給黃幹的信中言：

> 經界指揮不下，恐復爲浮議所搖。〔註4〕

朱熹在實際執行中受到州縣官吏和當地富豪的阻撓，最終不果。在此過程中，
朱熹認爲行經界、治賦稅是爲民謀福，而爲官之人只有具備了愛民之心才會
以經界爲利而不以爲害，朱熹感歎爲官者人心爲私欲所弊：

> 今之爲縣，真有愛民之心者，十人則十人以經界爲利；無意於
> 民者，十人則十人以經界爲害。今之民只教貧者納稅，富者自在收
> 田，置田不要納稅。如此則人便道好，更無些事不順，他便稱頌爲
> 賢守。〔註5〕

爲了減輕百姓沉重的國家賦稅負擔，朱熹一直建議在上者要減少繁雜賦稅，

---

〔註1〕 朱熹：《晦庵集》卷四十九《答王子合》。
〔註2〕 黎靖德編：《朱子語類》卷一百一十一。
〔註3〕 詳見朱熹：《晦庵集》卷十九《條奏經界狀》。
〔註4〕 朱熹：《晦庵集》續集卷一《與黃直卿》。
〔註5〕 黎靖德編：《朱子語類》卷一百六十。

在其任職期間，也曾上書要求減免。在解決平民安度饑年問題時，朱熹格外重視荒政。他主張豐年的儲蓄之策，並通過社倉的設立來落實合理的、更多是依靠民間力量的賑災行動。朱熹對社倉制度的提倡、落實和門人的推廣，在社會基層得到普及，成爲當時賑濟平民的良方，並吸引了許多理學人士在鄉里共同實踐這一行動。

陸九淵同樣十分重視先於教化的養民問題，在「使民宜之」的觀念下，陸九淵認爲要讓目不識丁的百姓在日用中識「道」，首先就是要解決百姓的現實生活生存問題：溫飽。因此，和朱熹一樣，陸九淵對民生問題多有討論，同時也重視荒政。

陸九淵對家鄉金溪的民生問題，曾在《與宋漕》之信中言：

> 自建炎紹興以來，寖不如舊民，日益貧俗日益敝，比年荒歉益致窮蹙。〔註6〕

他反應了當地爲何金溪地區日益貧困的原因在於：

> 貪吏並緣，侵欲無藝，推骨瀝髓，民不聊生。〔註7〕

並建議地方官員能夠體諒民間疾苦，而減免雜稅：

> 今縣宰仁厚愛民甚篤，佐貳皆賢，適值連歲旱傷，今歲大旱，留意賑恤，盡卻吏胥侵漁之策，細民始有生全之望，而月解積負無所取償，復此詢究月樁本末，以致祈懇，此在縣官特九牛一毛耳，而可使一邑數萬家免於窮困流離。〔註8〕

陸九淵在其荊門施政時，關注養民問題，分別進行了稅收改革和幣制整頓，稅收改革中主要以荊門府庫充實爲目的，但其降低來往商人的稅值，避免管理索取賄賂的舉措則爲百姓稱道，而其幣制整頓則直接以減少百姓苛捐雜稅爲目的。〔註9〕荊門地區當時民間禁用銅錢而改用鐵錢，而官府在收繳百姓稅錢時卻仍要求銅錢，爲此官府要百姓以會子換購銅錢，並從中謀取利息，胥吏則乘此盤剝，陸九淵到當地後：

> 詢訪民間疾苦，但得二事，其一事稅錢役錢等令民戶分數納銅錢，比年銅錢之禁日嚴，此地已爲鐵錢，地分民戶艱得銅錢爲苦。

---

〔註6〕 陸九淵：《象山集》卷八《與宋漕》。
〔註7〕 陸九淵：《象山集》卷八《與宋漕》。
〔註8〕 陸九淵：《象山集》卷八《與宋漕》。
〔註9〕 關於陸九淵荊門政績參見邢舒緒：《陸九淵研究》〔M〕人民出版社 2008 年版，第 167 頁。

官或出銅錢以易會子收三分之息，而吏胥輩收其贏，故民以重
困。……故斷然因民之請，而盡罷之。〔註10〕

陸九淵的荊門經濟治理造福於民，對於緩解民力起到了效果。理學家大多在
其從政治理之時，關注民生問題，反對苛捐雜稅，主張養民力蓄民財，而積
極進行荒政恤民活動，陸門弟子袁燮、舒璘、沈煥等都或在家鄉、或在任職
地方關注荒政，探討民生問題，實施救濟活動。

　　從以上例子可看出，朱熹與陸九淵等理學家的養民為先的理念和孔子等
先秦儒家的仁政思想是一脈相承的。孔子仁政思想中首先講的是要在經濟上
的養民，「養民也惠」（《論語・公冶長》）是官民關係的基本，而養民便首先
在於「足食」。由此，「富而教之」（《論語・子路》）才能夠達到化民成俗的良
好倫理教化效果。

## 二、社倉

　　「社倉」在南宋的創建和推廣，是理學家們在「養先於教」和「達濟天
下」的儒家政治倫理觀念驅使下，為解決社會基層秩序整合的基礎問題所進
行的「共同體」性質的建構行動。這種「共同體」行動體現在：其一，社倉
的創建與推行，是一個南宋理學家發起，並試圖動員社會基層地方上所有能
夠動員的理學士子、鄉士、上戶和豪民階層共同發起，並以解決社會基層溫
飽問題，以造福鄉里鄉民為共同理想的行動過程。其二，社倉在南宋創建和
推行有一套確保其功能發揮的規約，這套規約圈起了一個基於鄉里，為共同
解決糧食問題而相互以守約為基礎的團體。其三，社倉的「持久穩定」在三
方合力下得到保持：理學人士基於理學倫理精神之上的倡導、具體化的規約、
官方的督辦。

　　宋代最早的社倉由魏掞之創立，紹興二十年（1150），當時魏以布衣身份
向官方申得大米，用以貸給民眾，到了冬天則收回糧食，由此在建寧府建陽
長灘鋪招賢里創辦社倉，他創辦的目的主要是解決當地民眾的溫飽問題，對
於魏創建社倉的詳細情況記載於《建炎以來繫年要錄》之中。在乾道四年
（1168），建寧府發生災荒，當時的鄉之耆艾劉如愚和時居崇安縣的朱熹便向
建寧府申請求撥常平米以賑濟當地災民，到當年冬天：

---

〔註10〕陸九淵：《象山集》卷十五《與薛象先》。

> 民願以粟償官貯，里中民家將輂載以歸有司。〔註11〕

而當時知府王淮則統一將米留在鄉里，又：

> 歲一斂散，既以紓民之急，又得易新以藏俾。願貸者出息什
> 二……歲或不幸小饑，則弛半息，大祲則盡蠲之。〔註12〕

通過這樣的方式用以防備凶荒年月再次出現艱食的問題。朱熹也認爲用出息什二的方式讓貸米之人還米，

> 可以抑僥倖，廣儲蓄。〔註13〕

同時，他並不強制民眾必須用這種方式貸米，

> 即不欲者勿強。〔註14〕

通過這種方式的借貸方式，

> 於以惠活鰥寡，塞禍亂，原甚大惠也。〔註15〕

考慮到：

> 粟分貯民家於守視出納不便，於是倣古法爲社倉以儲之。〔註16〕

朱熹在乾道七年建成社倉，並在淳熙八年（1181）上疏希望推廣社倉的做法，朱熹倡導的做法主要有這幾項特點：第一，從長遠看，社倉由官方助力，此後由民眾的息米自行維持，朱熹從一開始就希望社倉主要依靠鄉土居官、士人、富家等掌管，而不是官府，只是到了斂散時由官方監督，因此，社倉的創建的行動實際是在官方荒政體系之外，推動地方志同道合者落實理學政治倫理的行動，實屬於民倉，但朱熹並不忽視來自官方的認可和幫助：

> 係臣與本鄉土居官及士人數人同共掌管，遇斂散時，即申府差
> 縣官一員監視出納……有願依此置立社倉者，州縣量支常平米斛，
> 責與本鄉出等人戶，主執斂散，每石收息二斗，仍差本鄉土居或寄
> 居官員士人有行義者，與本縣官同共出納。收到息米十倍本米之數，
> 即送原米還官，卻將息米斂散，每石只收耗米三升。其有富家情願
> 出米作本者亦從其便，息米及數，亦當撥還。〔註17〕

---

〔註11〕 朱熹：《晦庵集》卷七十七《建寧府崇安縣五夫社倉記》。
〔註12〕 朱熹：《晦庵集》卷七十七《建寧府崇安縣五夫社倉記》。
〔註13〕 朱熹：《晦庵集》卷七十七《建寧府崇安縣五夫社倉記》。
〔註14〕 朱熹：《晦庵集》卷七十七《建寧府崇安縣五夫社倉記》。
〔註15〕 朱熹：《晦庵集》卷七十七《建寧府崇安縣五夫社倉記》。
〔註16〕 朱熹：《晦庵集》卷七十七《建寧府崇安縣五夫社倉記》。
〔註17〕 朱熹：《晦庵集》卷十三《延和奏箚四》。

作爲創辦五夫里社倉的朱熹，從其自身而言，創辦時他並沒在任職期間，只是鄉居官員，因此所用力甚爲辛苦，但其力行倡導之熱忱卻顯示了他的初衷，誠如他自己所言，希望以己之力，和後君子共同爲鄉里立此無窮之計，並能得到「上之人」的支持：

> 數年之間，左提右挈，上說下教，遂能爲鄉閭立此無窮之計，是豈吾力之獨能哉！惟後之君子，視其所遭之不易者如此，無計私害公，以取疑於上，而上之人亦毋以小文拘之，如數公之心焉，則是倉之利，夫豈止於一時！其視而傚之者，亦將不止於一鄉而已也。〔註18〕

第二，社倉從倡導人到參與的民眾，都以自願集結爲主，強調「任從民變」：

> 如有鄉土風俗不同者，更許隨宜立約，申官遵守，實爲久遠之利。其不願置立去處，官司不得抑勒，則亦不至搔擾。〔註19〕

第三，社倉米源最初來自官助，以低息貸給民眾後，只是原米歸還官方，息米盡歸地方社倉，繼續供給一方民眾解決來年艱食問題。

> 乾道四年，鄉民艱食，本府給到常平米六百石，委臣與本鄉土居朝奉郎劉如愚同共賑貸。至冬收到元米，次年夏間，本府復令依舊貸與人戶，冬間納還。臣等申府措置，每石量收息米二斗，自後逐年依此斂散。或遇小歉，即蠲其息之半，大饑即盡蠲之。至今十有四年，其支息米造成倉敖三間收貯，已將元米六百石納還本府。其見管三千一百石，並是累年人戶納到息米，已申本府照會，將來依前斂散，更不收息，每石只收耗米三升。〔註20〕

社倉設置的目的不是爲了充實官方糧倉或增加賦稅，而是解決社會基層的溫飽問題以及由溫飽問題導致的社會基層民眾的生存依賴問題，這符合理學家「養先於教」的理念。

在朱熹對社倉的創辦和倡導來看，是要把施行仁政的君道在社會基層由官方之外的理學之志同道合者來繼起，使對天地好生之德的落實成爲一群地方「君子」集結起來的行道之方。在朱熹看來，社倉是要解決鄉民飢餓瀕死的問題：

---

〔註18〕　朱熹：《晦庵集》卷七十七《建寧府崇安縣五夫社倉記》。
〔註19〕　朱熹：《晦庵集》卷十三《延和奏箚四》。
〔註20〕　朱熹：《晦庵集》卷十三《延和奏箚四》。

> 而隋唐所謂社倉者，亦近古之良法也。今皆廢矣，獨常平義倉，尚有古法之遺意，然皆藏於州縣，所恩不過市井惰遊輩，至於深山長谷，力穡遠輸之民，則雖飢餓瀕死，而不能及也。又其爲法太密，使吏之避事畏法者，視民之殍而不肯發，往往全其封鐍，遞相付授，至或累數十年不一啓省。一旦甚不獲已，然後發之，則已化爲浮埃聚壞，而不可食矣。〔註21〕

朱熹希望天地好生之德的彰顯可以用一種由志同道合者發起的，並圈起自願加入的艱食者，最終依靠自身的力量得以生存的「共同體」。

在朱熹對社倉的創建和推動以後，南宋的社會基層之社倉日益普及，「廣佈在福建、兩浙、江東、湖南、湖北、廣南各地，可以說是遍佈南宋。」〔註22〕。梁庚堯先生在他的《南宋的農村經濟》中曾做過統計，將南宋舉辦的社倉從歷史文本中輯錄出來，共計 64 條記錄。這 64 個社倉根據梁的輯錄可得到大致如下幾個結論〔註23〕：第一，從社倉的創辦人看到，許多都是理學同志同道：有張洽、李燔、眞德秀、趙景緯、魏了翁、李道傳、李大有等朱門弟子及再傳弟子或私淑弟子；還有理學同志，如陸九韶等朱熹相論學的好友、陸九淵門人豐有俊，呂祖謙門人潘景憲、張栻再傳弟子劉宰等。第二，南宋年間，共有 64 個社倉創建的記錄，所貸之米或來自官方、或來自富家，或來自眾，其中自官方出啓動米的社倉 30 個，可見在朱熹爲代表的理學家們的力行和倡導之後，更多非官方的富民加入到社倉共同體的創辦來，官方首次貸米的情況不到 50%，民創民辦的特點突出。

朱熹在力行社倉、創建對鄉民具有長遠的生存依賴的實體時，他所上奏的《社倉事目》正是使社倉作爲一個共同體存在和發展的必要條件，《社倉事目》可以說是對社倉作爲民間的「共同體」的規約。《社倉事目》是針對社倉共同體如何集結，集結的成員應該遵守怎樣的規約，如何提供民眾生存依賴功能，如何維持社倉續存等問題的安排。

在後世的社倉記中可看到「本於文公」之字樣，如劉宰言：

> 今社倉落落佈天下，皆本於文公。〔註24〕

---

〔註21〕 朱熹：《晦庵集》卷七十七《建寧府崇安縣五夫社倉記》。
〔註22〕 梁庚堯：《南宋的農村經濟》新星出版社 2006 年版，第 243 頁。
〔註23〕 以下結論根據梁庚堯：《南宋的農村經濟》新星出版社 2006 年版，第 237～243 頁對南宋時期社倉建倉材料的統計進行歸納。
〔註24〕 劉宰：《漫塘集》卷二十二《南康胡氏社倉記》。

這其中也包含了對於社倉推行之規約的繼承，現輯錄主要如下：

第一，規約了由誰執行清點當年請米人數，這主要依靠地方鄉級以下的社首和保正副，只在支散貸米時請官監督：

> 分委諸部社首、保正副……紐算人口，指定米數，大人若干小兒減半，候支貸日，將人戶請米狀拖對批塡，監官依狀支散。〔註25〕

> 仍乞選差本縣淸強官一員、人吏一名、斗子一名前來與鄉官同共支貸。〔註26〕

第二，社倉從其針對的運作對象而言，並不是針對富民的，因此社倉主要是解決艱食生存依賴問題的：

> 曉示人戶，產錢六百文以上及自有營運衣食不闕不得請貸。〔註27〕

第三，社倉以曉示宣傳來吸納成員，並在自願的基礎上請米支貸：

> 不得妄有邀阻，如人戶不願請貸，亦不得妄有抑勒。〔註28〕

第四，對於支米、還米的日常規約：

> 豐年如遇人戶請貸官米，即開兩倉存留一倉，若遇饑歉則開第三倉專賑貸深山窮谷耕田之民，庶幾豐荒賑貸有節。〔註29〕

> 人戶所貸官米至冬納還。〔註30〕

> 仰社首、隊長告報保頭，保頭告報人戶，遞相糾率，造一色乾硬糙米，均備納足赴倉交納。〔註31〕

> 簿書鎖鑰，鄉官公共分掌。其大項收支，須監管官簽押。其餘零碎出納，即委鄉官公共掌管，務要均平，不得徇私容情別生姦。〔註32〕

> 如遇豐年，人戶不願請貸，至七八月而產戶願請者聽。〔註33〕

〔註25〕朱熹：《晦庵集》卷九十九《社倉事目》。
〔註26〕朱熹：《晦庵集》卷九十九《社倉事目》。
〔註27〕朱熹：《晦庵集》卷九十九《社倉事目》。
〔註28〕朱熹：《晦庵集》卷九十九《社倉事目》。
〔註29〕朱熹：《晦庵集》卷九十九《社倉事目》。
〔註30〕朱熹：《晦庵集》卷九十九《社倉事目》。
〔註31〕朱熹：《晦庵集》卷九十九《社倉事目》。
〔註32〕朱熹：《晦庵集》卷九十九《社倉事目》。
〔註33〕朱熹：《晦庵集》卷九十九《社倉事目》。

倉內屋宇什物仰守倉人常切照管，不得毀損及借出他用。〔註34〕

從規約來看，主導創建者可以是官方、富民、理學同道，但對於社倉的日常活動的維護，則依靠鄉官，即那些鄉居官員或者士人，和有德望的人。如邵武軍光澤縣社倉由知縣張欣創立，但其綜理人則是地方讀書人李呂，而且還選鄉內八名士人委以鄉官，共同管理。〔註35〕規約對集結的鄉民的經濟狀況有所要求，故共同體的集結在自願的基礎上，以其調節地方貧富差距，解決生存依賴問題爲目標。共同體中凡願意參與其中的民眾須遵守規約，按期還貸米，以維持社倉的穩定持久。

在官方的支持、更多是理學家的倡導下，地方理學同道的力行和地方士人、富民的共同行動以及社倉規約的執行中，社倉的推廣得到了穩定持久的續存，鄉里自發調節貧富、維護民眾生存依賴功能得以發揮。在南宋末年，眞德秀的奏狀說明了證實了這一情況：

因朱熹有請頒社倉法於天下，自是數十年間，凡置倉之地，雖遇凶歲，人無菜色，里無囂聲，臣少時實親睹其利。〔註36〕

眞德秀以官方身份在潭州

十二縣置倉凡百所，令人户之當輸穀於州者，就輸之社倉，其斂散之規息耗之數，大概悉仿朱熹所上條約。〔註37〕

正因爲社倉推行目的之大善，對社會基層秩序整合又有直接的效果，使得官方的認可和支持都比較明顯，此後也遂成爲政府的一項社會基層的經濟制度。

# 第二節　鄉里教化的核心

鄉里教化是宗族教化的延伸，但鄉里教化亦有其特點和重心，其最關注的是「民」。南宋理學家的鄉里教化行動始於其「明德新民」與「傳道濟民」的理念。作爲理學倫理精神向民間社會的推動實踐者，他們鄉里教化的主要對象是沒有特指的、普通的「民」，對「民」的理解決定了南宋理學家在社會基層落實倫理教化的核心。朱熹言：

蓋民但可使由之耳，至於知之，必待其自覺，非可使也。由之

<hr>

〔註34〕朱熹：《晦庵集》卷九十九《社倉事目》。
〔註35〕朱熹：《晦庵集》卷八十《邵武軍光澤縣社倉記》。
〔註36〕眞德秀：《西山文集》卷十《奏置十二縣社倉狀》。
〔註37〕眞德秀：《西山文集》卷十《奏置十二縣社倉狀》。

而不知，不害其爲循理。及其自覺此理而知之，則沛然矣。〔註38〕

朱熹區分了大學小學之分，他認爲每一個人都應該接受教育，諸如灑掃應對進退之節，是謂小學；而諸如窮理正心、修己治人之道則是大學之道，實屬進階之學，並不是所有人都能知、必知的。朱熹認爲從普遍性而言，「凡民未必知」大學之道，但他肯定了民需要小學之教養，通過「使由之」的立規矩、遵規範的倫理教化，使民新德，而也並不妨礙士庶民中的俊秀子弟進階「自覺此理而知之」的大學之道的可能。朱熹對民的教養觀念實爲他普及儒家人倫道德的小學教育理論是相一致的。

陸九淵言：

> 民不可使知吾道之義，而可使享吾道之宜。使道而不宜於天下，則聖人亦烏取乎道哉？聖人出而有爲於天下，變而通之，神而化之，而天下之民鼓舞踴躍，莫不以爲宜而安之者，亦盡其道而已矣。大傳曰：「使民宜之」，以此。夫子曰：「民可使由之，不可使知之。」非聖人固不使之知也，吾道之義則彼民之愚，蓋有所不能知也。若乃其道之宜，則聖人固與天下之民共由而共享之。

> 方民未知佃漁也，聖人作爲網罟，而民宜於網罟矣。方民未知耕稼也，聖人作爲耒耜，而民宜於耒耜矣。以至舟楫、弧矢、杵臼，莫不皆宜於民。〔註39〕

陸九淵對民的教養問題，持「使民宜之」的觀點，即其心目中的「新民德」並不是強迫民去討論抽象的儒家之道，而是基於凡人皆本有善心的理學觀點，努力去力行「道」，從而使民與「道」行、從而具備實踐「道」的能力教養。

無疑，朱陸爲代表的南宋理學都主張對社會平民施以教化，而這教化皆是從落實人倫日用做起，而非一開始就實施修己治人的大學之道。一方面，理學家承認「人心皆同，皆可爲聖人」的心性論，另一方面，理學家認爲對於普遍意義上的「民」，首先是要接受「使由之」的日用人倫教化，方可有「自覺此理而知之，則沛然矣」〔註40〕的成果。

對於理學家而言，如何「使民由之」並「使民宜之」呢？換而言之，對民進行社會教化的核心是什麼呢？

---

〔註38〕朱熹：《晦庵集》卷三十九《答范伯崇》。
〔註39〕陸九淵：《象山集》外集卷一。
〔註40〕朱熹：《晦庵集》卷三十九《答范伯崇》。

在鄉里落實儒家禮教，在鄉里行絜矩之道！

# 一、禮

南宋理學家注重禮教，不僅在宗族內還要在地方上普遍落實。南宋理學家重視「禮」在民眾倫理道德教化中的作用，他們相信通過「禮」在民間的普及，以及樹立理學典範榜樣的方式，就能夠在社會基層廣泛地落實儒家倫理風教，使人培養向善、向學的習慣與志向。在他們作爲地方官或者鄉居故里時，都會力行倡導鄉里民眾的禮教，試圖在一個廣泛的社會基層形成以禮範導民眾形成儒家倫理觀念的氛圍。如朱熹爲官時，曾多次要求朝廷將《五禮新儀》中適合地方民間的禮儀能夠頒佈行之於下，他還曾編纂《紹興纂次政和民臣禮略》頒行州縣，對於民間所用禮儀，他則張貼告知以使家喻戶曉。

理學家重視教化的作用，對於以「尊師重道」爲核心理念的釋典禮以及以「和睦互助、尊長知禮」爲核心理念的鄉飲酒禮，在其地方興學的實踐中則格外重視。朱熹在同安縣學，整肅釋典禮，還與學生同考鄉飲酒禮的禮文、並舉行鄉飲酒禮。〔註41〕朱熹在知南康整飭軍學時，申請頒佈《政和五禮新儀》，並考證釋典禮，修改錯謬之處，並供朝廷修編禮書時參考。〔註42〕在知潭州時，朱熹對釋典禮的考證修改仍鍥而不捨，並在其門人詹體仁的幫助下，終於將之推行於州學和縣學以及湖南屬下諸州。作爲朱熹門人，根據《朱熹及其門人的教化理念與實踐》一書中考證：「只有黃灝一人曾經請求朝廷推廣禮教至民間，補救當時風俗禮教廢闕的狀況。」〔註43〕但都沒有得到官方的回應。由於整個南宋的官學系統主要以科舉爲業，也使得在官學中禮教的普及受到諸多限制。朱熹弟子倒是自行通過在家鄉實踐鄉飲酒禮來實施鄉教，在官方系統之外傳播理學的和睦鄉里，尊長知卑的倫理精神，以敦厚風俗，如胡泳、趙師恕、李大有、魏了翁等。南康胡泳在其家鄉行鄉飲酒禮，黃幹稱其有古人禮教之遺意〔註44〕。還有趙師恕，也曾在鄉里與志同道合者一起行鄉飲酒禮，黃幹更爲之作序，言其：

> 鄉教親睦也，鄉閭親睦，陵犯爭訟之風息矣。……一飲一食一

〔註41〕朱熹：《晦庵集》卷八十六《行鄉飲酒禮告先聖文》。
〔註42〕朱熹：《晦庵集》卷二十《乞增修禮書狀》。
〔註43〕孟淑慧：《朱熹及其門人的教化理念與實踐》，〔M〕國立臺灣大學出版中心2003年版，第368頁。
〔註44〕黃幹：《勉齋集》卷二十二《跋南康胡氏鄉約》。

拜一坐一揖一降無非教也。通於義者，又非但可以親睦鄉閭而已也。
天理得，人心正，無所施而不可也。……吾友趙君師恕官不達而忘
其貧，今不合而志於古，其爲邑餘杭，嘗行鄉飲酒之禮矣。今復舉
是禮與鄉之有志之士講肄焉，禮成，予猶恐觀禮者習其數而不明其
義也。〔註45〕

陸門弟子中，也不乏主張和支持在社會基層施行禮教的。袁燮曾對其友在家
鄉行鄉飲酒禮撰有《繁昌鄉飲序》，其中就認爲：

舉行鄉飲於學……濟濟乎其可觀，秩秩乎其可則，周旋其間者
一睍順恭遜之美，油然而生一世俗桀驁之習，泯焉不作，而司正揚
解又語以忠於君、孝於親、睦於閨昌門、比於鄉黨者，其爲化民成
俗之助，不既多乎？〔註46〕

陸門弟子孫應時也在家鄉提倡以古禮教化民眾，他對其家鄉所行鄉飲酒禮大
加贊賞，並勉勵鄉人以禮樂來淳美風俗，言其：

以扶持古意，襃勸嫩俗，期無窮繼。自今不惟祖餞是循，庶幾
歲時習肄，禮樂興行，使吾姚江如古鄒魯，四方聞風，於是取則，
豈非趙侯之望也歟？我鄉人其勉之。〔註47〕

## 二、絜矩之道

《禮記‧大學》是如下這樣提出「絜矩之道」的：

所謂平天下在治國者，上老老而民興孝，上長長而民興弟，上
恤孤而民不倍，是以君子有絜矩之道也。〔註48〕

何謂「絜矩之道」呢？《禮記‧大學》講道：

所惡於上，毋以使下；所惡於下，毋以事上；所惡於前，毋以
先後；所惡於後，毋以從前；所惡於右，毋以交於左；所惡於左，
毋以交於右。此之謂絜矩之道。〔註49〕

絜矩之道要求個體在人倫關係之中要把握「度」與「規」，並且根據「度」與
「規」來考察相對之人的「待我」方式，從而確定自己對他者的倫理行爲，

---

〔註45〕黃幹：《勉齋集》卷二十一《趙季仁習鄉飲酒儀序》。
〔註46〕袁燮：《絜齋集》卷八《繁昌鄉飲序》。
〔註47〕孫應時：《燭湖集》卷十《餘姚鄉飲酒儀序》。
〔註48〕鄭元注、孔穎達疏：《禮記注疏》卷六十《大學》。
〔註49〕鄭元注、孔穎達疏：《禮記注疏》卷六十《大學》。

從而達到更善的人倫秩序。關於朱熹「絜矩之道」的論述，有學者指出：「『絜矩之道』兩見於《大學·傳十章·釋治國平天下》。關於『絜矩』的意義，歷來學者語焉未詳，直到朱熹，才根據范如圭的見解作出合理的解釋。」〔註50〕朱熹對「絜矩之道」的社會意義進行了進一步挖掘：

> 蓋絜，度也，矩，所以爲方也。以己之心度人之心，知人之所惡者不異乎己，則不敢以己之所惡者施之於人。使吾之身一處乎此，則上下四方物我之際，各得其分，不相侵越，而各就其中，挍其所佔之地，則其廣狹長短又皆平均如一，截然方正，而無有餘不足之處，是則所謂絜矩者也。夫爲天下國家而所以處心制事者一出於此，則天地之間將無一物不得其所，而凡天下之欲爲孝悌不倍者，皆得以自盡其心而無不均之歎矣。〔註51〕

朱熹對大學中的「絜矩之道」的解釋，實質上是指明人需按一定的原則把握自身的行爲。他言，在上者或者施教者需做到以己之心度民心，持有方正平均如一的「度」和統一的「規」，故若欲民興孝悌，則己必要爲孝悌之事，若使民不生悖逆之心，則在上者就不能以己之惡施於民。朱熹以禮記中的「絜矩之道」既說明了道德示範的重要性，還說明了世間之事都存在一定的規度，每個人的行爲只有符合度與矩才能擁有良好的秩序，天下才方能平。這種規度實則爲理學家希望行於世的「禮」，因此他們重視對「禮」在現實中的實踐，這種實踐具體到倫理教化中，又將成爲宗族中的族規、鄉約中的鄉規民約、書院中的學規等，而只有依照一定的人倫規範行事，人際系統的和諧才能眞正達到，社會秩序的整合也將成爲必然。

由此，朱熹進一步發揮了儒家政治倫理中的仁政理念，闡發了爲官者與民的關係。對於「民」的教化觀念，理學家們主張施教者需秉持「絜矩之道」，而此道並非僅僅是告誡爲上者單就道德示範就夠了的，更需使民之善心可以實際地轉化爲善行方爲終，朱熹舉了個非常基本而重要的例子，便是政煩賦重而無以養民力，則民自然無法養其父母以行孝。《朱子語類》記載，仁甫問「絜矩」之含義，朱熹回答：

---

〔註50〕原文注：關於朱熹對『絜矩之道』的解釋與提倡，可參考吳長庚，《朱子倡言絜矩之道的歷史貢獻》，《朱子學刊》，1998年第一期，第87～103頁。參見孟淑慧：《朱熹及其門人的教化理念與實踐》，〔M〕國立臺灣大學出版爲會員2003年版，第156頁。

〔註51〕朱熹：《四書或問》卷二《大學》。

> 上之人老老、長長、恤孤，則下之人興孝、興弟、不倍，此是
> 說上行下效。到絜矩處，是就政事上言，若但興起其善心，而不有
> 以使之得遂其心，則雖能興起，終亦徒然。如政煩賦重不得以養其
> 父母，又安得以遂其善心，須是推己之心以及於彼，使之「仰足以
> 事父母，俯足以育妻子」，方得。如詩裏說，大夫行役無期度，不得
> 以養其父母。到得使下，也須教他內外無怨，始得。〔註52〕

只有使民在日用上得其分而自足，方能有教化的意義，使用民所適用的禮教
方能起到教化的效果，實現民之善心向善行的轉化。故此，當理學家爲官之
時，於是往往身體力行「絜矩之道」，努力創造教化民眾的基礎：使民財用富
足，開展鄉里教化。

黃幹在爲袁州萍鄉縣西社倉絜矩堂寫記時，進一步說明了絜矩之道與鄉
里社會生活具體相關的道德行爲之間的關係。他把社倉之推行，理解爲一種
絜矩之道，絜矩之道也是理學民胞物與的觀念，凡對「君子」之道德身份具
有自我認同的普通士庶民都可爲之的行動，並由此倡導鄉里富民的道德自覺
和對鄉里作出貢獻：

> 絜，度也，矩，所以爲方也，處己接物，度之而無有餘不足方
> 之謂也。富者連阡陌而餘粱肉，貧者無置錐而厭糟糠非方也，社倉
> 之創輟此之有餘濟彼之不足，絜矩之方也。君子之道必度而使方者
> 乾父坤母而人物處乎其中，均稟天地之氣，以爲體，均受天地之理，
> 以爲生民特吾兄弟，物特吾黨與，則其林然而生者，未嘗不方也，
> 惻隱之心人皆有之，赤子入井一牛觳觫，於己何與，而怵惕生焉，
> 一原之所同出，自不能已耳，則方者又人心之同然也，饑而食，寒
> 而衣，仰事而俯育，人之同情也。〔註53〕

## 第三節　鄉約共同體

南宋理學家對宗族的重建，可以理解爲新的時代特點下，以理學倫理精
神爲指導的一種「共同體」建構行動，之所以稱之爲「共同體」的建構，是
因爲他們對於宗族活動的設計和倡導，提供了形成深沉的祖先信仰的具體方
式；又提供了可以反覆操作的具體化儒家倫理規範。這種規範只有在宗族的

---

〔註52〕黎靖德編：《朱子語類》卷十六。
〔註53〕黃幹：《勉齋集》卷十九《袁州萍鄉縣西社倉絜矩堂記》。

平臺才得以形成團體之「常規」以及「法」，既維護了信仰，又使得理學教化無處不在。此外理學家爲了這個團體的和諧與續存，提供了共同體能夠在社會基層持續穩定地發展下去的力量，這就是宗族的教養。與此相同，理學家突破了宗族共同體的教養平臺。在面向整個社會基層之民進行社會教化的同時，他們出於同一種行動邏輯，試圖在鄉里地緣的人際範圍內，構建更大的「共同體」。這種共同體之信仰，體現在理學家希望這類組織強調志同道合的自願集結，這種信仰的基礎是理學家建構的社會基層的整合功能：患難相恤和生存依賴。爲了維護這類共同體的存續，理學家同樣爲此設計了具體化的規範條目，而爲了其持久穩定的進行共同體活動，教化則不是成爲「共同體」的主要內容，就是成爲一種潛在的對儒家倫理精神的宣揚，本章在此討論這類共同體建構的範式：「鄉約共同體」的創建及其面向鄉里民眾的倫理教化實踐。

　　「鄉約」是理學家在建構宗族共同體落實理學倫理精神行動之外的另一種「共同體」建構行動，爲的是在社會基層以地緣爲基礎的人際範圍內，使鄉里百姓在圈起的「共同體」中形成患難相恤的「常規」，並相信相互幫助和勉勵向善是值得追求的一種和諧生活倫理關係。南宋理學家通過把理學倫理精神在道德思想層面的觀念，推行到具體的倫理實踐中，以理學禮教爲指導，以勸善懲惡、敦厚風俗爲目的，以實現理學「化民成俗」的治世理想。

## 一、範本：《呂氏鄉約》

　　鄉約是由傳統的鄉規民約發展而來的，它區別於一般的規約之處在於鄉約是理學家作爲一個「共同體」建構起來的實體性組織。北宋時期，陝西藍田的呂氏兄弟制定了鄉約文本，並將其推行於鄉里，史稱爲「《呂氏鄉約》」。《呂氏鄉約》不僅包含了用通俗語言規定的儒家倫理規範條目，用以調節鄉黨鄰里之間的關係，還包含了一整套機制，包括約束對象、集結方式、賞懲方式和具體的聚會時間、管事人等，這使得呂氏鄉約從一開始便具備了超出普通的鄉規民約的文本模式，而具有了一種實體性的傾向，這種「實體性」誠如宗族共同體具備宗族成員之聚居、宗族是信仰、宗族之規約、宗族之教化一樣，鄉約的推行同樣是理學家希望建構鄉約成員之聯盟、鄉約之信仰（共識）、鄉約之規約文本、鄉約之教化的「共同體」行動，並在這一行動中落實理學倫理精神。

　　《呂氏鄉約》由《鄉約》和《鄉儀》組成。《呂氏鄉約》的具體內容大致包括以下幾個方面：

　　（1）德業相勸。將理學之抽象的道德具體化、通俗化爲諸多日常倫理條目，如：

> 見善必行，聞過必改，能治其身，能治其家，能事父兄，能教
> 子弟，……能救患難，能規過失，能爲人謀，能爲衆集事，能解鬥
> 爭，能決是非，能興利除害，能居官舉職。〔註54〕

由以上內容可見，鄉約對倫理規範的規定明顯超過了宗族共同體的規範範圍，因此其德目涉及到鄉里的患難相救、鬥爭化解等社會基層整合的問題。鄉約還指出只要以上有一項善舉，且

> 爲衆所推者，皆書於籍。〔註55〕

同時規定了具體化了的「業」，重在居家、在外時對「德」的履行和落實，及其對讀書治田等儒家主張的重「學」觀念的贊成和鼓勵，如：

> 居家之事父兄、教子弟、待妻妾；在外事長上，接朋友，……
> 讀書治田，營家濟物，好禮樂射御書數之類，皆可爲之。非此之類，
> 皆爲無益。〔註56〕

　　（2）過失相規。包含了違反「義」之六項過錯，違反「約」之四項，「不修」類之五項。其中規定爲過錯都不是單純的個體道德修養上的惡，而大多是在處理鄉黨鄉里之間人倫關係上出現的惡，與人「酗博鬥訟」、對人「行不恭孫」、對人「造言誣毀」、因「營私太甚」損害他人、「交非其人」、「用度不節」而造成家貧等等。再如對犯約之過的四項列舉也均是要防止人倫關係上的不德：

> 犯約之過，一曰：「德業不相勸」，二曰：「過失不相規」，三曰：
> 「禮俗不相成」，四曰：「患難不相恤」。〔註57〕

　　（3）禮俗相交。包含了婚喪、祭祀，及交往的禮教，並對於鄉黨鄉里之

---

〔註54〕呂大臨等著、陳俊民編校：《藍田呂氏遺著輯校》，〔M〕中華書局 1993 版，第 563 頁。

〔註55〕呂大臨等著、陳俊民編校：《藍田呂氏遺著輯校》，〔M〕中華書局 1993 版，第 564 頁。

〔註56〕呂大臨等著、陳俊民編校：《藍田呂氏遺著輯校》，〔M〕中華書局 1993 版，第 564 頁。

〔註57〕呂大臨等著、陳俊民編校：《藍田呂氏遺著輯校》，〔M〕中華書局 1993 版，第 564 頁。

間遇到災患時助濟的尺度規約,如遇水火、盜賊等,幫助的人可以輸之錢、米、炭等實物,並規範了大致多少量為合宜:

> 凡遺物婚嫁,慶賀用幣、帛、羊、酒、蠟燭、雉、兔、果實之類,記所值多少,多不過三千,少至一二百。〔註58〕

這類規範使得同一個共同體中的成員能夠在一種「應該」的禮儀中獲得和諧的相互往來,並且這類規約的反覆操作和習慣的形成既是以往習俗的歸納,同時也將促成未來理學指導下的風俗養成。但是「禮俗相交」這一條目雖是對古禮的落實,但太過籠統而無章法。

(4) 患難相恤。這一條目內容最為詳細,體現了其在鄉約中的地位非常之重,這主要因為患難相恤是理學家主張的鄉黨鄰里之間最為主要的善之內涵和鄉約之為鄉約所要構建的最主要的共同體之信仰:互助之善和互助所帶來的成員的安全感。此條指出患難有七事,遭遇水火、盜賊、疾病、死喪、孤弱、誣枉、貧乏。鄉約主張同約的聯盟成員將在遇到以上七種困難之時,可告於同約人,或者主事,主張同約之人的互助互濟,或以財務、或以器用等等。如:

> 患難之事七。一曰:「水火」。(小則遣人救之,大則親往,多率人救之,並弔之耳。)二曰:「盜賊」(居之近者,同力捕之。力不能捕,則告於同約者,及白於官司,盡力防捕之)。……〔註59〕

從這一條看,鄉約的推行希望在圈起的共同體中,將人生所遇的大多數重要難處,乃至包括由法律解決的問題都可以通過同約人的互助得到消解。

這種內向性的團體,基於地緣,儼然可以成為一個地方自治的團體,解決日常生活之一切問題,其倫理「實體性」凸顯。

(5) 罰式。規定了如若違反鄉約的規定,將會受到經濟處罰,從一百至五百不等,視情節輕重為準,並且規定了:

> 規之而聽,及能自舉者,止書於籍,皆免罰。若再犯者,不免。其規之不聽,聽而復為,及過之大者,皆即罰之。〔註60〕

〔註58〕 呂大臨等著、陳俊民編校:《藍田呂氏遺著輯校》,〔M〕中華書局 1993 版,第 564 頁。

〔註59〕 呂大臨等著、陳俊民編校:《藍田呂氏遺著輯校》,〔M〕中華書局 1993 版,第 566 頁。

〔註60〕 呂大臨等著、陳俊民編校:《藍田呂氏遺著輯校》,〔M〕中華書局 1993 版,第 567 頁。

（6）聚會。每月一聚。

（7）主事。規定了鄉約有約正一到二人，採取眾人推舉的方式產生，其責任爲平決賞罰。直月一人，以年長高下爲輪次，顯示出鄉約對於道德權威和長幼之序的優先性安排及其共同體的民主性。

《鄉儀》內容則有賓儀、吉儀、嘉儀、凶儀四個方面，不再贅述。

呂氏鄉約是當時作爲地方士紳的呂氏兄弟自發推行的，他們的初衷是使其參加規約的鄉民具有集結的自願性，鄉約共同體能夠圈起自願聯盟的成員，實現懲惡揚善的教化和患難相恤的互助。但畢竟，這種自下而上的民間性組織在傳統中國社會宋以前的歷史記載中沒有出現過，在有宋一代就具有創新的意味，但是《呂氏鄉約》未及深入實踐，新生伴隨的種種問題還沒解決，便因爲北宋的滅亡而終止了，因此鄉約在北宋的社會影響並不大。等到南宋，鄉約爲朱熹所關注，並展開了南宋理學家們的力行與推廣，從而開始有了一定的社會普及規模和對後世的影響。

## 二、朱熹對《呂氏鄉約》的修改

朱熹對《呂氏鄉約》進行考證與修改，編訂《增損呂氏鄉約》，促進了鄉約在南宋社會的推廣和發展。淳熙二年（1175）朱熹著手對《呂氏鄉約》進行考證和修改，朱熹之所以如此做，在於他認爲《呂氏鄉約》能教人善俗，這一觀點爲大多數理學家認可和繼承。朱熹言：

> 鄉約之書，偶家有藏本，且欲流行，其實恐亦難行，如所喻也。
> 然使讀者見之，因前輩所以教人善俗者而知自修之目，亦庶乎其小補耳。〔註61〕

當然《呂氏鄉約》在現實中的推廣，朱熹及其張栻對鄉約都抱著審慎的態度，以倡導和宣傳爲主，此後真正落實的則爲後繼的子弟和其他理學人士所爲。

朱熹說明了修改《呂氏鄉約》的用意在於讓後世能夠通過閱讀《鄉約》而知彼此交警的善俗價值，並感到如果確實能夠推廣，則對鄉里是有幫助的，爲此，他將一些阻礙鄉約落實的部分加以修改，如爲了使貧富鄉民都可以通行，而將罰款類的條目去除，使得鄉約更近人情：

> 熹近讀易，覺有味。又欲修呂氏鄉約、鄉儀，及約冠婚喪祭之儀，
> 削去書過行罰之類，爲貧富可通行者。苦多出入，不能就。有恨地遠，

---

〔註61〕朱熹：《晦庵集》卷三十一《答張敬夫》。

> 無由質正。然旦夕草定，亦當寄呈，俟可否然後改行也。所懼自修不
> 力，無以率人，然果能行之，彼此交警，亦不為無助耳。〔註62〕

此外，朱熹還將鄉約條目輯入其《小學》，對《鄉約》向民間普及起到了促進作用：

> 諸書今歲都修得一過，比舊盡覺簡易條暢矣，恨不得呈以商量
> 也。小學見此修改，益以古今故事，移首篇於書尾，使初學開卷便
> 有受用，而末卷益以周、程、張子教人大略及鄉約、雜儀之類別為
> 下篇，凡定著六篇。〔註63〕

朱熹對《呂氏鄉約》的修改，主要有四：

第一，篇內首段以簡潔明瞭的語言說明鄉約總綱：

> 凡鄉之約四，一曰：德業相勸，二曰：過失相規，三曰：禮俗
> 相交，四曰：患難相恤。〔註64〕

第二，對於鄉約的「主事」人進行了更為細緻的安排，突出了對於「有齒有德者」和「有學行者」權威的樹立，前者為「都約正」，後者增加了「約副」：

> 眾推有齒德者一人為都約正，有學行者二人副之，約中月輪一
> 人為直月，都副正不與。〔註65〕

第三，去除原先對錢財、物質的罰款項，而以相互規戒、誨諭為教化手段，並以「出約」作為一種最為嚴重的具有儀式化、象徵意義的懲戒，從這點而言，朱熹將鄉約完全定位在一個志同道合的情感基礎和理性共識之上，強化了「共同體」的「道德自律」性質：

> 右件過失，同約之人，各自省察，互相規戒。小則密規之，大
> 則眾戒之。不聽則會集之日，直月以告於約正，約正以義理誨諭之。
> 謝過請改，則書於籍以俟。其爭辨不服，與終不能改者，皆聽其出
> 約。〔註66〕

第四，新創「讀約」條〔註67〕，以具體的禮教落實理學對尊卑長幼之序

---

〔註62〕 朱熹：《晦庵集》卷三十三《答呂伯恭》。
〔註63〕 朱熹：《晦庵集》卷三十五《與劉之澄》。
〔註64〕 朱熹：《晦庵集》卷七十四《增損呂氏鄉約》。
〔註65〕 朱熹：《晦庵集》卷七十四《增損呂氏鄉約》。
〔註66〕 朱熹：《晦庵集》卷七十四《增損呂氏鄉約》。
〔註67〕 對此點的歸納參考董建輝對《增損呂氏鄉約》與《呂氏鄉約》的比較，參見
董建輝：《明清鄉約：理論演進與實踐發展》，〔M〕廈門大學出版社 2008 年
版，第 66～78 頁。

的維護功能，強化了禮儀的操作和教化作用，並確定了鄉約共同體之實體性顯現所必須的場所：聚會教化活動場所首選鄉校；及其教化活動的具體內容：「行禮」和「讀約」，以及「共議」：

> 而又爲月旦集會讀約之禮如左方。曰凡預約者，月朔皆會，……俟於鄉校。設先聖先師之像於北壁下，先以長少叙拜於東序，同約者如其服而至，俟於外次。既集，以齒爲序，立於門外……直月抗聲讀約一過，副正推說其意。未達者，許其質問。於是約中有善者，衆推之；有過者，直月糾之。約正詢其實狀於衆，無異辭，乃命直月書之。直月遂讀記善籍一過，命執事以記過籍遍呈在坐，各默觀一過。……或說書，或習射，講論從容。講論須有益之事，不得陳道神怪邪僻悖亂之言，及私議朝廷州縣政事得失，及揚人過惡。違者直月糾而書之……〔註68〕

第五，突出「記籍」的象徵性教化，以「記善籍」、「記過籍」和以上的讀約教化活動結合，發揮勸善的效用。值得注意的是，朱熹對鄉約「記籍」的修改也體現出他對入約者的自願性與自覺性的強調，記籍突出的是以儀式化的手段引發入約者內心對守約的道德情感，這種情感來自個體對記善籍的內在榮耀和記過即的內在羞恥感之上，這種安排是以很小的外在作用來啓發個體內在的道德自覺意識，從而是一種他律與自律結合的道德教化方式。

> 置三籍，凡願入約者書於一籍，德業可勸者書於一籍，過失可規者書於一籍。〔註69〕

朱熹對呂氏鄉約的修改，堅持鄉約以患難相恤爲基礎，加重了理學強調的禮儀教化內容，朱熹希望鄉約的推廣不但具備由自願向善之志而集結的共同意識，也要具備共同活動的場所和實在的教化內容，使得約中人在相互的行動中得到歸屬感和依賴感，而最大的懲戒便是這種歸屬感的喪失：出約。

## 三、其他南宋理學家對鄉約的思考與實踐

　　理學家對鄉約的實行是具有自覺而審慎意識的，張栻認爲鄉約的推行需要考慮周全，這涉及到對入約者的選擇方式、懲戒問題等，並且認爲鄉約如若眞的推行，則具有善俗鄉里的作用：

〔註68〕　朱熹：《晦庵集》卷七十四《增損呂氏鄉約》。
〔註69〕　朱熹：《晦庵集》卷七十四《增損呂氏鄉約》。

>……呂氏鄉約……甚有益於風教，但鄉約細思之，若在鄉里願
>入約者只得納之，難於揀擇，若不擇而或有甚敗度者，則又害事，
>擇之則便生議論，難於持久，兼所謂罰者可行否，更須詳論精處，
>若閒居行得，誠善俗之方也。〔註70〕

由這些對推行的審慎態度可以看出，理學家所言之鄉約從一開始便是以約者之「自願」爲集結原則，而這種自願性使得鄉約可能會有「敗度者」加入而「只得納之」的情況出現，對一個由自願集結起來的民間聯盟而建構的「共同體」行動而言，「持久穩定」是其發揮教化作用的重要內涵，因此理學家們不得不對此加以考量，慎重之又慎重，但重要的是，這種「自願」性質強化了在不以血緣關係爲基礎的地緣範圍內，對人們的「同心同德」之要求，此正有同志之人集結爲具有同一信仰（共識）基礎之的含義，而鄉約的文本也爲此後書院共同體的學規管理給予了啓發。

除了朱熹對《呂氏鄉約》進行修改和宣傳倡導外還有四人。據周揚波先生的研究，當時「在從事鄉約的整理和著述方面，今天可考的有張時舉、朱熹、吳昌裔、李大有、無名氏等人。」〔註71〕而在南宋身體力行推行鄉約者，則有陽枋、胡泳、程永奇、潘柄等人，他們均爲朱熹的弟子和再傳弟子，其中以陽枋所行鄉約留下的記載最爲詳盡，其推行規模最大。」〔註72〕

李大有作爲朱熹的私淑弟子：

>得晦庵先生所訂《呂氏鄉約》、《鄉儀》，用刊諸梓，貽我同盟……
>〔註73〕

>正旦率鄉之大夫、士，正齒位、倣古鄉飲酒禮、講行之，復刻
>前賢《鄉約》、《鄉儀》，風示學者，習俗用勸……〔註74〕

爲《鄉約》的流佈和推廣做了基礎性的刊刻工作。

胡泳爲朱熹門人，在其鄉里力行鄉約，黃幹曾爲其鄉約文本作跋，贊賞胡泳在其家鄉所行鄉約對於風俗古美的作用，而鄉約推行的目的也誠如呂氏

---

〔註70〕張栻：《南軒集》卷二十二《答朱元晦》。
〔註71〕周揚波：《宋代士紳結社研究》〔M〕中華書局出版社2008年版第23頁。
〔註72〕周揚波：《宋代士紳結社研究》〔M〕中華書局出版社2008年版第25頁。
〔註73〕一凡藏書館文獻編委會：《古代鄉約及鄉治法律文獻十種》第一冊，第83～84頁，轉引自董建輝：《明清鄉約：理論演進與實踐發展》，〔M〕廈門大學出版社2008年版，第72頁。
〔註74〕王鏊：《姑蘇志》卷四十二。

和朱熹的初衷一致，以理學的尊長卑幼之禮教落實於人倫日用，在建構起的鄉約共同體範圍內，倡導鄉黨鄰里間的相友相助：

> 南康胡伯量以鄉約示其友黃幹，讀已而歎曰：此鄉飲酒遺意也。古之人於其鄉黨平居則相友相助，有急則相救相賙，其情誼之厚如此，故其暇日相與爲飲酒之禮，以致其繾綣之情而因以寓其尊長卑幼之序，如是風俗安得而不厚哉。後世禮教不明，人欲滋熾，利害相攻，情僞相勝，一室之內父子兄弟乖爭陵犯者多矣，而況於鄉鄰乎？風俗之不如古亦宜矣哉，伯量兄弟孝友同居纍人無間，言又能推其施之家者，而達之鄉，其有補於風教大矣……〔註75〕

程永奇爲朱熹門人，潘柄爲朱熹的再傳弟子，都曾在家鄉推行過鄉約，而使鄉族化之。值得提出的是程永奇在推行鄉約時與宗族的教化合而爲一了，這一方面可以看到在南宋後期，宗族的聚居現實使得血緣關係和地緣關係相互交織成中國傳統社會基層的人際活動範圍，另一方面這種推動鄉約「共同體」的進程與推動宗族「共同體」的進程在客觀的現實生活中得到統一，著實成爲明清以後的一種普遍模式。所區別的是明清之後的鄉約，其官方力量也加入進來，而在南宋的鄉約推行都只是理學家的身體力行和對理學倫理精神落實的理想主義熱忱使然：

> 又用伊川先生宗會法，以合族人舉行呂氏鄉約，而凡冠昏喪祭悉用朱氏禮鄉族化之。〔註76〕

再看陽枋，他是朱熹的再傳弟子，熱心於推行鄉約，淳祐三年（1243），巴蜀地區此時已遭元軍侵擾六至七年，陽枋所在家鄉流民、盜賊橫行，爲了整合社會基層的秩序，陽枋與親人、友人和鄉人共同，根據《呂氏鄉約》在鄉里推行鄉約：

> 與友人宋壽卿、陳希舜、羅東父、向從道、黃叔高、弟全父、侄存子，王南運，講明《呂氏鄉約》書，行之於鄉，從約之士八十餘人。〔註77〕

---

〔註75〕黃幹：《勉齋集》卷二十二《跋南康胡氏鄉約》，轉引自董建輝：《明清鄉約：理論演進與實踐發展》，〔M〕廈門大學出版社2008年版，第72頁。

〔註76〕葉秀發：《格齋先生程君墓誌銘》，程敏政：《新安文獻志》卷六十九，轉引自董建輝：《明清鄉約：理論演進與實踐發展》，〔M〕廈門大學出版社2008年版，第73頁。

〔註77〕陽子昂：《紀年錄》，收錄於陽枋：《字溪集》卷十二《附錄》，董建輝：《明清

在其兒子陽少箕爲其父寫的行狀中記載，經過鄉約的推行，

> 維持孝悌忠信之風，一鄉化焉。〔註78〕

陽枋另一次推行鄉約是與友人宋壽卿合鄉士，在渝州推行的。從陽枋的鄉約推行實踐來看，鄉約不僅有家人參與其中，也有普通鄉人的參與，還有同志同道的理學友人，而這次的推行，直接就是陽枋與友人的共同合作。

由此看出，南宋鄉約的推行，含有理學志同道合人士自願集結於一起，爲一個理學的社會基層秩序整合理想而共同行動的性質，故此，鄉約擁有了社會基層自發形成的自我道德監督的性質。這種行動在理學家們的建構圈（共同體）中，使得鄉民可以學習並按照理學倫理道德的指導進行團體生活，這便是理學倫理精神基於鄉里所發起的「共同體」行動的意義所在：按照儒家倫理精神，教化鄉里，以理學的善惡觀進行倫理實體性的教化。鄉約共同體對於所有參與的鄉民進行倫理道德教化的方式並非一味的依靠強制，鄉約試圖通過鄉民的自願入約，鄉民的讀約，鄉民對善與惡籍的書寫都是一種以道德教化爲主要方式、注重道德情感培養的理學倫理實踐形式。「道之以德，齊之以禮，有恥且格」的儒家道德教化傳統把道德認識主體引向道德實踐的自願與自覺，在南宋理學家的鄉約實踐中可以明顯的發現，並且這種對道德認識主體自願自覺的重視和先秦儒家的道德教育思想一脈相承。

# 第四節　勸　諭

南宋理學家在對社會基層民眾實施儒家倫理教化，落實理學對社會基層的秩序整合時，日益重視原本由帝王發佈的諭俗文向社會民眾進行勸諭這一教化途徑。縱觀理學家們通過勸諭，向基層民眾實施教化，其主要勸諭方式便是將理學倫理精神轉換爲具體化的行爲規範，以及淺顯明瞭的道理加以宣化。

## 一、諭俗文：勸諭的手段與方式

南宋理學家越來越多地通過自己任地方官期間，親自撰寫並向當地民眾

鄉約：理論演進與實踐發展》，〔M〕廈門大學出版社 2008 年版，第 73 頁。

〔註78〕陽少箕：《有宋朝散大夫宇溪先生陽公行狀》，收錄於陽枋：《宇溪集》卷十二，董建輝：《明清鄉約：理論演進與實踐發展》，〔M〕廈門大學出版社 2008 年版，第 73 頁。

發佈「諭俗文」的方式進行更爲廣泛的基層秩序整合與儒家倫理道德教化，使理學倫理精神通過一種大眾化的傳播方式落實到社會基層：

> 諭俗文，這類文獻的出現可上溯至唐代，如《大唐詔令集》卷110記載了數篇以皇帝名義發佈的《諭俗文》，然而由地方官員的儒家士大夫親自製作發佈這類公文，則始於北宋而盛行於南宋，如北宋陳襄（1017～1080）於皇祐年間（1049～1053）發佈《勸諭文》便是開端……〔註79〕

作爲地方官的理學家，在自己地方治理工作中，對民風的養成很重視，而諭俗文的發佈往往可以在很大範圍使社會基層民眾在短時間內接受理學風教，理學家往往抱有「以天下爲己任」的擔當意識，這種使命感使南宋理學家對他們眼中社會現實進行一系列撥亂反正的行動，由此，他們關注爲官時社會基層教化傳播渠道的開發：勸諭。

朱熹很重視勸諭，每到一個地方都會及時頒佈具有理學倫理精神的諭俗文。朱熹知南康軍時，上任期間他發佈《知南康榜文》欲以敦厚民風；他對《孝經》內容進行具體化的解釋，並以此發佈《示俗》諭俗文勸諭民眾以孝爲核心的家庭倫理道德；朱熹還作《勸農文》教化民眾勤勉務農，以養父母而盡孝道；對於當地建昌縣和都昌縣出現的母親在世，而兄弟別籍異財引起爭財的情況，朱熹在處理其訴訟時，更發佈《曉諭兄弟爭財產事》諭俗文，以理學倫理規範教化民眾。光宗朝時候，爲此還受到光宗帝褒許。除知漳州時，朱熹上任一年期間發佈了《勸諭榜》十條，對社會基層作出分門別類的勸諭，如對士民、官戶的勸諭，對男女的勸諭，對寺院的勸諭等等；對於當時女子入佛門、又與人通姦的現象，朱熹發佈《勸女道還俗榜》，用儒家人倫綱常進行教化；此間，他還撰《揭示古靈先生勸諭文》，對北宋陳襄的勸諭文進行解釋並刻印而發給民眾，教化民眾知禮守倫；他對地方官吏擾民情況，發佈《龍岩縣勸諭榜》。在朱熹知潭州期間，也發佈了《約束榜》四十四條，對地方各類事務進行規範。其他理學家在爲官期間也都重視諭俗文的教化功能，眞德秀在其爲地方官時，也撰有不少諭俗文，如《潭州諭俗文》、《泉州勸孝文》等，他還對勸善文本《太上感應篇》作代序和跋，在刊印民間過程中，加以宣揚忠孝仁義的倫理道德。楊簡任職地方官期間寫有《勸農文》，張

---

〔註79〕吳震：《明末清初勸善運動思想研究》，〔M〕臺大出版中心2009年版，第49頁。

栻等理學家任職期間也都有教化一方，主要針對基層民眾的諭俗文。

朱熹曾對諭俗文的文體和語言曾說過：

> 典謨之書，恐是曾經史官潤色來。如周誥等篇，恐只似如今榜
> 文曉諭俗人者，方言俚語隨地隨時各自不同。林少穎嘗曰：「如今人
> 『即日伏惟尊候萬福』，使古人聞之，亦不知是何等說話。」〔註80〕

諭俗文是根據社會風教的需要，「隨地隨時」而作，並且由於其教化於一方俗人，所以多用方言，即能夠使得一方民眾都能夠知曉的方式，如張貼榜文的方式教育民眾。因此，在朱熹看來，諭俗文是對於儒家倫理思想最簡單而具體化的勸告、要求、條目，實際屬於朱熹所言之「小學」範疇。他還言：

> 因言兼山、艾軒二氏中庸，曰：「程子未出時，如胡安定、石守
> 道、孫明復諸人說，話雖粗疏未盡精妙，卻盡平正，更如古靈先生
> 文字都好。」道夫云：「只如諭俗一文，極為平正簡易。」曰：「許
> 多事都說盡也，見他一個胸襟盡包得許多。」又曰：「大抵事亦自有
> 時如程子未出，而諸公已自如此平正。」〔註81〕

諭俗文的「行文平正簡易」是對於用「小學」之道教化民眾，使其由之、宜之的最佳方式。為了讓理學倫理精神為更多社會基層民眾知曉，諭俗文不但行文簡易平正，隨地隨時以風教一方，更在傳播途徑上凸顯大眾化，諭俗文不僅有成書印行，還有寫在各州縣、城門、村落等民眾活動場所之「粉壁」上〔註82〕，更有通過地方官吏對民眾進行宣講的方式，這些以明確化、具體化的普及宣化方式，使得基層民眾更直接的知曉領悟並易行於日常生活之中。

## 二、以「孝」為核心的勸諭內容

南宋理學家作為地方官，對善俗風教具有責任，他們的諭俗文往往因地因時對理學家認為違反人倫道德、違反律法的現象，而進行的一種向善規勸和約束教化，一方面從勸諭文中可看到南宋社會的民間實狀，同時也可以看到理學家針對具體問題的教化。這包括：

第一，朱熹特別強調地方鄉官及吏，要進行以「孝」為核心的尊長睦族的人倫教化：

---

〔註80〕 黎靖德：《朱子語錄》卷七十八。
〔註81〕 黎靖德：《朱子語錄》卷一百二十九。
〔註82〕 趙國權：《南宋時期社會教化的路徑及價值趨向》，〔J〕河北師範大學學報
2010年第9期，第23頁。

今請管下士民鄉鄰父老，歲時集會，並加教戒。間或因事反覆
丁寧，使後生子弟咸知修其孝悌忠信之行，入以事其父兄，出以事
其長上，敦厚親族和睦鄉鄰，有無相通，患難相恤，庶幾風俗之美
不愧古人……〔註83〕

朱熹還曾對《孝經》中「庶人章」進行解釋，並以此勸諭民眾：

孝經云：「用天之道，因地之利」（謂依時及節耕種田土）。「謹
身節用」（謹身謂不作非違，不犯刑憲，節用謂省使儉用，不妄耗
費），「以養父母，……此庶人之孝也。」……（雖是父母不存，亦
須如此，方能保守父母產業，不至破壞，乃為孝順）。〔註84〕

第二，站在維護儒家人倫道德的立場，提倡還俗、反對事佛。朱熹針對
民間多有女道私創庵舍的情況，於是加以勸誡還俗：

民間多有違法私創庵舍，又多是女道住持。……見得尚有女道
住庵，又有被人論訴與人姦通者，顯是不遵當職約束，……蓋聞人
之大倫夫婦居一，三綱之首，理不可廢……降及後世，禮教不明，
佛法魔宗，乘間竊發，唱為邪說，惑亂人心，使人男大不婚，女長
不嫁，謂之出家修道，妄希來生福報。若使舉世之人，盡從其說，
則不過百年，便無人種，天地之間，蓊為禽獸之區。而父子之親，
君臣之義，有國家者所以維持綱紀之具，皆無所施矣。〔註85〕

可見，理學家對社會民眾勸諭的立場是以天理賦予權威的人倫綱常和國家綱
紀為根本的。

第三，針對當時南宋父母在而子弟別籍異財造成爭財的情況，以禮經為
本，以宗族共同體的立場出發進行教育：

照對禮經，凡為人子，不蓄私財，而律文亦有別籍異財之禁。
蓋父母在上，人子一身尚非自己所能專有，豈敢私蓄財貨，擅據田
園，以為己物？此乃天性人心自然之理，先王制禮，後王立法，所
以順之而不敢違也。〔註86〕

並對於地方上別籍異財、產生爭財問題的人，予以規勸：

---

〔註83〕　朱熹：《晦庵集》卷九十九《知南康榜文》。
〔註84〕　朱熹：《晦庵集》卷九十九《示俗》。
〔註85〕　朱熹：《晦庵集》卷一百《勸女道還俗榜》。
〔註86〕　朱熹：《晦庵集》卷九十九《曉諭兄弟爭財產事》。

> ……令劉琓、陳由仁與其兄弟依舊同居共財,上奉母親,下率
> 弟侄,協力家務,公共出納……〔註87〕

此外,針對當時社會基層家庭子弟為財而產生的糾紛,以及用佛道火葬父母的情況實有發生,朱熹以為這和地方上作為師帥之官吏的教化不力有關:

> 及至國初,又有義門洪氏,亦以累世義居,傲婦陳氏守節不嫁,
> 遂蒙太宗皇帝賜以宸翰,寵以官資,旌表門閭,蠲除徭役。此足見
> 其風俗之美,非他郡之所及,又況天性人心不易之理,在昔既有,
> 今豈無之?患在師帥不良,不加敦勸,是致頹靡,日陷偷薄。〔註88〕

朱熹曾擔心地方長吏不能遇到問題及時教化和糾禁,所以要求將論俗文:

> 出榜市曹,並星子縣門,都昌建昌縣市張掛,曉示人戶知委。

〔註89〕

第四,對社會秩序的整合進行以「保」為單位的勸諭。如要求同保之人在鄉黨鄰里的日常生活中相互施以勸誡,落實儒家倫理規範:

> 保伍互相勸誡事件,仰同保人互相勸誡,孝順父母,恭敬長上;
> 和睦宗姻,周恤鄰里;各依本分,各修本業……〔註90〕

## 三、勸農與勸學:勸諭思想的延伸

從南宋現實來看,誠如理學家在論俗文中指出的問題一樣,往往因為地方土地頻繁兼併,加之地瘠而稅重對庶民造成的沉重負擔,使得民眾往往不以務農為重;另外,南宋官學多是形式上興學,而實質上往往因投入經費不足,地方官員疏於管理而出現的入官學的學員人員不足,所讀內容都為理學家不以為然。因此,除了對民眾進行倫理道德的勸諭,理學家還進行勤勉務農的勸諭,以及對庶民向學的勸勉。

朱熹在勸農文中言:

> 竊見本軍已是地瘠稅重,民間又不勤力耕種,耘耨鹵莽滅裂,
> 較之他處大段不同。〔註91〕

並以民生之本論務農之重要:

---

〔註87〕 朱熹:《晦庵集》卷九十九《曉諭兄弟爭財產事》。
〔註88〕 朱熹:《晦庵集》卷九十九《知南康榜文》。
〔註89〕 朱熹:《晦庵集》卷九十九《曉諭兄弟爭財產事》。
〔註90〕 朱熹:《晦庵集》卷一百《勸諭榜》。
〔註91〕 朱熹:《晦庵集》卷九十九《勸農文》。

> 民生之本在食足，食之本在農，此自然之理也。〔註92〕

他在勸農文中勸諭地方民眾要：

> 父兄教誨子弟，子弟遵承教誨，務敦本業，耕耘收斂，以養父
> 母，毋或惰遊賭博吃酒，妨廢農桑，庶幾衣食給足禮義興行，感召
> 和平共躋仁壽。〔註93〕

陸門弟子楊簡在知永嘉時，同樣頒佈勸農文，希望以改善風俗，去其好奢好
爭的民風，而使民眾勤勉務農而有所收穫：

> 今爭田之訟累累，豈有田而不肯耕？然大患有二：其一風俗好
> 奢，故雖耕而終貧，其二風俗好爭，以好爭故，雖耕而終於貧。〔註
> 94〕

在勸學方面，朱熹在知南康軍時，出榜文勸勉鄉里，鼓勵有志於學的子弟進
入官學學習，以此希望士庶民中俊秀之才能夠加入到大學之道的求學之中，
當然，這種勸學自然也可以看成為理學家出於擴大理學思想繼承者和傳播者
群體的考慮：

> 而比年以來，士風衰弊，而學校養士不過三十人，大比應書，
> 人數亦少。雖講道修身之士或未必肯遊學校、入場屋，然詢於物論，
> 以求物外之英豪，則亦未聞卓然有可稱。良由長民之吏未嘗加意，
> 使里閭後生無所從學，以至於此。今請鄉黨父兄各推擇其子弟之有
> 志於學者，遣來入學，陪廚待補，聽講供課。本軍亦一面多方措置，
> 增置學糧……庶幾長材秀民為時而出，有以仰副聖天子長育人材之
> 意。〔註95〕

理學家勸諭的理想，無疑希望能夠在社會普及層面的鄉里教化中實現如下一
個相安無事，和睦共處的狀態：

> 父義，能正其家。兄友，能養其弟。弟敬，能敬其兄。子孝，
> 能事父母。夫婦有恩，貧窮相守為恩。若棄妻不養，夫喪改嫁，皆
> 是無恩也。男女有別，男有婦、女有夫，分別不亂。子弟有學，能
> 知禮義廉恥。鄉閭有禮，歲時寒暄，皆以恩意，往來燕飲，序老少

---

〔註92〕 朱熹：《晦庵集》卷九十九《勸農文》。
〔註93〕 朱熹：《晦庵集》卷九十九《勸農文》。
〔註94〕 楊簡：《慈湖遺書》卷五《永嘉勸農文》。
〔註95〕 朱熹：《晦庵集》卷九十九《知南康榜文》。

坐立拜起。貧窮患難，親戚相救；借貸財穀。婚姻死喪，鄰保相助。無墮農桑，無作盜賊，無學賭博，無好爭訟；無以惡凌善，無以富吞貧……則爲禮義之俗矣。〔註96〕

## 小結：鄉里教化實踐對理學倫理精神的落實

鄉里教化，是南宋理學家突破宗族共同體，在更大的社會範圍內所進行的面向鄉民的倫理實踐。鄉里教化實踐對於理學倫理精神的落實是對鄉民進行三綱五常的倫理教化，落實鄉里層面的禮教，以達到社會基層秩序整合的目的。理學家倡導士人群體發揚儒家崇義、尙理，爲公的思想，積極投入到社會基層的人倫道德建設中，並以達濟天下，利濟蒼生的儒家治世理念作爲鄉里教化實踐的核心內容，他們在社會基層發起並倡導社倉與鄉約的建設就是一種典型的倫理精神的落實行動。

「社倉」在南宋的創建和推廣，是理學家們在「養先於教」和「達濟天下」的儒家政治倫理觀念驅使下，爲解決社會基層秩序整合的基礎問題所進行的「共同體」性質的建構行動。這種「共同體」行動體現在：其一，社倉的創建與推行，是一個南宋理學家發起，並試圖動員社會基層地方上所有能夠動員的理學士子、鄉士、上戶和豪民階層共同發起並主持解決社會基層溫飽問題，以造福鄉里鄉民爲共同理想的過程。其二，社倉在南宋創建和推行有一套確保其功能發揮的規約，這套規約圈起了一個基於鄉里，爲共同解決糧食問題而相互以守約爲基礎的團體。其三，社倉的「持久穩定」在三方合力之上得到保持：理學人士基於理學倫理精神之上的倡導、具體化的規約、官方的督辦。

鄉約是理學家以禮來建構社會基層秩序的實踐，在南宋理學家實踐時期，鄉約的核心是理學士人階層，他們憑藉自身的理學理想和權威在社會民間發起這種基於鄉里而不單單是血緣之上的群體，落實教化，勸善懲惡，達到厚風俗的目的。朱熹對於《呂氏鄉約》的重視，及其朱門弟子等理學人士對鄉約的初步實踐，其主要推行的倫理精神是宗法思想和綱常倫理，誠如楊念群先生所言：

儒家一些長期囿於宮廷學林之中的抽象道德倫理觀念，從此有

---

〔註96〕朱熹：《晦庵集》卷一百《揭示古靈先生勸諭文》。

了一個較為合理與穩定的基層通道，使之轉化為世俗的訓誡條規和
禮儀。〔註97〕

此處說的正是鄉治體系中的鄉約，南宋理學家在對鄉約共同體的建構過程
中，重視把儒家道德從觀念層面向具體社會現實層面推進的工作，並以「化
民成俗」作為自身的社會責任和義務，使理學士人群體對社會基層教化及人
倫秩序整合有了切實的依託平臺。

　　南宋理學家基於自身特定的官職身份，確立理學倫理道德的權威，將三
綱五常作為當然之則的天理範疇，行諸禮於鄉里、以理學倫理觀念勸諭民眾，
通過各種儒家倫理精神具體化的落實手段而推動儒家倫理的現實轉向。與此
同時，在社會基層通過各類儀式化的教化，以排斥佛老之「空」、「虛」的倫
理精神，而使道德教化歸回現實生活，使社會基層的人倫秩序回歸儒家倫理
當然之則的整合範圍之內。他們越來越多地以親自撰寫並向當地民眾發佈「諭
俗文」的方式進行廣泛的基層秩序整合與儒家倫理道德教化，使理學倫理精
神通過一種大眾化的傳播方式落實到社會基層。他們站在維護儒家人倫道德
的立場，提倡還俗、反對事佛，並為了社會基層秩序整合的目的進行勸農和
勸學的實踐。

---

〔註97〕楊念群：《基層教化的轉型：鄉約與晚清治道之變遷》，見《楊念群自選集》，
　　　　〔M〕廣西師大出版社 2000 年版，第 268～269 頁。

# 第四章　南宋理學家的倫理實踐之三：書院教學

　　元代理學家吳澄在《嶽麓書院重修記》中，將「讀書與講道」概括爲宋代嶽麓書院的特點：

> 蓋惟五代亂離之餘，學正不修，而湖南遐遠之郡，儒風未振，故俾學者於是焉而讀書。乾道之重興也，蓋惟州縣庠序之教沉迷俗學，而科舉利誘之習蠱惑士心，故俾學者於是焉而講道，是其所願望於來學之人雖淺深之不侔，然皆不爲無意也。〔註1〕

其實，區別於理學家眼中的俗學、科舉之習的「讀書與講道」同樣也是南宋時期的書院所具備有的特點。書院並非南宋始有，但以書院形式進行讀書講道卻只有在南宋理學家的行動中才得以蔚然成風。吳澄所言之「讀書講道」，正是南宋時期理學家們面對社會現實問題，在官學教育之外別開生面的一種新典範，這種典範以書院教學活動爲理學倫理精神的落實途徑，來實現理學倫理精神所指向的社會責任與使命。

　　書院不同於私人書齋，它是士人群體「教」與「學」不斷互動、「讀書」與「講道」緊密結合的公共活動場所。作爲一種新典範，理學家倡導並積極從事的書院教學，最初，實有在政治系統之外創建共同體的性質。這一新典範與以血緣爲基礎建構共同體的家族或宗族不同，也與以地緣爲基礎建構共同體的鄉約、社倉等鄉里自治組織不同。它的建構，不基於血緣，不基於地緣，而重視理學「思想」之緣，理學家的書院教學更注重思想領域中對理學

---

〔註1〕　吳澄：《吳文正集》卷三十七《嶽麓書院重修記》。

使命的認同，對理學倫理精神的弘揚，和對理學知識的獲得與傳承，運用與實踐。在此基礎上，理學家希望通過書院共同體的建構行動，使得理學在思想之緣的基礎上展開倫理精神的傳播活動，在這種思想共同體日益形成的基礎上，獲得理學倫理精神與實踐的對接，使理學倫理精神通過每一個受到理學書院共同體滋養的學習者，得到傳承和發揚並最終在社會大眾裏得到普及和再生。

在書院的教學模式下，那些書院求學士子在血緣上可以沒有共同性，書院入學範圍也並不主要基於鄉里，書院教學唯一使士子聚集在一起求學的基礎，只以學術思想和儒學使命作爲共同性建構的來源，也正是這樣一種具有「思想」共同體性質的典範，當時爲士子提供了官學之外的另一種選擇，使人們在共同向學的經歷裏，能在科舉做官之路以外，享有獨立思考、相互切磋，追求道德修養、研究儒家經典義理，喚醒「以天下爲己任」的內心情感的共同學習、共同實踐的過程，從而通過對理學學統與道統理念的傳承，使具有理學使命感的士子得以在整個社會，而不僅僅只是在官方政治體制內成爲落實儒家倫理原則的行動者和治國平天下的實踐者。

南宋理學家如何通過書院教學，創建了一種共同體的模式，使理學倫理精神得以落實到現實層面？

# 第一節　書院的勃興

南宋時期，歷八帝共 153 年，統計數字表明：

> 南宋時期書院公 442 所，是北宋的 6 倍，就是唐五代北宋共 500
> 餘年所有書院的總和（143 所），也只有其總數的 1／3。〔註2〕

根據白新良《中國古代書院發展史》中統計，南宋 442 所書院，有 317 所可確定其創建或復興於南宋。南宋書院蓬勃發展之勢，由此可見一斑。但是，南宋書院的發展按地區而言是極不平衡的：

> 書院最多的是江西省 147 所，第二多的是浙江 82 所，最少的是
> 貴州省，僅有 1 所，其次少的是湖北 9 所。〔註3〕

書院發達地區以江西爲中心，周邊的浙江、福建、湖南皆高於其他地區，這

---

〔註2〕 鄧洪波：《中國書院史》，〔M〕東方出版中心 2006 年版，第 112 頁。
〔註3〕 鄧洪波：《中國書院史》，〔M〕東方出版中心 2006 年版，第 116 頁。

些地區之所以勢力強大，書院教學活動密集，從宏觀上說與這些地區的經濟、政治、文化諸多因素密不可分，從具體推動書院創建與復興，書院教學活動而言，則實與贛、閩、湘理學家的居間講學等實踐行動有直接關係。

　　南宋理學家大多參與到書院教學的實際倡導中，而和北宋理學家不太關心書院的情況有所區別。從南宋初期，就有胡宏爲恢復嶽麓書院而做努力，求秦檜失敗後則將自己的書堂改爲書院，聚眾講學，是爲碧泉書院的創建。碧泉書院又成爲東南三賢之一張栻的求學之所，此後張栻創建城南書院，講學嶽麓，追求義理。南宋後期，有魏了翁在爭取理學正統地位的同時，於各處講學，建書院、立祠堂，他創建了鶴山書院，還爲滄江書院、清湘書院等書院作記、作詩。這種作記、詩的舉動也頻頻成爲眾多理學家爲弘揚書院教學傳播的一種共同行爲。當時東南三賢朱熹、張栻、呂祖謙及其後學皆是如此，陸九淵後學也一樣致力於書院教學的實踐，楊簡、元燮、舒璘等皆講學於書院，倡導理學一脈、訓育諸生，如舒璘居家講學，教行於鄉，將書院教學與民間教化結合，聲聞於天下。朱熹在所有南宋理學家之中，是致力於書院教學情結最重的一位，據方彥壽先生對朱熹書院考證統計，與朱熹有關的書院達 67 所，其中朱熹創建 4 所，修復 3 所，讀書 6 所，講學 20 所，曾經講學而後人創建的 21 所，撰記題詩的 7 所，題詞題額的 6 所。〔註4〕朱熹對於白鹿洞書院的修復與書院教學推進更是推廣理學倫理精神和學術的典範。南宋理學家他們倡明學術，推動儒家經典深入民眾，追隨者甚多，形成了集合讀書人共處書院講學現象的勃興。

　　理學家對於書院教學的推崇在歷史的座標上又體現爲一榮俱榮、一損俱損的態勢。南宋各朝，書院數最多的是理宗朝，83 所；孝宗朝第二，63 所；以下依次是寧宗、度宗、高宗、端宗朝，分別爲 47、40、31、1 所，光宗、恭宗朝爲空白。〔註5〕以上統計書院新建、重建的數據看出，孝宗朝與理宗朝，是書院在數量上的繁榮期。如果從動態來看，書院數量達到峰值有一個提高的過程，而這一過程則真正呈現了書院發展的繁榮，那麼以孝宗朝書院數爲峰值，則書院發展經歷了一個由高宗至孝宗朝的發展繁榮期，而第二個發展繁榮期則是以理宗朝書院數爲峰值，從寧宗朝到理宗朝的時段。第一階段恰

---

〔註4〕　方彥壽：《朱熹書院與門人考》，〔M〕華東師範大學出版社 2000 年版，第 1～35 頁。

〔註5〕　鄧洪波：《中國書院史》，〔M〕東方出版中心 2006 年版，第 117 頁。

與南宋理學家初步掀起書院教學倡導行動的時間吻合，而第二階段更能突出
體現理學在政治地位上的榮損與書院發展的榮損相呼應的情況，也能體現出
書院從依靠理學家個人力量向獲得更大官方支持的發展態勢。寧宗朝前期理
學家經歷了「慶元黨禁」，受到排擠，理學也被視爲「僞學」。朱熹、呂祖謙、
楊簡、袁燮、蔡元定等各派理學家的著作遭到禁燬，此間「老師宿儒，零替
殆盡；後輩晚生，不見典型。」〔註6〕在理學發展被如此打壓的情況下，作爲
理學家傳道場所的書院，發展也幾近停滯，慶元年間只有 3 所書院創建，它
們是湖南深柳書院、江西長薌書院和四川五峰書院〔註7〕。一方面，政治壓迫
能夠阻斷理學，在這種歷史環境下，書院教學的發展會隨理學的被打壓而呈
現停滯的狀態，但另一方面，這也讓理學家看到只有獲得官方更多的支持，
才能夠獲得理學復興於世的可能，理學家一面在社會上大力實踐書院教學行
動之外，也逐步向官方爭取資源、博取榮耀，來保護地方書院的創建和發展。
嘉泰二年（1202 年），「慶元黨禁」結束，統治者對理學態度明顯轉變，乾淳
年間理學家們不斷倡明的理學終於爲官方承認，理學書院的創建復爲統治者
重視，據統計：「嘉定年間創建的書院就有 23 所之多。」〔註8〕理宗朝開始，
程朱理學獲得官方正統地位，理宗皇帝對書院「或賜田，或賜額，或賜御書，
間有設官者」。此外，在民間，朱陸及其他理學家的學生，乃至學生的學生，
繼起先賢，始終以講學和倡導先師之說爲榮，尤其是魏了翁、眞德秀等的理
學家，竭盡全力發展義理之學。

## 一、南宋書院興盛的背景

爲什麼在南宋，書院共同體的建構和教學活動會如此受到理學家們的重
視，以至於理學發展與書院發展大有融爲一體的態勢？

一方面，是由於第一章所論述的現實問題：南宋官學式微和科舉之弊無
法彰顯儒學眞諦的緣故，不足以擔負培養士人的職能，這些都讓南宋理學家
對學校的發展不滿，並希望憑藉自己的力量改變這種局面，力謀除官學之外
的另一場所——爲提供大批潛在入仕的士人以「正學」的書院——成爲不二
選擇，使無法進入官學求學的那些地方學子，在興起的書院教學中接受理學

---

〔註6〕 魏了翁：《鶴山大全文集》卷十六《論士大夫風俗》。
〔註7〕 鄧洪波：《中國書院史》，〔M〕東方出版中心 2006 年版，第 137 頁。
〔註8〕 鄧洪波：《中國書院史》，〔M〕東方出版中心 2006 年版，第 138 頁。

教育；另一方面理學倫理精神的落實，需要與南宋社會佛老文化相抗衡，擴大傳統儒家倫理的社會基礎。理學家力謀另一種儒學信仰文化的培育基地。書院最初從佛教借鑒許多做法，如選址多居山林幽靜之所，書院講學、語錄多仿禪林講經的特徵，書院最初的發展中無不看出佛教的痕跡。南宋時期，文化多元化導致：

> 今老佛之宮偏滿天下，大郡至踰千計，小邑亦或不下數十，而公私增益其勢未已。至於學校，則一郡一縣僅一置焉，而附郭之縣或不復有。其盛衰多寡之相絕至於如此，則於邪正利害之際亦已明矣。〔註9〕

理學家希望以書院，這個最初受益於佛教的形制，起而作為傳播理學，維護儒學信仰文化的基地，而與佛教抗衡。朱熹在復興白鹿洞書院時，對社會上重佛寺輕書院的現象深有所察，在其所作《次韻四十叔父白鹿之作》一詩中，告誡士人切莫空談佛老之說，而應潛心「名教」之學：

> 誅茅結屋想前賢，千載遺蹤尚宛然。故作軒窗挹蒼翠，要將弦誦答潺湲。諸郎有志須精學，老子無能但欲眠。多少個中名教樂，莫談空諦莫求仙。〔註10〕

南宋書院共同體建構的勃興，離不開最初南宋理學家向官方尋求支持的行動。官方的支持使書院教學活動在社會基層的影響力擴大。

南宋理學家通過書院對理學倫理精神進行傳播，以私人力量高舉「明明德、傳道濟民」的理性大旗在社會中自發形成一股教化民眾的力量。在學校教育內容俱由政府規定而不足以面對現實問題之時，書院教學卻因私家講學而時時針砭時弊，靈活改變教育內容，從而在社會中形成一股批判反省的力量；在學校教育無法擺脫科舉應試教育之時，書院教學卻追求學術自由和教育理想而在社會中形成一股糾偏之道德清風。南宋理學家最初以理學內部發起的行動在民間鋪展開，但書院教學的使命使他們必要尋求官方的更大支持，才能夠獲得更大範圍的理學倫理精神落實。南宋理學家沒有放棄從官方尋求資源的努力，也一直在科舉現實中，通過改變士人的內在道德來設法影響現實政治與改革科舉。

理學家初創書院教學這一民間性質的共同體時，是寄希望以理學家個人

---

〔註9〕 朱熹：《晦庵集》卷十三《延和奏箚七》。
〔註10〕 朱熹：《晦庵集》卷七《次韻四十叔父白鹿之作》。

力量在社會發生影響，但這種影響起初很小，有時並不爲官方認可，而無法在規模上得到擴張。於是，南宋理學家做了有益於普及理學倫理精神於社會中的事：向官方和民間尋求土地、資金等資源進行理學書院建設與發展，並向朝廷爭取理學書院的合法性地位和獲得社會影響。其目的只有一個：改善理學書院教學的外在環境，提高書院教學作爲一個教育體系在官方的認可度，這爲宋以後，書院共同體的建構和書院教學模式的進一步普及打下了基礎。

## 二、白鹿洞書院的範例

朱熹於淳熙六年開始復興白鹿洞書院，他向禮部呈報了《申修白鹿洞書院狀》，申明修復書院的理由是使惠養一方之士的皇恩昭然於世而不被蒙蔽：

> 獨此一洞，乃前賢舊隱儒學精舍，又蒙聖朝恩賜褒顯，所以惠養一方之士，德意甚厚。顧乃廢壞不修至於如此，長民之吏不得不任其責。除已一面計置，量行修立外，竊緣上件書院功役雖小，然其名額具載國典，則其事體似亦非輕。若不申明，乞賜行下，竊慮歲久，復至埋沒。須至申聞者。〔註11〕

在其請求以官方力量進行修復時，起初的要求可以看出亦是謹小愼微，僅以要求達到「表識舊跡，不至荒廢」的程度：

> 本軍已有軍學可以養士，其白鹿洞所立書院不過小屋三五間，姑以表識舊跡，使不至於荒廢埋沒而已……〔註12〕

淳熙七年，白鹿洞書院正式開講。此後，朱熹主要做的便是向官方以及民間多方整合資源，健全書院規制。他聘請南康學錄楊日新爲書院堂長〔註13〕，發文江東、江西各地有關衙門求書以供書院教學使用，對於民間贈書給以大力贊揚和宣傳，時人贈送一套漢書以共白鹿洞書院師生講學使用，朱熹特爲此作《跋白鹿洞所藏漢書》一文感激：

> 熹既爲劉子和作傳，其子仁季致書，以其先人所藏《漢書》四十四通爲謝。時白鹿洞書院新成，因送使藏之，以備學者看讀。……今子和弟子微之家尚藏其手抄《孟子》、《管子》書，云是洞中日課也。年月日朱熹仲晦父記。〔註14〕

---

〔註11〕 朱熹：《晦庵集》卷二十《申修白鹿洞書院狀》。
〔註12〕 朱熹：《晦庵集》卷二十《申修白鹿洞書院狀》。
〔註13〕 朱熹：《晦庵集》別集卷六《南康軍請洞學堂長帖》。
〔註14〕 朱熹：《晦庵集》卷八十一《跋白鹿洞所藏漢書》。

在朱熹離任南康軍時，還撥錢寄庫於白鹿洞書院〔註15〕。他在與黃灝書信中說：

> 白鹿田錢已撥，正牒教授，候彼回文，即可支付也。〔註16〕

此外，他在《葉永卿吳唐卿周德之李深子》的信中談到：

> 白鹿買田聞已就緒，吳丈又許買牛，此尤永遠之利也。諸事更
> 賴眾賢左右維持之，其必有濟矣。〔註17〕

作爲地方官，朱熹一方面利用官方經費支持白鹿洞書院的教學運作，另在其離任時與民間士人的書信中也可看到，其在職之時，對於書院建設也對民間士人多有依靠。

　　朱熹在他的書院共同體的構想中，希望朝廷能夠接受、認可在州縣官學之外有一個獨立的教學系統存在，這個系統將採用理學的教育課程、內容和學規。最初，淳熙六年，朱熹知南康軍，將廢壞於山間，鮮爲人知的白鹿洞書院在舊址上重建復興，然而書院教學並未就此打住，朱熹希望這一編外授學的理學教學模式能得到皇權的支持。淳熙八年，朱熹呈送了《乞賜白鹿洞書院敕額》，指出白鹿洞書院雖「即其故基，度爲小屋二十餘間，教養生徒一二十人。節縮經費，今已了畢。」但是書院在其廢壞的過程中，原「敕額、官書，皆已燒毀散失，無復存者」。因此，朱熹希望「仍舊以白鹿洞書院爲額，仍詔國子監」，並請求得到太上皇帝御書石經及印板九經注疏、《論語》、《孟子》等書和經費。〔註18〕同年，朱熹受到孝宗皇帝在延和殿的接見，再次提出這一請求，最終獲得批准：

> 今乃廢而不舉，使其有屋廬而無勅額，有生徒而無賜書，流俗
> 所輕，廢壞無日。此臣所以大懼而不能安也。然竊意有司所以不能
> 無疑於臣之謂，固未必皆如譏笑者之言，殆必以爲州縣已有學校，
> 不必更爲煩費耳。如其果然，則臣請有以質之：夫先王禮義之官與
> 異端鬼教之居，孰正孰邪？三綱五常之教與無君無父之說，孰利孰
> 害？今老佛之宮遍滿天下，大郡至踰千計，小邑亦或不下數十，而
> 公私增益，其勢未已。至於學校則一郡一縣僅一置焉，而附郭之縣

---

〔註15〕　朱熹：《晦庵集》別集卷三《黃商伯》。
〔註16〕　朱熹：《晦庵集》別集卷三《黃商伯》。
〔註17〕　朱熹：《晦庵集》別集卷三《葉永卿吳唐卿周德之李深子》。
〔註18〕　詳見陳谷嘉、鄧洪波編：《中國書院史資料》上冊，〔M〕浙江教育出版社，
　　　　第69頁。

或不復有。其盛衰多寡之相絕至於如此，則於邪正利害之際亦已明

矣。〔註19〕

以上朱熹的延和奏箚節選可見，敕額與賜書實際代表著皇權的力量，請求敕額與賜書，是用以抵抗現實中，儒學爲流俗所輕的行動，但更是提高書院教學的地位，以贏取作爲官學之外另一種教育體系之合法性地位的行動。

　　白鹿洞書院在南宋經朱熹之興，以後都辦得十分成功，爲此吸引來自各地學生入院求學。經由朱熹復興白鹿洞書院的書院教學模式，那種由理學家主導、地方精英支持，又能獲得國家資源充實，而專以儒學義理爲學術旨趣，並不以準備科舉爲目的的共同體建構逐漸定型，成爲此後南宋書院大發展的標榜。在朱熹死後，一些理學書院依然延承白鹿洞書院模式，一方面以理學倫理精神和課程作爲教學內容，另一方面不斷尋求地方精英資助，要求獲得朝廷在象徵意義上的支持，地方財政上的輔佐。越來越多擔任官員的理學家，利用他們的影響力建立與官學並存的書院，將自己視爲這個以理學書院教學爲核心的共同體中的一員而建造了 60 所書院〔註20〕。其中一個例子是建康著名的明道書院。……它被授予 4900 畝的土地，分散在五個縣內。州政府每月給予書院 5000 貫錢。〔註21〕

## 三、書院的影響

　　理學書院教學崇尚義理，隨著它的社會影響擴大，統治者繼而也認識到理學對維護統治的作用，開始扶持理學書院的建設。據《續文獻通考》記載：

　　　宋自白鹿、石鼓、應天、嶽麓四書院後，日增月益，書院之建
　　所在有之。寧宗開禧中，則衡山有南嶽書院，掌教有官，育士有田，
　　略仿四書院之制。嘉定中，則涪州有北岩書院。至理宗時尤夥，其
　　得請於朝，或賜額，或賜御書，及間有設官者。〔註22〕

理宗時期，除了賜額、賜書、設官大有實施，而且還將《白鹿洞書院揭示》作爲統一的學規頒佈天下，這對未來的書院發展起了巨大的作用。

〔註19〕 朱熹：《晦庵集》卷十三《延和奏箚七》。
〔註20〕 〔美〕包弼德著、〔新加坡〕王昌偉譯：《歷史上的理學》，〔M〕浙江大學出
　　　　版社 2010 年版第 203 頁。
〔註21〕 〔美〕包弼德著、〔新加坡〕王昌偉譯：《歷史上的理學》，〔M〕浙江大學出
　　　　版社 2010 年版第 203 頁。
〔註22〕 《續文獻通考》卷五十。

　　景定年間，朝廷正式下令對所有書院的山長進行官方的聘選工作，顯示出政府對於理學書院教學作爲二元體制的存在予以認可，但也加緊了對其控制。歐陽守道在其《白鷺洲書院山長廳記》中也不無贊美之詞：

　　　　皇帝在位之三十有九年詔吏部諸授書院山長者並視州學教授，

　　　　嚴陵黃君嘉爲白鷺洲書院山長，聞之欣躍曰：「上嘉惠斯文至矣」。

　　　〔註23〕

當書院山長一職成爲正規官僚系統之後，它的官方化便逐步顯現出來，但是從另一種角度來看，在這個官方化的過程中，理學書院教學的共同體模式和理學思想也同樣逐步在影響著官學的發展。

　　理學書院教學一直堅持自身新明德，傳道濟民的社會關懷與匡濟世道的使命，反對徒取利祿之學。但是需要指出的是，南宋現實中，科舉已是國家調取社會知識精英人才的最基本篩選和分配方案，理學家對科舉的反對也不可能完全棄絕於科舉，這種反對不是對科舉的全盤棄絕，而是在批評利祿科舉的同時，主張以正學而科舉，以科舉而濟民，通過書院教學，不斷對官學和科舉實施影響試圖來改變現狀。這裡有一個典型的例子，即朱熹招即將赴臨安參加省試的舉人入書院舉辦講習：

　　　　恭惟國家以科舉取士，蓋循前代之舊規，非以經義、詩賦、策

　　　　論之區區者爲足以盡得天下之士也。然則士之所以講學修身以待上

　　　　之選擇者，豈當自謂止於記誦、綴緝無根之語，足以應有司一旦之

　　　　求而遂己乎？今歲科場解發赴省待補之士二十有八，又文行彬彬，

　　　　識者蓋稱之，郡亦與有榮焉。然惟國家之所以取士、與士之所以爲

　　　　學待用之意，有如前所謂者，是以更欲與諸君評之。今白鹿諸生各

　　　　已散歸，山林闃寂，正學者潛思進學之所。諸君肯來，當戒都養給

　　　　館致食以俟。專此咨白，可否須報。〔註24〕

這一做法，實爲朱熹的一大創新，陳榮捷先生喻爲「訪問學者」制度〔註25〕。這種利用書院舉辦面向舉人的講習，確實能最直接地推廣理學的倫理價值；同時，通過吸納科舉之士入理學書院這一思想共同體，以期修正世俗科舉觀

〔註23〕歐陽守道：《巽齋文集》《白鷺洲書院山長廳記》。

〔註24〕朱熹：《晦庵集》別集卷六《招舉人入白鹿咨目》。

〔註25〕陳榮捷：《朱子之創新》，收錄於《新儒學論集》，〔C〕中國文哲研究所 2007
　　　　年版，第 148 頁。

念，明瞭國家取士和士之所學的真正意義。

在理學家積極主張的書院教學之尋求官方支持的行動中，官學和科舉至南宋末，已受到理學的影響，而理學也通過對官學和科舉的影響，使理學團體既維持了獨特性，又擴大了它在社會上的普及性，在一段批評宋末理學家的記載中，可以證明南宋理學家對理學倫理精神的社會化落實所得到的成效：

> 所讀者止四書、《近思錄》、《通書》、《太極圖》、《東西銘》、《語錄》之類，自詭其學為正心、修身、齊家、治國、平天下。故為之說曰：為生民立極，為天地立心，為萬世開太平，為前聖繼絕學。其為太守，為監司，必須建立書院，立諸賢之祠，或刊注四書，衍輯語錄，然後號為賢者，則可以釣聲名，致膴仕；而士子場屋之文，必須引用以為文，則可以擢巍科，為名士。……於是天下競趨之，稍有議及其黨必擠之為小人，雖時君亦不得而辨之矣，其氣焰可畏如此。〔註26〕

## 第二節　書院共同體建構

書院教學在理學家的行動中吸引了大批來自各方的士子，他們原本也許互不相識，在「先覺者」的教「學」下，或聚一起、或隨師輾轉於各地書院讀書、講學，書院教學在當時有其獨特的凝聚力和生命力，實根源於共同體的創建特質。這種共同體的性質最初顯示為，書院教學雖然沒有基於血緣的親密人際關係，也沒有依賴地緣鄉里的熟人關係，卻能在陌生人中間引發持久和穩定的使命共同性和思想的一致性。在書院共同體的建構中南宋理學家不僅希望達成書院共同體建構的使命和思想的一致性，也希望通過對書院共同性的建構實現理學倫理精神落實於社會的行動之共同性，為此他們所做出的努力是：

第一，理學家在推動書院教學中都不約而同地倡明區別於科舉之學的讀書使命與理想。第二，著力於民間，但始終爭取官方支持，以推動書院教學活動的發展壯大。第三，理學家紛紛啟用新的理學課程來代替科舉之學，提供給以書院為中心的師生教學使用，為共同的學統創造具體實在的思想基礎，當然，理學家不會忘記通過具有象徵意義的禮教活動，內化共同的使命

---

〔註26〕周密：《癸辛雜識》續集卷下《道學》。

意識與責任感。第四，以書院學規的頒佈作爲書院教學的共同約束，在此基礎上發展出一套適用於所有書院向學士子的管理制度。

# 一、書院的使命：明德親民與傳道濟民

　　南宋理學家選擇了書院教學，試圖區別於俗學，在官學場所之外推廣理學，並寄希望這樣一種的方式，能與佛老信仰相競爭，傳播儒家倫理精神，並最終希望獲得官方的認同與支持，從而達到理學倫理精神的落實和普及。他們相信理學所要達到的「天理」具有天然的權威性，而書院講學的使命更來自於這種道德權威，對於書院使命的闡明、傳播與承擔，以及爲了這種使命而展開維護行動，尤其是在思想領域塑造聖人信仰，在理學家看來，是進行書院講學，使其發揮一種思想共同體的凝聚力最關鍵、最嚴肅的事情。

　　書院教學活動讓士人確信可以區別於世俗人的是什麼呢？在官學之外如此一個公共場所能夠凝聚起人，讓每一個人學習自我要求的內容又是什麼呢？這涉及到書院教學培養什麼人，或者說培養具備什麼樣品質的人的問題？此問題即是問：一所理學書院的使命是什麼？南宋書院的理學創辦者告訴書院裏的受教育者說要：明德親民、傳道濟民。

　　「明德親民」是南宋理學家進行書院教學實踐的重要使命。「明德」與「親民」都是《大學》中提出的大學之道，是古人接受高等教育的目標。這裡的「明德」，實際上是一個自我修身的過程，一是按照孔子的「性相近」和孟子的「性善」理論，使自己在一套修養方法的實踐中，揚自身先天之「善性」。二是明儒家的倫理綱常之道，即朱熹在白鹿洞書院揭示中總結爲「學者學此而已」的「五教」。這裡的「親民」，朱熹把「親」作爲「新」的假借字來看待，實有新意。他說：

> 新者，革其舊之謂也，言既自明其明德，又當推以及人，使之亦有以去其舊染之污也。〔註27〕

朱熹對「新」的說明，表達了對讀書人的兩個層次的要求，就是書院教學不僅希望培養一個自新的人，還要培養一個既能自新明德，還有能力使其他人去舊染之污、新而明德的人。要言之，書院教學不是一個單純坐而空談學術的地方，而是一個以理學教學爲手段，實要培養有能力對社會進行師範與施教的人。依此，時爲東南三賢之一的呂祖謙要求麗澤書院諸生以「明理躬行」、

---

〔註27〕　朱熹：《四書章句集注》《大學章句》《大學》。

「孝悌忠信」爲本；安徽紫陽書院則提出「以經術明聖人之道」；湖南辰岡書院的宗旨也告誡學生：

> 問辨乎義利之眼界，體認乎剛柔之善惡，克己去私，以本然之天理。〔註28〕

「傳道濟民」則是南宋理學家書院教學實踐的另一個重要使命。理學家講「修身、齊家、治國、平天下」，要求通過教學，使自己成爲安邦治國、經世致用之人。爲此，朱熹講「推己及人」。張栻在嶽麓講學，其主張的嶽麓書院院旨即：

> 成就人材，以傳道而濟斯民也。〔註29〕

他說：

> 嘗考先王所以建學造士之本意，蓋將使士者講夫仁義禮智之彝，以明夫君臣、父子、兄弟、夫婦、朋友之倫，以之修身、齊家、治國、平天下，其事蓋甚大矣。〔註30〕

呂祖謙以傳道濟民爲治世根本，他則提出：「講實理，育實才，而求實用」的主張，要培養「經國濟世之人」。

在南宋紹定年間，袁甫重修白鹿洞書院的動機，就來自於他認爲：

> 風俗之壞，積漸以成，君子之澤，積久乃見。伊洛諸先生講道之功，當時未見也，而見於中興。南軒、晦庵、象山諸先生講道之功，當時未見也而見於更化。〔註31〕

袁甫，便是確信只有書院講學才可以維持「道」之昌明於世：

> ……正誼明道，不計功利而已。斯道也，亘古如一日，而所賴以植立不壞修明無斁者，則必由講學始。〔註32〕

而這個「道」，正是南宋理學家要辨明義利，去人欲存天理的倫理原則。作爲理學新人，袁甫一樣堅信：

> 學者無益於人之家國，不足以爲學。〔註33〕

他們力辨道誼功利，使士心不昧所趨，立志使

---

〔註28〕轉引自季嘯風主編：《中國書院辭典》，〔M〕浙江教育出版社 1996 年版，第200 頁。

〔註29〕張栻：《南軒集》卷十《潭州重修嶽麓書院記》。

〔註30〕張栻：《南軒集》卷九《邵州復舊學記》。

〔註31〕袁甫：《蒙齋集》卷十三《重修白鹿書院記》。

〔註32〕袁甫：《蒙齋集》卷十三《重修白鹿書院記》。

〔註33〕袁甫：《蒙齋集》卷十三《重修白鹿書院記》。

上至臣僚，下至韋布之士，皆當精白承休，共扶斯道。〔註34〕

而最終要使明道之學作用於社會，帶來人倫秩序的和諧。正因爲南宋理學家及其弟子，能夠以共同的使命和道德認知基礎維護「思想」的世代傳承、普及社會認同，才使道德知識逐步和社會倫理規範及習俗連接起來，互爲表裏，完成理學倫理精神的社會功能。

理學家們將書院教學的使命往往以書院揭示、院規等公示性的文字表達出來，在講學中反覆闡述義理以達到學習者在思想上的認同。

朱熹爲江西南康的白鹿洞書院所寫揭示，闡明了這種使命，並成爲以後書院創建的重要指導原則，這是書院史上非常重要的事，揭示言：

> 熹竊觀古昔聖賢所以教人爲學之意，莫非使之講明義理，以修其身，然後推以及人，非徒欲其務記覽、爲詞章，以鈞聲名、取利祿而已也。今人之爲學者，既反是矣。然聖賢所以教人之法，具存於經，有志之士，固當熟讀深思而問辨之。苟知其理之當然，而責其身以必然，則夫規矩禁防之具，豈待他人設之而後有所持循哉！近世於學有規，其持學者爲己淺矣，而其爲法又未必古人之意也。故今不復以施於此堂，而特取凡聖賢所以教人爲學之大端，條列如右而揭之楣間。諸君其相與講明遵守而責之於身焉，則夫思慮云爲之際，其所以戒謹而恐懼者，必有嚴於彼者矣。其有不然，而或出於此言之所棄，則彼所謂規者必將取之，固不得而略也。〔註35〕

朱熹摘取儒學典籍中扼要文字，以示書院諸學生，以上這段寫在摘取文字之後，是爲朱子釋語，它更爲明確地表明理學家主張的書院使命：

其一，揭示了書院使命的承載下，書院所教之「學」的本意。書院的教學是要向古人聖賢看齊，反對以學來「鈞聲明取利祿」的做法。書院所教之「學」的本意在於讓人懂得道義和眞理，並修煉自身，更重要的還要以所學「推己及人」，運用於社會和他人，此含義顯示了明德親民、傳道濟民之使命。

其二，揭示了書院使命的承載下，書院所教之「學」的旨歸。強調了以書院爲公共場所進行的學習，絕不同於近世國家對於學校的規定與要求，書院對所教之「學」的要求遠高於當時官學的目標，以白鹿洞書院爲代表的理學書院將擯棄當時官學對學生所採用的規定，而特意選取古代聖賢之標準，

---

〔註34〕袁甫：《蒙齋集》卷十三《重修白鹿書院記》。
〔註35〕朱熹：《晦庵集》卷七十四《白鹿洞書院揭示》。

以有別於官學的義理。對書院內所有的學習者落實平等的行爲規範，要求每一位以「學」而相互關聯的個體，在共同性的活動中，遵守統一的指導思想，並要求落實在自己的行動上。揭示表明，若違反書院的規範就會有相應的懲戒，這一約束處理塑造了一種不同於其他團體組織的特別共同體──以書院爲公共場合開展講學活動的思想共同體。

朱熹以理學家的身份在白鹿洞書院的揭示中，傳遞出對後世具有重要性意義的信息在於：讓士人擁有某種確信，確信他們能夠組成一個有別於世俗其他人的群體，以追求修身之學、躬行天理所示爲己任；讓士人在書院共同體的規範中形成理學群體之認同，由此激發個體內心的自律進行學習和體認；讓士人在官學之外，感到可以通過自我選擇，成爲道德高尚的人和對社會有價值的人。至此，一個以書院教學爲理學教育體制的構想在理學家的頭腦中形成，並以高懸的揭示開始標示一個思想共同體的最崇高使命，而這個共同體的建構不僅僅是在州縣學之外，更是在政府主導之學以外的一種對聖賢追溯，發明義理，落實理想，有著同一目標的「人的集合體」，書院可謂是理學倫理精神傳播和發揚的實體存在。

## 二、書院的祭祀活動

理學家從沒有放棄從情感、信仰的角度對書院使命的崇高性進行維護，他們通過書院的祭祀活動來實現。

書院的祭祀活動是書院教學活動裏非常重要的一項組成部分，理學家以這種具有儀式性很強的活動，融入理學內涵，從而一方面將理學固化爲一種看得見的制度，另一方面，也使得書院教學的受眾在共同的儀式進行過程中，鞏固思想的認同和完成對書院使命的確信，以及對「聖人之道」的信仰。根據鄧洪波對書院祭祀的研究表明：

> 北宋書院借用廟學之制，始行祭祀，但所祀和官學一樣，並無特色。南宋開始，隨著書院與學術事業及地方文化的結合，院中學術大師，有名的山長，關心書院建設的鄉賢與地方官，日漸進駐書院祠堂，書院祭祀走上了獨立發展的道路。〔註36〕

如南宋明道書院，奉祀孔子及十四賢、程頤；茅山書院，奉祀北宋四子及朱熹、張栻、呂祖謙及劉宰；石洞書院奉祀孔子，並配以顏、曾、思、孟四哲

---

〔註36〕鄧洪波：《中國書院史》，〔M〕東方出版中心 2006 年版，第 158 頁。

和北宋四子加朱熹五賢，兼配黃幹；鵝湖書院則在思賢堂內奉祀朱熹、呂祖謙、陸九淵和陸九齡，這樣奉祀儒家聖賢和理學大師，及鄉賢地方官的現象，在南宋書院的教學活動中比比皆是。

在書院進行祭祀先賢之禮一般都是「春秋釋菜，朔望謁祠」。即在春秋兩個季節舉辦「釋菜」祭禮，每月朔望兩日，書院師生則共同謁祠，拜祭先師。朱熹在 1180 年三月重修白鹿洞書院之後，率諸生修釋菜之禮，以見於先聖孔子，並配以顏、孟二人〔註37〕，並且在他的精舍，供奉孔子。明道書院的綱領性文件《明道書院規程》第一條即是：

> 春秋釋菜，朔望謁祠，禮儀皆仿白鹿洞書院。〔註38〕

朱熹相信供奉儒學先聖在書院教學中具有重要意義。在南宋，通過理學家對祭祀的重視和推廣，北宋新儒家代表以及朱子本人的祭壇和祠堂，逐步建立。此後，有些原本是奉祀朱熹的祠堂變爲書院，而有些理學書院又變爲朱熹祠堂。

南宋書院教學活動中的祭祀重要性在於它用一種儀式性非常強的實踐關聯起了理學的學統，以一種具有「統」這一歷史性的共同性，和以書院作爲公共教學場所的「公」這一空間性的共同性，交織起能夠承擔思想的共同性的共同體，對道德自律以及傳道濟民的使命感加以強化。祭祀，本身就是一種從追憶歷史的行動裏獲得對現實的影響。書院設祭則以維護歷史性的學術脈絡，將所奉祀的人物「統」起一個理學世界的道德典範群，此即「正道脈而定所宗也」。強化學派的認同，以奉祀中排列的祖師人物，象徵書院的精神血脈，這構成了一個由歷史軸串聯起來的理學共同體淵源，由此在南宋當時，形成了區別於佛道兩家的菩薩與神仙信仰的理學傳道特色。書院的祭祀活動，一般是在所有處於理學家創建的書院這一公共場合，在全體師生中安排共同施行的儀式，同一空間的相同儀式，是實施教學的重要「課程」，此所謂「尊前賢勵後學也」。理學家通過書院祭祀的活動，一尊理學學術、重教學，祭祀的儀式性依照儒家的禮樂制度的道德精神，傳遞了尊師、重道、崇賢，尚禮的儒家倫理精神，並以此維護了作爲理學書院創辦的使命，在不斷繼起學統的士子內心，實現了人格教育與信仰傳播的功能。這種信仰，即是理學倫理精神的本質——甘於獻身這樣一種信念：出則治國平天下，處則修身傳

---

〔註37〕 朱熹：《晦庵集》卷八十六《白鹿洞高先聖文》。
〔註38〕 鄧洪波：《中國書院章程》，〔M〕湖南大學出版社 2000 年，第 57～58 頁。

道與世。此外，當我們回顧宗族共同體中的祠堂祭祀活動，可以發現書院的祭祀和宗族祭祀具有相似的功能，即它們都是對共同體信仰系統的一種建構和維護，具有爲共同體成員提供歸屬感和內聚力的功能。

## 三、書院的宗旨與目標

書院共同體的創建和延續，對理學家而言在於理學學統的「思想」之生生不息、發揚光大，即理學主張的價值觀與信仰的創建與延續，能夠承接起「道統」。理學價值觀與信仰的共同性和穩定性在時間與空間上的傳遞，要言之，來自於書院共同體對理學人才的廣泛培養，正是承載著道統思想，繼往開來的理學人才之生生不息，才能夠使理學學統傳承久遠。由此，南宋理學家對書院宗旨和目標的設定則是「有教無類」和「培養理學人才」。

書院的宗旨是「有教無類」。書院教學的行動自理學家以書院共同體模式展開後，在普及社會基層的講學活動中，完成了對理學人才的廣泛培養。書院教學將理學普及於整個社會，而不是在官學之內，使原先只是「教天下之君子」的儒學，還成爲「教天下之君子與小人」的儒學。書院制度的確立和思想共同體的凝聚作用，使得作爲學術的儒學轉而成爲文化的儒學，由上往下，由精英而庶民，由書院學者而鄉黨民眾，拓寬了道德知識傳播的渠道和擴大了儒家倫理規範落實的範圍。書院學者和一方民眾子弟信從理學使命與信仰，掌握理學知識基礎，繼而又在各不相同的載體內（比如家族、宗族、鄉里）塑造出更多的理學繼承者，以新道德人格與品質示範於鄉黨州郡國，將理學書院的規範準則推於共同體、乃至社會而逐步實現理學倫理精神的落實與普及。

南宋理學書院教學，書院對傳播理學倫理精神的使命，決定了「有教無類」的教育宗旨能夠落實。書院一般沒有人數定額，求學不問出身、貧富、不講學識深淺。要說限定，那就是對於理學道德使命的信奉與否，這樣廣泛吸納社會學子的書院共同體建構模式，凸顯了理學對社會革新的強烈欲望。

福建屏山書院，面向鄉人子弟，「隨其氣質而授之」。浙江柯山書院，學者徐霖擔任主講，慕名「裹糧而至」者三千多人。書院教學重思想的連接，重「自覺自願」，這都突出了思想共同體的開放性和接納性，這樣不拘門戶，尊重才識，自由來去的書院教學，恰恰能爲大量理學人才降低了受教的准入門檻，並創造良好的環境。

　　書院以「有教無類」爲宗旨，恰恰是爲了實現理學書院目標而確立的，而理學書院的目標正在於廣泛培養理學人才。張栻主教嶽麓書院，以理學人才培養爲目標。乾道元年，張栻應邀撰寫《潭州嶽麓書院記》，闡明要培養經世濟民的理學人才的目的。他被劉珙聘爲書院主講，傳道授業解惑於嶽麓，使嶽麓成爲湖湘學派的重要基地。張栻的教育主張，在湖湘成就了一大批理學人才，據《宋元學案》記載，僅在《嶽麓諸儒學案》中，就列出胡大時、彭鬼年、吳獵等三十多人。《宋元學案》指出：

　　　　宣工身後，湖湘弟子有從止齋岷遊者，如彭忠肅公之節概，吳文
　　定公之勳名，二游文清（九言）、莊簡公（九功）之德器，以至胡盤
　　谷輩，嶽麓之舉子也。再傳而得漫塘（劉宰）、實齋（王遂）。〔註39〕

每一位弟子都以氣節、功勳、道德的特長而成爲延續理學湖湘學派的思想。張栻弟子不僅局限湖湘，四川與江西分別也都有其弟子的足跡。《湘學略》載：

　　　　南軒講學於嶽麓，傳道於二江（靜江和江陵），湘蜀門徒之盛，
　　一時無兩。〔註40〕

呂祖謙建麗澤講堂，則以培育金華地區的理學人才爲目標。呂祖謙一生矢志講學，他在《大學策問》中明確提出「講實理、育實才、而求實用」的培養實才的目標。乾道二年，護母之喪於婺期間，在武義明朝山創辦了麗澤書院，這一與嶽麓書院、白鹿洞書院和象山書院並稱爲南宋四大書院，最初實爲家族內爲子弟教化所建，後有學子多來問學，前後八九年的講學，培養了金華學派的理學人才。《宋元學案》稱：

　　　　明招學者，自成公（祖謙）下世，忠公（祖儉）繼之，由是遞
　　傳不替，其與嶽麓之澤，並稱克世。〔註41〕

朱熹講學浙閩，教學不輟，弟子行教於書院。根據《朱子語類》所列，記錄朱子語錄的弟子就有九十多人。

　　　　朱熹後裔第十六代孫朱玉編著的《朱子文集大全類編》一書，
　　所列朱熹門人有四百四十二人，其中福建一百八十四人爲最多，依

---

〔註39〕沈善洪主編：《黃宗羲全集》（第五冊）《宋元學案（三）‧嶽麓諸儒學案》，〔M〕
　　　　浙江古籍出版社 1992 年版，第 833 頁。
〔註40〕李肖聃：《湘學略‧南軒學略》，〔M〕國立湖南大學 1946 年版，第 12 頁，轉引
　　　　自苗春德、趙國權：〔M〕《南宋教育史》上海古籍出版社 2008 版，第 307 頁。
〔註41〕沈善洪主編：《黃宗羲全集》（第五冊）《宋元學案（三）‧麗澤諸儒學案》，〔M〕
　　　　浙江古籍出版社 1992 年版，第 907 頁。

次是江西、浙江、湖南、四川和河南等地。其門人之衆、分佈之廣，

實爲孔子以後所罕見。〔註42〕

而篤行朱子之教，以傳承理學精神的弟子同樣投身於書院的也爲數不少。根據陳榮捷先生的統計，朱子有八位門人，追隨朱熹書院教學，建立書院，其中有門人之父與門人之孫先後承建，如林學蒙被聘道南書院堂長，陳宓創延平書院，趙師端創文公書院，趙善待從文公遊，其孫壽建鄭山書院，以奉文公，輔廣（稱傳貽先生）之歸，築傳貽書院教授，潘友恭之父潘時，建月林書院，鍾震之從朱子受業，建主一書院講道，卿士夫咸宗之。又至少七人充任堂長。還有至少六人在書院中講授。〔註43〕據方彥壽考證，朱熹在寒泉精舍的門人有蔡元定等二十二人，在武夷精舍有黃幹等九十一人，在考亭書院有賀孫等一百六十三人〔註44〕，這些從學弟子學成之後，秉承師訓，繼續培育後繼理學人才，或出而仕以匡濟時世，或處而教以化育一方。

黃幹是朱熹的高足，追隨朱熹二十餘年，「聞其言論、觀其舉指」，以書院教學堅持將朱學繼承發揚。他在閩贛地區建書院並講學不輟，如建陽的龜峰精舍，後改爲環峰精舍，嘉定間，在此講學；建陽的潭溪精舍，初由黃幹創建，後因朱熹題名改爲「潭溪精舍」。嘉定元年，黃幹知臨川縣，與李壁共同創建書院並講學其中。次年，黃幹知新淦建書院並講學。朱熹在饒州一帶弟子眾多，這些理學新人大多繼承朱學，建書院講學，並進一步在書院共同體的發展中做了維護工作。

陸九淵依託象山，授學弟子眾多。陸九淵三十四歲中進士第，在行都從遊者頗多，回到金溪，在其家東偏房──槐堂講學，此間開始大規模收徒，著名的陸氏弟子：楊簡、袁燮、沈煥、舒璘就是此時期的學生。楊簡被譽爲：「陸氏之功臣」：

自象山既歿之後，而自得之學始大興於慈湖。其初雖得於象山，

而日用其力，超然獨見，開明於心，大功於後學。〔註45〕

據陸九淵年譜記載，「居山五年，閱其簿，來見者逾數千人。」他在四十九歲時，因槐堂無法容納過多的問學之人，因此建象山精舍，從遊生徒於鄰近處

〔註42〕苗春德、趙國權：《南宋教育史》，〔M〕上海古籍出版社 2008 版，第 273 頁。

〔註43〕〔美〕陳榮捷：《朱子新探索》，〔M〕華東師範大學出版社 2007 年版，第 341 頁。

〔註44〕方彥壽：《朱熹書院與門人考》，〔M〕華東師範大學出版社 2000 年版，第 30 頁。

〔註45〕袁燮：《絜齋集》卷七《贈傳正夫》。

開墾荒地數百畝，師生一面躬耕，一面講學問道。

　　理學家通過書院教學以「廣泛培養理學人才」，是基於書院共同體的模式而普及理學倫理精神的重要行動。書院教學是理學家將倫理精神要置於更爲廣泛的空間，促使其流化與普及；而「廣泛培養理學人才」就是一種通過對「人」的文化傳遞，要使儒學倫理精神得以在歷史性的時間上得到流動和延續的行動。這種執著的對時間延續的重視，在於理學家對於道德更新、倫理秩序恢復的一種現實主義態度，即他們相信以教化改變人的內在道德和社會秩序，並非一蹴而就的事，教化的效果只能通過持續不斷的規訓與自省，不斷地行動和體認才能轉化爲內在眞實的認同。

# 第三節　書院共同體與理學倫理精神的落實

　　南宋理學家的書院教學在基於共同體模式的創建中，開展種種講學活動、在培育理學後繼人才的工作中傳播與普及理學倫理精神，從而使書院教學作爲一種文化制度得以確立，並對官學、宗族教化發生影響，使得南宋之後中國書院教學、官學教學以及宗族教化、鄉里教化都深深留下了理學家們的烙印。

## 一、講學活動

　　理學家書院教學的行動以「教」與「學」的互動爲核心，這種實踐活動是在創建一種基於「思想」之緣的「共同體」，他們闡明共同體統一的道德使命、創設新儒學信仰，完成統一的共同體思想認知基礎建設，並以制度化的學規維護團體共同的正確行動。這一共同體的創建本身，是南宋理學家新創造的一種倫理的範式；這種創建本身，使得理學獲得了以思想爲連接的載體，從而落實理學倫理精神。書院教學只有當它成爲一種具有理學特徵的思想共同體行動時，才與當時官學俗學相區別，方能標榜理學理想，使理學倫理精神的普及成爲可能。

　　以共同體建構實現理學倫理精神落實的最主要實踐，就是理學家書院教學中的講學活動。講學是書院教學的文化傳播功能，它將理學家通過書院這一公共場所，在共同價值觀的指導下，相對自由地把學派思想和理論傳播推廣於士人與一般民眾，普及理學倫理精神和儒學文化知識。

　　南宋理學家心懷遠大濟世理想，研究學問，集成理學，使所講之「學」

形成系統的理論體系，這些任務最初由第二代理學家：張栻、呂祖謙、陸九淵、朱熹以及同時期的其他理學家實施展開，並日益完善，而理學新課程體系的創建，對儒家經典和第一代理學家文獻義理的闡釋和發揚，形成了一批新的理學學術著作。

　　對於這些原創性的理學思想而言，一來通過講學過程中的陞堂講說問答，二來通過書院延請、會講活動，使得理學學術思想得以發明本義，傳播開來，雖然起初躬行其事的理學書院較少，但終究在張、呂、陸、朱等理學家及其弟子的不斷努力中，有了興盛氣象。南宋時期的許多理學家作為山長或主講者，陞堂講解理學文本。每陞堂講授，聽講者可以當堂質問，師生關係融洽，氣氛活躍。朱熹在公務之餘，到嶽麓書院講授，每到休息日，也與書院內：

　　　　諸生質疑問難，誨誘不倦。退惻至到，聞者感動。〔註46〕

另比如何基在北山書院，不以師道自尊，與弟子相互質疑，並著成不拘泥先賢的《大學發揮》、《中庸發揮》、《近思錄發揮》等。有時，理學家們不僅自己陞堂主講，也會抽取學生參與講說，以考察諸生對所學掌握理解程度。朱熹在嶽麓，每齋抽取一名學生講《大學》一章。朱熹曾因兩學生講解寓意不明而告誡諸生：

　　　　前人建書院，本以待四方士友相與講學，非止為科舉計。〔註47〕

朱熹批評書院士人如果所學反不如州學，不理會學問，那麼與橫目之氓無異。可見他在陞堂講說中，對諸生的要求是比較嚴格的，且注重義理講明，而不是科舉程文的記誦。在當時講授儒學過程中，師生學術思想的互動被弟子以語錄體記錄下，如著名的《朱子語類》，《象山語錄》等。在師生的教學問答中，理學學術思想被記錄下來，在原創性的思想講授中逐漸影響書院諸生。衡陽石鼓書院，淳熙十三至十四年間，戴溪任山長，在與諸生的講學過程中，集所聞而成《石鼓論語問答》三卷，此書流傳至清，收入《四庫全書》，其提要稱：「朱子嘗一見之，以為近道。」可見對於儒學經典的闡釋在講學過程中形成了學術水平較高的文獻，並能經受時間的考驗，流傳深遠。

　　理學家在各自書院教學之餘，還進行不同書院間的延請、訪問講學，在學術研究基礎上展開會講活動，期間有爭鋒相對的激烈爭辯和學術爭鳴，這

---

〔註46〕黃幹：《勉齋集》卷三十六《大夫謚文朱先生行狀》。
〔註47〕黎靖德編：《朱子語類》卷一百六。

是南宋理學書院講學的盛況，在北宋實難見，這種會講對理學學術思想交流和傳播無疑有很大影響。乾道三年，朱熹前往潭州訪問張栻，成就了歷史上著名的「嶽麓之會」。朱熹抵達潭州，一是應邀在城南、嶽麓兩書院講學，並告誡學者觀《孟子》「道性善及求放心兩章，務收斂凝定，以致克己求仁之功」。當時在嶽麓的講學，因朱熹聲望所在，從四面而來的聽者眾多，以致：

> 學徒千餘，輿馬之眾，至飲池水立竭，一時有「瀟湘洙泗」之目焉。〔註48〕

二是朱熹前往嶽麓與張栻就理學的理論核心話語及問題如「中和」、「太極」進行了探討。

> 二先生論《中庸之義》，三日夜而不能合。〔註49〕

不過，經過論辯與爭鋒，朱熹接受了張栻觀點。他曾在給曹晉叔的書信中說：

> 敬夫愛予甚篤，相與講明其所未聞，日有學問之益，至幸至幸。〔註50〕

明代李東陽在《重建嶽麓書院記》中，把此次嶽麓之會稱為「會講」，認為：

> 孝宗時，二先生實會講焉。〔註51〕

這次會講在歷史上的特殊意義在於開了理學書院教學的自由講學和會講之先，也使得嶽麓書院由此「聞於天下」：

> 自南軒、晦庵兩先賢講道於斯，四方學者接踵而至，遂名聞天下。〔註52〕

與嶽麓之會同樣著名的會講還有朱熹和陸九淵的鵝湖之會及白鹿洞之會。理學家積極倡導、參與理學內部各學派間的會講，使得許多理學的觀點和理論在一步步的辯論中明確，也在自由、兼容的學術氛圍裏促進了理學的思想成熟和發展。理學家們的學術爭鳴，吸引了四面八方士人對理學的學習熱情，產生了社會效果，使得越來越多的讀書人接受理學思想，投入到理學書院教學的活動中來。

---

〔註48〕《嶽麓志》卷二，轉引自趙國權：《論南宋時期江南書院文化傳承的價值取向》，載於《河南大學學報・社會科學版》2008年第3期。
〔註49〕李方子：《朱子年譜》卷一。
〔註50〕朱熹：《晦庵集》卷二十四《與曹晉叔書》。
〔註51〕李東陽：《重建嶽麓書院記》，收錄於《嶽麓志》卷七。
〔註52〕《嶽麓志》卷二，轉引自趙國權：《論南宋時期江南書院文化傳承的價值取向》，載於《河南大學學報・社會科學版》2008年第3期。

由於理學家倡導書院共同體的教學活動，使得從師弟子、志於理學道德理想的士人日益增多，他們加入到與第一代、第二代理學家以教化救世的行動中，他們專於學說師承，傳播理學理論，使各學派在時間與空間上得到擴張，更者，使書院共同體得以延續其理學精神脈絡，壯大這一共同體對社會的功能。如陸九淵弟子袁甫，以倡導陸氏之學為己任，「宅先生之精神」，「嗣先生之遺響，警一世之聾聵。」〔註53〕他不僅以拳拳之心將陸學精神安頓於書院中，還以「群居書院、相與切磨，亦求其所以為人者如何」的方法，新建番江書堂，專門培養理學弟子，以分送白鹿洞書院和象山書院，在番江書堂講學，「選通經學古之士，率生徒而課之」，並教「學為人」之道。在《番江書堂記》中，袁甫一承理學倫理精神，不囿學派，稱：

> 在家庭則孝友，處鄉黨則信睦，蒞官則堅公廉之操，立朝則崇
> 正直之風。果若是，奚必問其自白鹿乎，自象山乎？〔註54〕

以理學書院使命作為教育士人的目標，不拘門戶，體現了理學的真正精神，使書院與理學緊密契合，為理學倫理精神的發揚作出了踏實而真誠的努力。

從對理學倫理精神的普及工作而言，南宋理學書院教學的門檻並不像官學那樣高，因此許多講學直接面向社會廣大士民，推動了理學傳播的社會化趨勢。發展至南宋末年至元初年，書院教學的受眾廣泛，元代理學家吳澄，在元貞年間，曾到龍興講說《修己以敬》章，

> 指畫口授，反覆萬餘言，聽者千百人，有常用力於斯者，多所
> 感發。〔註55〕

這種講學，顯然面對的不僅僅是在一所書院讀書的士人，而包括了一個地區，乃至四面八方的大量士民。這種具有文化傳播性質的理學倫理精神之普及，當為南宋理學家所開之先風的延續和發展。

## 二、義理：書院教學的內容

為了具備持久的不僅是基於情感，也基於理性的使命感和道德信念，南宋理學家如何提供統一理性認知基礎呢？這個問題也可以這麼問：南宋理學家在書院教什麼呢？回答是：基於理學家群體所倡導的倫理精神——義理。

---

〔註53〕 袁甫：《蒙齋集》卷十七《初建書院告陸象山先生文》。
〔註54〕 袁甫：《蒙齋集》卷十四《番江書堂記》。
〔註55〕 虞集：《道園學古錄》卷四十四《生吳公行狀》。

具體言之，正是我們在第一章談到的理學家倫理精神中的崇義的義利觀與重理的理欲觀。

朱熹在《衡州石鼓書院記》中稱：

> 若諸生之所以學而非若今人之所謂，則昔者吾友張子敬夫所以記夫嶽麓者，語之詳矣。〔註56〕

張栻和所有理學家一樣，對抗科舉利誘，反對場屋俗學，他在嶽麓書院教學、講道，認爲書院教人所學在於：

> 天理人欲，同行異情，毫釐之差，霄壤之繆，此所以求仁之難，必貴於學以明之。〔註57〕

張栻教學的辦法是使學者率性立命，體察求仁，辨別義利入手，具體而言，他以「事親從兄，應物處事」爲教學開端，以學者「能默識而存之，擴充而達之，生生之妙油然於中，則仁之大體」〔註58〕爲進階，朱熹對張栻書院教學活動的安排，由以上石鼓書院記中的話看出，是持相同觀點的。朱熹曾邀請陸九淵到白鹿洞書院講道「君子喻於義，小人喻於利」，當時場面是「聽者莫不悚然動心」，朱熹爲其講義寫跋語，更要求「凡我同志於此反身而深察之。」〔註59〕如此這般，理學家們從「但爲決科舉利祿」始，在書院將舉業之習，更替爲天理人欲、義利之辨，等理學的倫理精神和論說主題，希望士人能夠通過書院所學，成爲理學共同體世界中的一員。

理學家與其弟子、再傳弟子在書院教學行動中，辨明天理人欲、義利公私，參與性與天道的討論，追尋倫理原則的根據；而且對於以書院教學爲道德實踐載體的理學倫理精神普及教化也十分重視，爲理學倫理精神的落實做出了直接貢獻。朱熹曾指出：

> 若不用躬行，只是說得便了，則七十子從孔子，只用兩日說便盡，何用許多年隨著孔子不去。不然，則孔門諸子皆是呆無能的人矣。〔註60〕

而張栻的書院教學同樣強調「於踐履中求之」的眞知觀。因此南宋理學家會如孔子帶領學生周遊列國一樣，帶領學生在各大書院間訪學，開闊學生視野，

---

〔註56〕朱熹：《晦庵集》卷七十九《衡州石鼓書院記》。
〔註57〕張栻：《南軒集》卷十《潭州重修嶽麓書院記》。
〔註58〕張栻：《南軒集》卷十《潭州重修嶽麓書院記》。
〔註59〕朱熹：《晦庵集》卷八十一《跋金溪陸主簿白鹿洞書院講義後》。
〔註60〕黎靖德編：《朱子語類》卷一三。

更在現實生活中體現理學家師範的效果。以道德示範作爲書院教學的實踐外，以倫理原則於現實的落實和訓練則是更爲重要的一種實踐。有的理學書院自創建起，便是要專門教化地方子弟躬行「五教」於日常人倫之中的。陸九淵的兄長陸九韶在梭山書室講學時，對學生重道德訓練，每天早上率弟子謁祠，擊鼓背誦訓語，對有過錯的弟子，集眾而責訓，有時還「撻之」，這種對道德規範的實踐直接將理學倫理精神普及於一鄉民眾。歐陽守道曾在《學禮精舍說》中指出仁、義、禮、智四德，以「禮」爲最顯著，才智爲中等的人只要學禮也能上達於天理，而他感歎鄉黨之內，家塾之中不語《曲禮》，即便有講道的，也都出自村樸之儒，近世之學忽略灑掃進退之節。爲此，他稱贊江西永新的龍君遇所創辦的學禮精舍志於對「禮」的教學和實踐。學禮精舍專以禮教子弟學者，以志於將仁之精神落實在日常行爲之間。當然，理學書院道德教化，它所面對的對象不惟是有學問的士人，還包括鄉黨宗族裏的子弟，從一開始這類的書院其創建目的就是教化一方子弟，以落實道德行爲爲直接目標的。南宋乾道時期創建的江西貴溪的桐源書院，汪應辰曾作記：

> 高氏特以教其家與一鄉子弟，有古人閭塾之遺意。〔註61〕

桐源書院也是以教化一鄉子弟，讀書以達先賢之道，作爲於郡邑乃至國家爲使命的。還如浙江釣臺書院，原是爲嚴、方兩家族子弟就讀，石澗書院主要是爲郭氏家族子弟，瀛山書院則教導詹氏家族子弟。度宗咸淳八年，安湖書院由江西興國知縣何時創辦〔註62〕，也是「以字民爲職能，廣學宮，宣德化」〔註63〕爲目的，咸淳九年浙江岱山書院，延請鄉先生主其事，使鄉人得以藏修期間。創辦這類宗族、家族內、以及地方上的書院在南宋的興起，實受到理學家以書院爲教化載體的文化傳播影響使然。

南宋理學家通過書院的教學，倡導理學精神，同時對他們理解中的儒學經典發明義理，傳道解惑。爲此，他們積極投入到新教材與課程的建設中。在選用課程教材上，南宋理學家以講明儒家經典爲內容，並紛紛擬有具有個性化色彩的書院講義，以供教學。江西白鹿洞書院，有朱熹爲講學留下的《論孟要義》，陸九淵有《白鹿洞書堂講義》；浙江麗澤書院，呂祖謙有《尚書講義》，此後麗澤書院指定《東萊左氏博議》和《近思錄》爲教材；江西石洞書

---

〔註61〕 汪應辰：《文定集》卷九《桐源書院記》。

〔註62〕 《江西通志》卷二十二。

〔註63〕 吳澄：《文山集》卷十二《贛州興國縣安湖書院記》。

院，饒魯留有《五經講義》和《語孟紀聞》；石鼓書院戴溪與諸生講《論語》，留下《石鼓論語問答》等等；這些都表明，南宋理學家在書院教學中，都根據原著，編寫刊印講義作爲輔助教材，積極發明理學義理，幫助學生進行理學式的思考。

在所有的南宋理學家中，以朱熹在建設新教材和新課程中最爲勤奮，並且也因爲他努力對儒學經典進行再創造，使理學書院乃至官學、科舉程文的內容在未來發生根本改變，影響後世甚遠。這樣一種書院教學的新內容，核心在於理學家希望能創造一批眞正展現新思考，不拘泥古人注疏記誦的當代文獻，以供教學。

首先，朱熹編撰以四書爲核心的儒學文本。四書集注是他重建儒學經典體系的實踐，四書集注重在講明義理知識。對於四書，朱熹窮其畢生，書院講學重點也在《語》、《孟》，朱熹曾說：

> 《詩》《書》是隔一重兩重，說《易》《春秋》是隔三重四重。

〔註64〕

爲了直達聖人本意，朱熹故而推崇四書。更者，四書是理之觀念源泉，諸如性、心、仁、義等，四書更好地能夠說明理學對人的道德實踐要求和倫理實踐要求。要言之，四書可謂義理之學的源泉，四書系統的形成以及地位的提高，對於理學倫理精神的弘揚提供了統一的思想認知基礎。此外，朱熹重視經典儒學文本的精義普及化的工作，《近思錄》、《童蒙須知》、《小學》、《八朝名臣言行錄》等的編撰實則從文化傳播的意義上將四書中的儒學思想更爲淺顯地向一般讀書人和兒童進行傳播。

其次，提供了能將道德認知與道德實踐相銜接的教材。「禮樂」作爲對「仁」的實踐，歷來被儒家重視，禮樂的倫理精神是否成爲政治制度的內核，一直是區別德治與法治之爭，王霸之爭的標準，朱熹尤其重視對「禮」的義理詮釋，並對「禮」在現實生活中的正確運用做了大量工作。

爲此，朱熹對《儀禮》這部被王安石新法排除在考試範圍之外的經典進行了詳細解說，爲此特別撰寫著作《儀禮經傳通解》。朱熹在《乞修三禮箚子》中，說明了緣由，他說：

> 熙寧以來，王安石變亂舊制廢罷儀禮，而獨存禮記之科，棄經任傳，遺本宗末其失已甚，而博士諸生又不過誦其虛文以供應舉。

---

〔註64〕黎靖德編：《朱子語類》卷一百四。

> 至於其間亦有因儀法度數之實而立文者，則咸幽冥而莫知其源，一
> 有大議率用耳，學臆斷而已。〔註65〕

因此，朱熹反對「遺本宗末、棄經任傳」地對待先王制定的「禮」，更反對科舉之習將這種以傳爲經的「禮」制又作爲一種虛文來對待，朱熹

> 欲以儀禮爲經，而取禮記及諸經史雜書所載有及於禮者，皆以
> 附於本經之下，具列注疏。〔註66〕

最終，成就了這部著作，著作最後由朱熹的學生接手完成。

此外，朱熹編修了兩部重要著作──一部便是如前文所提及的《小學》，另一部則是《近思錄》。這兩部著作討論了一名士人或是一名普通人應該如何學習與行動的問題。《小學》針對年輕學生，它援引經典、史書和理學文獻，說明受教育的重要性，並注重實踐教導學生如何在傳統人倫關係中實踐道德，如何在起居生活中提高修養，將自己放在倫理生活中按應當之則立身處事。《近思錄》則輯錄了二程、張載、周敦頤的語錄和文字，朱熹通過記錄第一代理學家對於自然、人倫、家族、教育、修身、學術等問題的思考，把理學思想傳承下來，通過教學，使學者學其關注問題的方式、思考的邏輯，以及自我道德要求的高度。

南宋理學家的書院教學，以新民德、傳道濟民的使命塑造了一個區別於俗學所組織起來的團體，以帶領由書院組織起來的個體共同祭祀先賢的行動，提供理學能夠作爲一個思想共同體那樣傳播倫理精神的基本要素──對一種道德信念的信仰。而南宋理學家進一步通過建立倡導理學倫理精神的教學新內容，提供了理學書院作爲共同體傳播倫理精神的另一個基本要素──統一的思想認知。

## 三、書院學規範例：《麗澤書院學規》、《白鹿洞書院揭示》、《明道書院規程》、《雙溪書院揭示》

在那些因理學家講學而聲名遠揚的書院裏，理學家們對大批前來求學的士人群體的學習生活本身，也抱以理學式的關注，逐步建立和使用了一種具有制度化特點的管理模式──學規。

書院學規，也叫揭示、學則、教條、章程等，在書院主辦人的教育理念

---

〔註65〕 朱熹：《晦庵集》卷十四《乞修三禮箚子》。
〔註66〕 朱熹：《晦庵集》卷十四《乞修三禮箚子》。

指導下，往往經過深思熟慮而制定，有詳有略。南宋理學書院的學規，以呂祖謙的《麗澤書院學規》爲最早，而以朱熹的《白鹿洞書院揭示》影響最深最廣，當時乃至其後的其他書院，有的直接引用此兩種學規，有的是在這兩種學規的基礎上加以修改而成，與這兩種學規所反映的理學倫理精神都大體一致。此兩種學規反映了書院學規在理學家書院教學活動中塑造共同體，傳播理學倫理精神的特徵。

### （一）《麗澤書院學規》

　　呂祖謙是南宋倡導書院教學的重要人物，也是制定學規的先行者，在《東萊集》中《學規》篇所集五篇麗澤書院的規約，分別是他根據書院教學的具體情況做出的規範化工作，《乾道四年九月規約》提出「以孝悌忠信爲本」，《乾道五年規約》提出「以講求經旨，明理躬行爲本」，《乾道五年十月關諸州在籍人》對分散在各州的在籍書院學者制定了學術往來規約，《乾道六年規約》則對諸生行爲舉止提出批評與糾正，《乾道九年值日須知》對婚喪禮俗進行了規定。呂祖謙對學規的制定和使用，使南宋以後的書院教學發展大有規範化、制度化傾向，爲接納更多志同道合（相同理念）者的共同體生活，提供了具體的道德行爲規範和約束力。如：

> 乾道四年九月規約
>
> 　凡預此集者，以孝悌忠信爲本。其不順於父母，不友於兄弟，不睦於宗族，不誠於朋友，言行相反，文過遂非者，不在此位。既預集而或犯，同志者，規之；規之不可，責之；責之不可，告於衆而共勉之；終不悛者，除其籍。
>
> 　凡預此集者，聞善相告，聞過相警，患難相恤，遊居必以齒相呼，不以丈，不以爵，不以爾汝。
>
> 　會講之容，端而肅；群居之容，和而莊。（箕踞、跛倚、喧嘩、擁并、謂之不肅；狎侮、戲謔、謂之不莊。）
>
> 　舊所從師，歲時往來，道路相遇，無廢舊禮。
>
> 　毋得品藻長上優劣，訾毀外人文字。郡邑政事，鄉閭人物，稱善不稱惡。
>
> 　毋得干謁、投獻、請託。

母得互相品題、高自標置，妄分清濁。

語母褻、母詖、母妄、母雜。（妄語，非特以虛為實，如期約不信，出言不情，增加張大之類，皆是；雜語，凡無益之談皆是。）

母狎非類。（親戚故舊或非士類，情禮自不可廢，但不當狎昵。）

母親鄙事。（如賭博、鬥毆、蹴踘、籠養撲鵪、酣飲酒肆、赴試代筆及自投兩副卷、閱非僻文字之類，其餘自可類推。）〔註67〕

乾道五年規約

凡與此學者，以講求經旨，明理躬行為本。

肄業當有常，日紀所習於簿，多寡隨意。如遇有幹輟業，亦書於簿。一歲無過百日，過百日者同志共擯之。

凡有所疑，專置冊記錄。同志異時相會，各出所習及所疑，互相商榷，仍手書名於冊後。

怠惰苟且，雖漫應課程而全疏略無敘者，同志共擯之。不修士檢，鄉論不齒者，同志共擯之。

同志遷居移書相報。〔註68〕

以上是呂祖謙在乾道四年和五年所定的兩種規約。

學規對誰有效？呂祖謙學規中所說的「凡預此集者」、「凡與此學者」就是受學規約束的人，受約束的人最基本的特徵是在書院共同學習的人，學規以約束性連接起的基本人際關係是：共處書院，接受過共同教育的「同學」。然而，同學者卻並不因為其日後身處他鄉，就不需要受書院學規的約束了，「同志遷居」，要「移書相報」，按照《乾道五年十月關諸州在籍人》中的規約，分散在各地的在籍人，都需要按照學規所約定的問學、互商規矩行事。由此，學規以約束性連接起的基本人際關係，在「同學」的基礎上，進而又是「同志」——無論身處何地，志同道合者同承擔書院使命，同接受書院學規約束。由此，書院在理學家學規的制定行動中，從僅僅代表著一個公共空間的概念變成了一個由同志（具有相同思想理念）組成，在思想上具有共同性的團體。學規，如書院在思想領域內的圍牆，隔開的是思想一致者與思想不一致者，而不是其他。

---

〔註67〕 呂祖謙：《東萊集》別集卷五《乾道四年九月規約》。

〔註68〕 呂祖謙：《東萊集》別集卷五《乾道五年規約》。

　　麗澤學規講「理」，更講對行為道德準則的躬「行」。麗澤學規思想內容均來自於人倫關係中儒家倫理之「孝悌忠信」，思想的根源性也均來自於理學經典文本，但是就學規本身而言，其落腳點卻是「明理躬行」的行動，即在理學學術思想指導下落實日用倫理規範。孝悌忠信落實在書院諸生的行動中，則要求順於父母，友於兄弟，睦於宗族，誠於朋友。「順、友、睦、誠」正是書院教學要求諸生明德後落實於人倫之間的行為體現，同學同志「聞善相告，聞過相警，患難相恤」，依據學規，相互激勵，彼此規勸，使這個道德自覺群體的道德實踐成為可能，將儒家倫理道德要求落實在現實社會中。

　　違反學規的懲罰是什麼？對於懲罰的規定，凸顯了南宋理學家在落實倫理精神時逐步制度化的特徵，書院共同體依靠學規中懲戒條目的約束性，得以維護思想的一致性，使命的純淨性和道德的高水準。學規的懲罰性可輕可重，學者如果違反學規，小則「規之」，大則「責之」，嚴重者則「除其籍」。「除其籍」即開出書院學籍，否定個體所處同一個共同體的身份，對於個體最為嚴重的懲罰也許就是在於取消他在某個集體中的身份，宗族如是，鄉里如是，現在，書院同志同樣具備這樣的方式，實因為理學家要創建的書院原本就是要朝著情感聯繫緊密，價值認同一致的類血緣共同體而努力的，思想共同體的「血緣關係」不正是理學家一直以來視為血脈的「學統」麼，而「學統」即一種思想之「緣」。

## （二）《白鹿洞書院揭示》

　　《白鹿洞書院揭示》由朱熹制定，他將書院教學理想和使命融入到對書院諸生的人格修養、學習方法、行為規範和道德要求之中，最終落實在篤行上，以高揚的理學倫理精神為中國書院教學的發展確立了基本的價值體系和行為規範，影響深遠。

　　　　白鹿洞書院揭示

　　　　父子有親，君臣有義，夫婦有別，長幼有序，朋友有信。（語出《孟子·滕文公上》）

　　　　右五教之目，堯舜使契為司徒，敬敷五教，即此是也。學者學此而已，而其所以學之之序，亦有五焉，其別如左：

　　　　博學之，審問之，慎思之，明辨之，篤行之。（語出《禮記·中庸》）

　　　　右爲學之序。學、問、思、辨四者，所以窮理也。若夫篤行之
　事，則自修身以至於處事接物，亦各有要，別如左：

　　　　言忠信，行篤敬（語出《論語・衛靈公》）。懲忿窒欲（語出《周
　易・損》），遷善改過。（語出《周易・益》）

　　　　右修身之要。

　　　　正其義不謀其利，明其道不計其功。（語出《漢書・董仲舒》）

　　　　右處事之要。

　　　　己所不欲，勿施於人。（語出《論語・顏淵》）行有不得，反求
　諸己。（語出《孟子・離婁上》）

　　　　右接物之要。〔註69〕

以上是淳熙七年，朱熹時任南康軍長官，重建白鹿洞書院時制定的學規。

　　學規以人倫之教作爲爲學目標，學規顯示了強烈的道德實踐傾向。揭示
首以儒家五倫立爲五教之目，並標舉古先聖王人倫教化於民的事跡，作爲書
院的使命和目的，提出「學者學此而已」。這使書院學者以修其身，而後推己
及人，對士人個體進行倫理要求，還對士人提出了傳道濟民的更高訴求。繼
而，揭示指出爲學之方、學之之序，以說明窮理之法——「學、問、思、辨、
行」——由學始，以行終，這不正是「知先行後，知輕行重」的理學重實踐
的思想麼？修身、處事、接物，每一方面皆是篤行，由此體現了理學倫理精
神中強烈的道德實踐傾向。

　　此外，書院學規對先賢語錄的選擇，是對儒家倫理精神脈絡的彰顯；而
對董仲舒一語的引用，又體現了對南宋社會現實問題的關注。

　　白鹿洞書院學規首句言「五倫」，便是「上古三代」堯舜委任一位名叫「契」
的人掌管教育，向人民傳佈之「五教」，「五教」的具體內容，則是經孟子明
確的「父子有親、君臣有義、夫婦有別、長幼有序、朋友有信」。以上古三代
明倫之教作爲書院教學最高追求和終極目標體現了理學承先秦儒學傳統的志
向和通過教學恢復和諧的社會秩序與群體的道德自覺的動機。繼而，學問之
法取自禮記，修身之要、接物之要均取自孔孟語錄。對先秦儒家箴言的選取，
作爲要求一個共同體內所有人遵循的學規，在朱子之前，並沒如此對儒家倫
理道德簡明扼要而合乎邏輯地表述與要求。值得注意的是，在白鹿洞書院學

---

〔註69〕朱熹：《晦庵集》卷七十四《白鹿洞書院揭示》。

規裏所引用的諸條目，都是來自理學家心目中的先秦儒，即三代之學和孔孟之道，以此彰顯理學學統，獨有一句引自漢代儒學家董仲舒，而董仲舒並未被視爲道統嫡傳，然而引此一句，則正有藉此義利之辨，倡導理學重義輕利，對待現實社會日益尖銳化的道德矛盾，突出修身之要對現實世俗趨利的反對，朱子在《近思錄》中也曾把董仲舒的這句名言編入，並說：

> 自春秋以來，舉世皆趨功利，仲舒此言最爲純正，仲舒所立甚高，後世所以不如，吉人者以道義功利關不透耳。〔註70〕

### （三）《明道書院規程》

除麗澤學規與白鹿洞學規以外，南宋時期還有其他一些書院學規，此在舉例說明。《明道書院規程》，將理學倫理精神落實於制度，明晰了思想共同體的約束邊界。位於江蘇南京的明道書院，是南宋時期規制最爲完備的書院，理宗時，書院山長周應和修《建康府志》，將書院文獻資料備錄其內：

> 立規程一、春秋釋菜，朔望謁祠，禮儀皆仿白鹿書院。一、士之有志於學者，不拘遠近，詣山長入狀簾，引疑義一篇，文理通明者，請入書院，以杜其泛。一、每旬山長入堂，會集職事生員授講、籤講、覆講如規。三、八講經，一、六講史，並書於講簿。一、每月三課，上旬經疑，中旬史疑，下旬舉業。文理優者，傳齋書德業簿。一、諸生德業修否，置簿書之，掌於直學，三考黜陟。一、職事生員出入，并用深衣。一、請假有簿，出不書簿者罰。一、應書院士友，不許出外請謁投獻，違者議罰。有訟在官者給假，事畢日參。一、請假逾三月者，職事差替，生員不復再參。一、凡謁祠、聽講、供課、若無故而不至者，書於簿，及三，罷職住供。一、凡職事生員犯規矩而出者，不許再參。〔註71〕

由以上《明道書院章程》可以看出，理學家的書院教學吸收成員「不拘遠近」，並不以地緣爲限，也不以血緣爲限，只要求有志於學，皆可入院。學規具體規定了書院教學、考核、祭祀、處罰等規則，它包含了一個思想共同體的所有特徵：祭祀維護信仰，教學培育道德認知基礎，考核與處罰成就一個共同體保護自身特殊性的約束和底線標準。明道書院學規使理學教學理念做到了

---

〔註70〕朱熹、呂祖謙編：《近思錄》卷十四。
〔註71〕周應合：《景定建康志》卷二十九《儒學志》二《建明道書院》。

有章可依，有據可查。

### （四）《雙溪書院揭示》

陳文蔚在雙溪書院講學時訂立《雙溪書院揭示》，對書院這一共同體的性質進一步闡明，維護了思想統一性和倫理共同體的性質。學規如下：

> 文蔚聞之，爲學之道，無如收放心，以講明義理。端莊專一，整齊嚴肅，所以收放心；親師取友，切磋琢磨，所以講明義理。苟身居一室之內，心馳萬里之外，雖日親方冊，口誦聖言，亦欺人耳，於己實何益哉？朋友相聚，識性昏明，固有不同。雖曰不同，其間豈無一得。講明義理，互出己見，終有一個是底。既曰是，雖聖賢復生，亦不能外，安得而違之。日夕相聚，講說愈多，聞見愈博，未說到貫通處，亦足以爲會文之益也。爲諸友計，切須收斂身心，務在端靜，以放縱四支、馳騖紛華爲戒，則放心自然可收，施之讀書爲文，義理自明，工程自進。況又得師友之益，有講論之助，相觀而善，相資而成，由此以進古人事業，不難也，況課試之餘乎！

> 惟自近世以來，朋友道弊，群居之時，笑侮戲虐，面諛背毀，善不相告，失不相正，甚者以氣相陵，以能相矜，無朋友相愛之意。一旦分袂，便同路人，音問不通，慶弔不講，利患不共。是無他故，方其同堂合席之際，已無情義，莫非苟且，況已離群，其藐然不相恤也宜矣。豈知朋友之道，在人倫五者之列，而與君臣父子兄弟夫婦並行於天地之間，朋友可廢，則四者亦可廢矣，有是理哉？

> 文蔚平居念此，每竊憂之，是以願與諸君共篤此義。諸君苟能念此，則鄉之所設學規者，蓋亦大爲之防，似不足以相浼。然出此則入彼矣，諸君其體之。〔註72〕

《雙溪書院揭示》的特點在於，它不僅闡明理學書院教學的目的是講明義理，還指出了書院教學作爲一個思想共同體應然的人倫關係，明確了書院教學須以五倫之朋友之倫相規約，以朋友應然的和諧，師友之益，講論之助爲書院教學關係的理想狀態。在其批評書院教學中人倫關係出現的不合宜現狀，他提出了書院人倫規範所應有之意，以此突出顯現思想共同體之共同體的倫理特性：一、同志群居共學，不笑侮戲虐，面諛背毀，見善相告，以朋友之倫

---

〔註72〕陳文蔚：《克齋集》卷七《雙溪書院揭示》。

相親相愛。二、同志一旦分袂，需互通音訊，利患與共，相互體恤，仍以書院共學爲同道群體相識相稱。

## （五）其他

如程端蒙，他在饒州德興建蒙齋書院，與董銖合訂《學則》，將朱熹《白鹿洞書院揭示》進一步具體化，《學則》要求學生須遵守學規：「凡學者必嚴朔望之儀，必謹晨昏之令。」對學生行爲舉止儀態均作出了規範，如「居處必恭，步立必正，視聽必端，言語必謹，容貌必莊，衣冠必整，飲食必節，出入必省」，對學者相互之間的倫常要求以共同體特徵顯現：「相呼必以齒，接見必有定」，書院內相互之間以類宗族的身份體現在人際相處的稱呼之中。《程董二先生學則》條理清晰，具有規範條目明確化的特徵，使《白鹿洞書院揭示》這一深含理學書院教學使命的綱領性文獻應用到初等教育階段，從而使理學以倫理規範的形式普及於庶民小人。朱熹對《學則》也大爲贊賞，並親自作跋，加以宣傳和推廣。信州的陳文蔚是朱熹在寒泉精舍講學時期的門下弟子，他畢生從事教學事業，在官學與書院均有講學，在雙溪書院講學時，他根據《白鹿洞書院揭示》也具體化爲《雙溪書院揭示》，以上已論，他還在居家講學時，訂立了《克齋揭示》。陳文蔚曾明確說明，他的學規是取自朱熹《白鹿洞揭示》，並加以發揮的：

> 近世學規，朱先生揭之於白鹿洞書院已盡之矣。今撮其緒餘以
> 告來學之朋友，便知立身之大節，修爲之次第。〔註73〕

陳文蔚在實踐朱熹的理學書院教學思想，繼承和傳播理學倫理精神表現最爲突出。

書院，爲理學家所偏愛，成爲傳播理學倫理精神的重要基地。南宋時期，呂祖謙創辦麗澤書院、陸九淵創辦象山書院，嶽麓書院則由張栻總理其事而盛極一時，朱熹不僅先後復興白鹿洞、嶽麓、湘西精舍，還創辦寒泉精舍、雲谷晦庵草堂、武夷精舍、竹林精舍等書院。呂、張、陸、朱等南宋理學家的書院共同體建構在當時可謂是一種理學自身發展的實踐運動，包括此後他們的學生亦創辦書院，投身講學，傳承師教，南宋書院教學成具規模。綜觀以上南宋建立的學規，在書院教學和理學倫理精神的傳播中，以規範性的內涵與約束性的實踐展示了作爲志同道合者共同體遵守共同價值規範的特徵，

---

〔註73〕陳文蔚：《陳克齋集》卷七《克齋揭示》。

它的存在對社會生活，較之思想性的學習內容，更明顯地在社會生活中彰顯了理學追求的應然的倫理關係。至此，書院教學進行傳播理學倫理精神的過程中，以其對思想共同體特徵中第三個基本要素：「倫理規範與約束」的依借而得到維護。

## 小結：書院教學實踐對理學倫理精神的落實

書院教學是南宋理學家超越家族宗族、超越鄉里，在更為廣泛的意義上建構倫理實體、落實理學倫理精神的理學行動。縱觀南宋理學倫理精神以書院教學作為實踐路徑的行動發現，理學家試圖通過創造一種並不完全依賴血緣，也不完全依賴地緣，而實際以理學「思想」作為紐帶連接的思想共同體模式來展開他們對理學倫理精神的落實行動，以及使理學倫理精神作為一種文化向社會普及和傳播。

在書院共同體中，南宋理學家闡明統一的書院教學使命，塑造儒學信仰，宣傳並積極維護這種使命和信仰。當這種維護以信仰的名義舉行時，當這種宣傳並不以個體的利益為動力，而是高揚一種社會倫理秩序重建的重要性時，理學家的行動本身就具備了道德性，而他們的目標實則要以自己的道德示範通過思想共同體的組織特性去創造一群人的道德示範；因此，他們為了這種匡濟時世的使命而強調道德知識的認知基礎和實踐的重要性，他們為此創立新的課本與講義，形成新的以書院為核心的自由講學體系，以區別於官學；他們改造以往僅作為藏書、讀書的書院建築，使書院不僅只表現為一個建築概念，而且還越發顯示出一個文化概念和道德概念的特徵。在這個思想共同體中，他們認為思想的共同性需要人際間的表達、交流、認同、發揚，並且需要受到保護和遵守，他們強調共同體以思想認識為基礎，生發出共同的精神，他們相信共同的精神氣質必然需要表現在日常人際活動之中和落實到實際的行動中才是真實和有效的，因此他們在待人、接物上他們創制學規，以學規的方式讓更多士人和民眾能看到理學倫理精神的制度化表徵，並可以讓更多人相信只要按照這樣的學規要求自己，就能夠和聖人一樣學真知，因為他們確信能夠自覺遵守，接受學規約束的人，一定配得上成為這一思想共同體成員的身份，並有能力為這個共同體使命而努力的人。

理學家的書院教學，是知識傳授和道德養成相統一的實踐。在思想共同

體不斷吸納新成員的講學活動中，實際上師生之間以融洽的學問互動實現著將理學轉化爲一種普遍生活方式的訓練，這種訓練的成果即理學新人的誕生和理學思想的延續，以及理學行動的共同參與。鵝湖書院學規規定，書院同志均要以「志於道、據於德；依於仁，游於藝」爲學規，清代鄭之僑作《鵝湖學規說》，重申朱熹書院教化的理念，引用朱熹之論讀書修身之要並做闡釋：

> 古人讀書必以立品爲要，而立品之道莫大於修身。欲修身，又必涵養德性，栽培人心。〔註74〕

從本質上，理學家的書院教學是要把人從純粹知識反哺的科舉場屋俗學中拉出，讓士人恢復對心靈和德性的關懷。

理學家的書院教學，是理學學統傳承和倫理秩序構建相統一的實踐。明道、傳道是理學家書院教學的主要任務，南宋理學家書院教學便是要將這一理學世界內的「道」通過「學」而傳承下去。這種對學統的傳承來自於對道統的共同認同和信仰。這種學統的傳承，正是在對儒學使命的信奉中，完成理學思想以「人」的方式傳遞——塑造理學新人、以「制度」的方式傳遞——書院學規、祭祀，並在傳遞中，師生相互問難，共同切磋學術爭鋒，在以「五教」爲目的教與學中，將思想上升爲道德精神，將道德精神落實於倫理秩序的構建中，那些儒家傳統最基本的倫理原則成爲師生不斷探討和實踐的主題，他們相信從學規開始，到日常信守的孝悌忠信，乃至行於一方的達濟於民，都是在以身爲範，以力行的思想在構建和維護理學藍圖中社會生活的倫理秩序。在書院教學發展中，理學書院教學作爲一個獨特的思想共同體的社會影響凸顯，由此它不斷實現倫理精神的普及。

與官學相比，書院是南宋理學家積極從事的在政治系統之外的一種倫理實踐的新典範，它在南宋時期的民間性格使書院教學活動具有更大的自由度和靈活性，使化民成俗的宗旨在教化型書院，尤其是家族書院中得到很好的貫徹和落實。「明人倫」是南宋理學家書院教學的主要內容，尤其在教化型書院中，道德教育是教學的核心，傳播理學倫理規範成爲書院的主要目的。朱熹《白鹿洞書院揭示》直接把「明人倫」作爲書院教學的基本目標，《麗澤書院學規》更規定孝悌忠信乃書院共同體成員之本。在面對普通士人學子的講學活動中，可以想見，理學倫理精神及其明人倫的社會人倫秩序整合功能通過書院共同體的平臺，對民風鄉俗的改善有著重要的影響。這種影響一方面

---

〔註74〕鄭之僑：《鵝湖講學會編》卷一。

是直接通過書院教學而爲之，另一方面則通過書院培育理學人才，使理學在人的代際傳承中得到發揚光大。書院共同體的建構開闢了中國傳統社會超越血緣、地緣等傳統關係之上的新的人際關係，在這種人際的關係中通過建構相似的知識背景和道德思想背景，從而樹立相同的使命與責任，從而發揮更大的社會整合作用，這種整合作用來自書院共同體所集結的群體之共同理想的形成。

# 餘　論

　　由思想而行動，南宋理學家的倫理實踐活動使儒學作爲一種學說思想在南宋時期與社會現實更爲緊密地聯繫在一起，使儒學不僅僅只停留在儒家精英的文本和思想領域，更作爲一種文化具備了向社會基層進行大眾化和普及化的可能。南宋理學家的倫理實踐使儒學在南宋時期的發展產生了轉向，這種轉向表現爲從主要關注思想學說的建立向關注思想的文化傳播及其社會層面的落實轉變。宋明理學是儒學發展進程中不同於漢唐儒學的新階段，它扭轉了漢唐儒學逐步走向封閉與僵化的狀態，試圖回到先秦儒學，重新闡發原儒的人倫本義，在此過程中，他們放棄八百年盛行的漢唐傳注儒學學統，從早期儒學中直取本義，關切「心性」之學，突出人倫本意，使人倫之理作爲一種思想理論彰顯出來，並凝聚成儒學的倫理精神，向社會基層生活世界推廣做好預備，理學家將儒學「治心」的內在功能與儒學「治世」的外在功能相結合，並試圖通過對「治心」如何在社會基層民眾的生活世界普遍化的倫理關切，達到從社會基層開始的實現「治世」理想的倫理實踐，宋明理學在理論建樹和倫理實踐的雙向行動中試圖復興儒學，對於南宋理學家而言，他們在經歷北宋理學學說發展的基礎上，著重將以上兩種功能相結合，開展一系列的理學行動，以達到理學哲學思辨向文化傳播的轉向，從而改變社會基層的人倫秩序和道德風俗。這一轉向在理學思想學說的創新上，表現爲將闡發心性之本義的《四書》提升爲儒學經典，形成了宋明理學的心性學說思想，破除了漢唐注疏訓詁的學風，使僵死和衰落的儒學開始重新充滿自由的生機和活力。這一轉向更爲根本的在於，重心性的特點與時代的要求密切相關，並使得這種對普遍性的個體之「心性」的關切與社會基層面向民眾群體「心

性」問題的倫理實踐相聯繫。

理學家在其對時代問題的理解中，有針對性地在思想層面提出天理的架構，希望在理欲之辨中依靠天理對人欲的節制，反對當時人欲橫流、官僚腐敗、民眾無教養之實的局面，這種反對落實到現實層面則轉化成了一系列道德教化的理學行動。這種轉化表現爲：南宋理學家將理學思想根源及倫理精神之精義轉化爲明確的倫理規範和行爲準則，便於落實到社會基層，由此，「天理」與「理一分殊」，「禮」與「克己復禮」，以及「重義輕利」、「存天理滅人欲」的理學倫理精神轉換爲具體的現實言說和行動時，則表現爲對現實生活中三綱五常的倫理架構和忠孝義節的行爲準則之確立和實踐。

而南宋理學家的倫理實踐則使新儒學的精神中具有形而上之「天理」與形而下之「禮」對接的要素：「行」觀念。在重「行」的理學理念下，天理成爲禮的權威根據，禮則成爲對天理的現實落實。南宋理學家關注社會現實問題，尤其關注社會基層秩序整合問題，這種秩序整合的基礎在他們看來是調節人倫關係和人心道德的「禮」的落實問題，他們採取一系列由思想到行動的「學」、「教」、「養」實踐，在社會基層的宗族、鄉里和書院的範圍內進行理學倫理精神的落實。這種落實的重要特點在於南宋理學家注重倫理實體的建構，即以宗族共同體的建構、鄉約共同體的建構和書院共同體的建構作爲理學倫理精神落實的具體形式來進行倫理教化。理學家們的倫理實踐使得理學思想潛移默化地渡向民間，並確立了中國傳統社會倫理生活和倫理教化的範式，在此後歷史時期的發展中，可以清晰地看到傳統中國社會基層民眾的倫理觀念和倫理實踐往往都可以在南宋時期找到源頭。通過對南宋理學家由思想而行動的倫理實踐考察，對當代中國社會倫理道德建設不無啓發，這種啓發在於南宋理學家對社會基層的共同體建構範式在當代依然具有一定的價值並能引發更多的思考。

## 一、理學倫理思想渡向民間範式的確立及發展

錢穆先生言：「宋明理學精神乃是由士人集團，上面影響政治，下面注意農村社會，而成爲自宋以下一千年來中國歷史一種安定與指導之力量。」〔註1〕宋明理學從其誕生起，就是要復興原始儒學中關注人倫秩序的價值取向的，理學不僅僅是爲了解釋世界而形成的學術思想，更是爲了改變世界而行

〔註1〕 錢穆：《國史大綱》（下冊），〔M〕商務印書館1997年，第812頁。

動的倫理精神，「理學倫理精神之行動面向」是理學區別於此前漢唐儒學的最
大特徵。

　　吾淳先生在其所著《中國社會的倫理生活》一書中，從社會史和教育史
研究的視角對比考察了宋以前及宋以後時期中國社會的倫理狀況，及其儒家
倫理思想落實的可能性問題。根據他的考察與比較，指出了漢唐及以前儒家
倫理落實的種種問題，這些問題歸納起來有六點〔註2〕：「漢唐社會中家不足
規模；學不在小人；禮不下庶民；倫不逾單一；法不佐倫理；儒不居本位」。
宋以前能夠提供中國社會基層儒家倫理教養的思想準備及其載體準備是不足
的，因此，儒家倫理往往更多的是體現為一種倫理學說，存在於漢唐儒者的
經典文本之中。

　　南宋理學家的倫理實踐恰恰是將一種作為思想的倫理學說轉變為注重行
動的倫理精神，為其渡向民間與社會基層而進行的官方控制系統之外的建構
行動：基於宗族共同體建構的宗族教養、基於禮教和鄉約共同體建構的鄉里
教化和基於理學士人共同體建構的書院教學實踐的。這種實踐使得理學倫理
思想形成了宋以後儒家倫理思想落實到社會層面的廣泛的路徑和大眾化的理
學倫理教化方式，理學倫理精神得以通過這些路徑和方式轉換為理學文化，
從而為社會民眾接納，並逐步影響社會歷史生活及其觀念。

　　縱觀南宋理學倫理精神及其行動面向的展開，對南宋理學家的倫理實踐
活動有如下總結：

　　第一，南宋理學家的倫理實踐以社會基層的「共同體」建構作為倫理精
神的落實平臺，宗族共同體、鄉約共同體、書院共同體是其落實理學倫理精
神的具體形式。南宋理學家在宗族教養、鄉里教化和書院教學的諸多倫理實
踐中，往往通過「共同體」建構以形成一個個倫理實體來落實對個體的教育
功能，這種「共同體」是在社會基層以特定群體的集體倫理行為改良與道德
修養提升為必要途徑，從而以最終達到社會基層秩序整合為目的。南宋理學
家從社會基層發起倫理行動，他們以「先覺者」的自我認同進行理學行動，
成為別人的榜樣，並同時培養理學人才，形成有別於其他群體的「理學士人
群體」，一同為建構基於社會基層生活世界的道德社會而實踐。南宋理學家在
現實政治社會秩序與理學三代想像之間製造了一種矛盾關係，現實政治在位

---

〔註2〕　詳細論證參見吾淳：《中國社會的倫理生活──主要關於儒家倫理可能性問題
　　　　的研究》，〔M〕中華書局2007年版，第166頁。

者不是聖人，科舉仕途中人也往往從私利出發，社會基層缺乏官方系統施以的正教而民風不古。南宋理學家認為現實政治權力系統內的在位者並沒擁有道德最高權威，而道德最高權威在於掌握天理之正學的理學精英手中。理學家的三代想像描摹出他們對世界秩序沒有衝突與矛盾、和諧善美的圖景，他們企圖在有別於現實政治權力系統之外，以自身掌握的正學付諸實踐以承擔將世界納入理學倫理秩序的理想。因此，南宋理學家的倫理實踐往往直接在社會基層民眾的生活世界內進行人倫秩序的整合及其倫理實踐。南宋理學家倡導由理學人士發起的社會基層倫理實踐並不是無的放矢的，而是以「共同體」作為倫理精神落實的基本平臺。作為一個共同體所具備的最大特徵：深刻而持久的共同性以及其共同性來源——歸屬感、權威和默認一致——正是理學家在倫理實踐中首先努力去實現的。他們所倡導的宗族教養是在社會基層針對專門以父系血緣為聯結紐帶集結起的群體進行的教化活動，他們對新宗族的組織方案和實踐使宗族日益成為一個具有祖先信仰與實現自我認同的平臺，來進行有關人倫道德的養成和教化，理學家為新宗族提供權威——祖先以及家長、族長——的依據，提供作為一個共同體所必須的歸屬感來源以及共同行動的人倫秩序。在理學家進行鄉里教化實踐過程中，他們依靠社倉和鄉約的形式在社會基層針對專門以地緣為聯結紐帶集結起的群體進行互助與道德監督及其教化活動。在這種組織中，群體的集結具有自願性和自律性，他們有的以推動者身份共同發起這類組織，他們有的以參與者身份共同接受這個組織的人倫規則並相互監督實施。他們具有與未參與者相區別的專門群體範圍，他們所接受的也是這類鄉里中共同體所具體規定的道德規範和行為準則，理學家在鄉里教化的實踐首先便是努力實現這一類群體的穩定集結。在理學家超越血緣和地緣之上進行更為深遠和普廣的倫理精神落實的行動中，他們選擇了書院，而不是學校。書院在理學家的行動中所擔當的角色不只是一個理學倫理精神傳播的普通場所，而是具有理學思想共同體性質的專門群體的集結，這一專門群體以思想的共同性和理學使命的共同性為特徵，他們將共同承擔理學倫理精神的傳承和發揚的義務，理學家所進行的書院教化的實踐首先就是努力實現以思想之緣集結起來的群體的穩定性。

第二，南宋理學家對共同體「道德信仰或共識」的培育作為共同體建構的重要基礎要素，這種信仰系統提供了共同體以穩定的向心力和歸屬感。在宗族共同體中，理學家努力向社會大眾提供了關於為什麼要建立宗族以及宗

族應該過怎樣的倫理生活的思考與行動。在理學家的倫理實踐中，他們依靠在普通士庶民宗族內對「祠堂」的建構和意義的闡發，依靠宗族祖先祭祀的「禮」的教化，確立了宗族得以維繫的祖先信仰和同宗同族的共識，在對圍繞祠堂的宗族倫理生活中，使宗族成員自願服從宗族共同體。在社倉共同體、鄉約共同體中，理學士人在倫理實踐中不斷表達了民胞物與、利濟蒼生的倫理精神，在理學士人不斷發起的同盟行動中鞏固了共同體發起人的這一使命與責任意識，與此同時鄉約共同體作爲一個強調道德自律的鄉民組織，鄉禮則成爲維繫這個倫理實體的重要基礎，鄉約共同體按照以三綱五常爲內容的鄉禮，規範自願參與到共同體中的鄉民。鄉約共同體超越了以往單純的鄉規民約文本，在鄉禮及其他倫理準則的規範下，成爲對鄉里人倫秩序建構具備倫理關切的倫理實體，與此同時這些共同體集結起自願加入的鄉民，使社會鄉里自治督導和自救聯盟得以穩定的實現。在書院共同體中，理學家通過書院特有的祭祀活動來維護理學的學統，理學家以儀式性很強的尊師之「禮」進行對孔子等先賢的奉祀和祭奠，傳遞了尊師、重道、崇賢、尚禮的儒家倫理精神，並塑造了對「聖人之道」的信仰系統。南宋理學家對共同體「道德信仰或共識」的培育之所以是共同體教化範式的重要基礎在於，理學家通過這種信仰系統和道德共識的塑造增強了共同體成員道德自覺性，這種自覺性來自於對共同體的認同和對自我與共同體關係的接納。

　　第三，南宋理學家基於他們努力建構的共同體，通過「教」、「學」、「養」以落實理學倫理精神於社會基層，這種「教」、「學」、「養」實質上是在共同體的平臺上提供「約束性倫理規範的確立及其對規範的習慣養成」與「基於倫理教化的道德知識供給」這兩項基於共同體教化的要素。南宋理學家將天理轉化成日常生活必備的具備理學倫理精神的「禮文」與「倫理規範及其行爲準則」，及其以童蒙爲教養重點的「族學」，試圖倡導普通家族、宗族中進行對個體成員的倫理養成教育——禮儀教化和族訓族規約束，以及道德知識系統的教養與訓練。《朱子家禮》的產生和實踐提供了「天理」在現實中的倫理架構——「三綱五常」——得以實現的社會手段，它使得國家爲高級官僚制定的禮儀之外又具備了在普通民眾中可使用的儒家倫理禮儀與規範教化方案，這種方案可以被複製、模仿、傳承，它是一種對人倫秩序整合的基於親屬群體的指導。以《四書》系統的儒家倫理精義爲核心，南宋理學家進行大眾教化文本的創制和推廣及運用，尤其是適合童蒙教化實踐可使用的規儀（家

訓、族規）與教材（《小學》、《童蒙須知》等）的創制，這些大眾化儒家倫理文本的內容核心思想即是理學倫理精神的實質，其形式則以淺顯的表達和理學道德典範的樹立，以及容易操練的具體化倫理規範爲主要表現形式，更易在社會基層民眾中間進行傳播和使用。這些文本的創制和由理學家帶頭的教與學實踐活動對理學倫理精神向社會基層生活世界的傳播起到了的重要作用。由家而鄉，南宋理學家在鄉里實施以禮爲核心的教化行動，在鄉里教化層面，南宋理學家也利用自己的地方官員身份，進行地方民眾的勸諭教化，以此作爲理學倫理精神落實的官方系統內的途徑，勸諭同樣是面向社會基層大眾的。與此同時，他們建立鄉規民約、倡導鄉里自治，通過鄉約共同體與社倉共同體的平臺，從而進行社會基層的人倫秩序整合，並實踐儒家民胞物與、利濟蒼生的倫理精神。鄉約與社倉實是一種理學聯盟行動，由理學士人群體在官方系統外倡導於民間，實施自我督導，而不是通過國家的強制性措施進行地方秩序整合。在這種聯盟行動中，產生了對超越血緣關係的鄰人、鄉人之間的義務與責任等倫理規範的要求。這種方案同樣可以被複製、模仿、傳承，它也是一種對人倫秩序整合的基於鄉里鄰居友人群體的指導。南宋理學家在社會基層建立的書院共同體，確立了讓理學士人群體專門有別於其他群體，以理學志向爲信仰與共識的理學倫理實踐基地。書院傳播理學知識、倡導理學倫理精神、並要求自視爲理學群體中人的每一位士人承擔實現理學道統和理學理想的責任與使命。書院可謂是南宋理學家在較高的精神層面實踐的一種理學行動，試圖擴大理學士人群體，以更大範圍的理學人士一同投入到整個治世的倫理實踐中去，同時，書院的教學活動無疑是一種最直接的理學倫理精神的傳播途徑，其使用的教材大多爲《四書》，及其理學家自編的教材，這些理學思想在理學書院的不斷增加和理學人才的繼承中得到傳承和傳播。自南宋起獨創了官方系統以外依據思想之緣爲聯結紐帶建構起來的學習共同體或思想共同體，這一共同體源源不斷提供成員信仰的基礎，倫理道德知識系統和倫理實踐的動力，書院教學當爲南宋理學家在傳統中國社會的倫理道德教化中的獨創。

第四，宗族共同體的族訓族規、鄉約共同體的鄉規民約和書院共同體的學規是南宋理學家基於共同體的倫理教化內容。這些規約對共同體成員的教化作用既具有強制性的一面，但同樣關注成員自願性、自覺性的一面。一方面，這些規約具有人倫秩序整合的功能，強調共同體成員以規約作爲自身的

約束，在具有一定強制性的規範約束中接受理學的倫理養成教化，從而潛移默化爲群體的習慣、習俗，從而轉爲風俗，完成儒家化民成俗的治世理想。另一方面，理學家強調內化於心的道德意識和道德認同對眞正的社會秩序整合的穩定作用，因此他們一方面強調通過具有約束性，有時還帶有懲戒性的規約來教化民眾，同時他們通過共同體的平臺提供一種屬於共同體的信仰系統和歸屬情感，尤其在鄉約共同體和書院共同體中可以看到這種倫理的教化完全建基於成員的自願集結之上，建基於成員對共同體使命、宗旨、目標的認同和追隨，這種自願性來自儒家所強調的「正心誠意」，而並非來自強迫。

　　南宋理學家的倫理實踐使理學倫理思想成熟發展，使理學倫理精神轉化落實爲普通士庶民可實踐的倫理規範和倫理知識，進一步產生社會人倫秩序的整合功能及其深遠的社會影響。南宋理學家建立了儒家的倫理思想學說之本體論基礎：天理。理，是理學家心中的仁，義，禮，智。這種對道德精神的本體建構爲道德倫理的神聖性和永恒性給予了追求的動力。理學家在其理學行動中並不是直接把抽象的倫理道德的本體論思想向社會傳播的，大眾化、普遍化理學倫理思想的途徑在於將理學倫理精神轉化爲具體化的理學倫理規範，在他們建構的共同體平臺上更系統、全面地實踐之，從而完善以仁爲核心的儒家道德規範體系及其增強這套體系的實際操作性。「三綱」雖由漢代董仲舒提出，但當時對其賦予的神聖化參雜了神學色彩，理論上也顯得粗糙，在南宋理學家的論證、說明、推演中，使三綱納入「天理」的理解框架中，在被實踐的過程中建構起了人倫之理的應然框架，成爲理學倫理精神落實到社會層面轉化爲「仁義忠孝」之主導觀念與行動共識。在南宋理學家基於宗族、鄉約、書院等共同體這種倫理實體的平臺所展開的鍥而不捨的教化中，君、父、夫三權發展成傳統中國社會的「天理所宜」，自南宋後以來，「君雖不仁、臣不可以不忠」、「天下無不是底父母」和「父雖不慈，子不可以不孝」、「雖夫不義，妻不可以不順」等相繼變爲社會主導觀念。將「三綱」與「五常」作爲南宋理學家對社會基層倫理生活進行規範化工作的具體原則，著實有效地在共同體教化中約束了人的行爲，並在反覆的操練中轉化爲內在的道德心理與道德觀念。在當時理學家所關注的理欲觀及義利觀中重理、重義的傾向逐步滲透入當時民眾的倫理觀中，這進一步促進了君、父、夫權的「三綱」落實在人倫秩序中的整合作用。

## 二、對後世的影響

對於一種要將思想渡向民間，使思想向社會基層傳播的行動來說，其對社會生活產生影響和作用絕不是即時生效與一蹴而就的。從長時段的歷史去考察思想之於現實的生命力和對社會實際真正形成的影響，往往需要到思想產生年代之後的時期去尋找答案，尋找社會生活由此改變的迹象，才能說明這種思想的行動面向之於實際生活的力量及其在社會基層產生作用的意義。對於南宋理學家群體將理學倫理精神向社會基層普及的倫理實踐而言，亦當如是觀。當中國傳統的社會生活歷史發展至南宋以後，從明代社會基層的人倫秩序整合模式來看，反映出南宋理學家們的倫理實踐的影響日益彰顯，由南宋理學家倡導的諸多共同體建構進入到穩定的發展和成熟階段，日益完備的倫理實體之建設成爲了宋以後倫理教化落實的主渠道。

從明代洪武時期及洪武以後社會生活中，依據《朱子家禮》的範式組織宗族共同體的情況而言，朱子倡導的以「祠堂祭祖」培育先祖信仰的宗族共同體建構範式不但爲官方禮制系統吸收，而且廣泛地影響到社會基層。一方面，官方禮制文本《大明集禮》〔註3〕受到《朱子家禮》的影響，吸收了《朱子家禮》的內容〔註4〕，明代汪循曾言：

> 我聖明治教休美，其頒制示制，每以《家禮》爲準，宜乎聲教，溢乎四海，而家置一廟矣。〔註5〕

對《朱子家禮》的官方化使南宋理學家對社會基層人倫秩序整合的倫理精神獲得了更廣泛地傳播：

> 朱熹《家禮》的內容列入國家典制，在中國禮制上是一個突破，在祭祖上的身份限制進一步放寬。〔註6〕

---

〔註3〕 《大明集禮》爲徐一夔等人在明洪武三年（1370）九月修成禮書，由朱元璋賜名。

〔註4〕 《大明集禮》卷六《吉禮六‧宗廟》有「品官家廟」、「祠堂制度」等規定，根據常建華將其與《朱子家禮》的對比指出：「《大明集禮》綜合了《家禮》卷一《通禮‧祠堂》中『君子將營宮室先立祠堂於正寢之東』、『爲四龕以奉先世神主』、『旁親之無後者以其班』諸條。其中與祠堂之制完全相同……《大明集禮》中的『家廟圖』實際上就是祠堂圖，而『品官享家廟儀』，採納《家禮》卷五《祭禮》有關規定……」

〔註5〕 汪循：《汪仁峰文集》卷十五《迴峰汪氏祠堂記》，四庫存目集部第四十七冊第386頁，轉引自常建華：《明代宗族研究》，〔M〕上海人民出版社2005年版，第7頁。

〔註6〕 常建華：《明代宗族研究》，〔M〕上海人民出版社2005年版，第7頁。

根據常建華先生的考證認爲，明朝洪武六年重新對官民祭祖制度調整，其中將庶人祭祀二代祖先改爲三代祖先。而到了洪武三十一年，在頒佈天下推行各地的《教民榜文》中的祭祖內容強調了子孫不僅要贍養祖父母、父母，而且要在其已亡之後依時祭祀，以禮體現孝道，在《教民榜文》的《祀文式》中祭祀四代祖先的固定格式，更不僅僅是對品官的限定，而認可了庶民祭祀四代祖先。〔註7〕雖庶人祭三代與《朱子家禮》設想的庶人祭四代不同，雖明朝國家禮制中並沒明確說明庶人能祭四代，但在對庶民的教化中，實際已對普通民眾祭祀限制有放寬趨勢，並且主要從以禮實現孝道的角度來言祭祀，實從《朱子家禮》的倫理精神發展而來。另一方面，從對明代地方志的考察中發現祭祖禮儀和祠堂祭祀，基本上都是接受《朱子家禮》的影響。京師（其轄今北京、河北）在明地方志中只談到掃墓，未涉及祠廟祭祖，河南民間不立祠堂，少數縉紳巨室建祠祭祖。士大夫祠廟祭祖少見於北方地方志。在南方，南京（今江蘇、安徽）地方志記載顯示，徽州府祠堂祭祖普遍，祭禮受到朱熹《家禮》影響較大，如嘉靖《徽州府志》卷二《風俗志》記載：「家多故舊，自唐宋以來數百年世系比比皆是。重宗儀，講世好、上下、六親之施。村落家構祠宇，歲時俎豆其間……歙、休喪祭遵文公儀禮。」在江西，據嘉靖修南昌府《寧州志》卷一三《風俗》記載：「分寧吳楚之交，俗多類楚，近世士大夫家冠婚喪祭，悉行文公《家禮》。」關於南康宗祠祭祖的具體情況，則在嘉靖《南康縣志》卷四《禮制》記載：「祭禮：士庶家多立祠堂（無者祭於寢），一依朱子《家禮》行之。」依禮儀祭祖，特別是建祠祭祖，成爲士大夫的行爲特色，時人認爲提倡禮制以維護祖先信仰，規劃宗族生活，並倡導鄉里士大夫應盡的職責，到明中後期，《朱子家禮》的普及使得宗族作爲倫理實體之共同體形制完備，並凸顯了其在社會基層生活中的教化整合功能。〔註8〕

　　再看基於穩固發展的宗族共同體而施以倫理教化的族規的發展情況。在南宋理學家的倫理實踐中，將族訓向族規的發展進行了推進，約束性的規制進入了家禮文本，也有了專門性的族規實踐示範，當然這一時期仍以家訓爲主，但已明顯在實踐中發現理學家對約束性在教化中地位的重視。與此同時，

---

〔註7〕　常建華：《明代宗族研究》，〔M〕上海人民出版社 2005 年版，第7～9頁。

〔註8〕　此處史料參見常建華：《明代宗族研究》，〔M〕上海人民出版社 2005 年版，第23～28頁。以上史料轉引自該書對明代風俗志記載祠廟祭祖的狀況進行的區域性考察結果。

在宗族共同體的發展過程中，原來以「家族」爲主的實踐也一步步進入了「宗族」的倫理教化實踐。仍然依據常建華在《明代宗族研究》一書中的研究資料，他對安徽、江蘇等十一個明代宗族的十六例族規進行了羅列與分析後，指出：

> 十六例除了休寧陪郭程氏成化、弘治是所定規約、會約、合同外，其餘十三例大致是在嘉靖以後訂立或修訂的，尤以嘉靖、萬曆時爲多。規範名稱中，規範二例，會約一例，合同一例，家規三例，祠規二例，宗規二例，宗儀、家訓、世訓、宗範、諭族文各一例。值得注意，以各種『規』爲多，……明代中後期演變爲主要針對宗族的規約、嘉靖、萬曆之際族規的出現是宗族發展並組織化與制度化的產物。〔註9〕

根據十六例明代族規，《明代宗族研究》一書指出族規的內容特點有三：其一，族規偏重祭祖方面的規定。其二，普及朱熹《家禮》冠婚喪祭四禮的儀節，以移風易俗。其三，賦予族長權力，使宗族組織化。〔註10〕這三個特點，從觀察南宋理學家尤其以朱熹及朱門弟子爲代表的倫理實踐，能看出早已有端倪，南宋理學家強調宗族共同體的建構，這一過程的發展必然在族長權威的建立中使族權加大，宗族組織化是共同體發展的結果，在此過程中，對宗族共同體祖先信仰的樹立和維護使得祭祖功能發達，而以《家禮》對族眾施以日常生活倫理的教化也是南宋理學家的倫理實踐主題，這些實踐到了明代已落實到一個普通的宗族之中，成爲社會基層整合人倫秩序的具體途徑了。

此外，從明代對南宋理學家實踐的鄉約共同體之倫理教化的繼承和發展考察看到，隨著明太祖對理學朱子一派在意識形態的統治地位加以確立以後，不僅以《朱子家禮》所構築的宗族共同體範式得到興盛發展，而且在南宋理學家尤其以朱熹爲代表實踐鄉里教化所進行的鄉約共同體建構思想也體現到了朱元璋的治國實踐中。《明太祖實錄》中記載：

> 上命戶部下令天下民，每鄉里各置木鐸一，內選年老或瞽者，每月六次持鐸徇於道路，曰：「孝順父母，尊敬長上，和睦鄉里，教訓子孫，各安生理，毋作非爲。〔註11〕

---

〔註9〕 常建華：《明代宗族研究》，〔M〕上海人民出版社 2005 年版，第 333 頁。
〔註10〕 常建華：《明代宗族研究》，〔M〕上海人民出版社 2005 年版，第 335 頁。
〔註11〕 《明太祖實錄》卷二百二十五，《洪武三十年八月辛亥》，第 3677～3678 頁。

文中所要宣傳的六句話即後世流行天下的明太祖「聖諭六條」。從其內容來看，實與朱熹知漳州對鄉里民眾進行教化所示的勸諭榜內容相同。在考察南宋朱熹的鄉里教化時可以發現其鄉里教化的勸諭內容與他所十分推崇和重視並修改的《呂氏鄉約》所要發揮的主旨是相同的，這種一體化的理學精神在明代則通過「聖諭六條」轉化爲官方系統由上而下的教民理念，這種轉換不僅是一個客觀的思想傳播歷史發展的過程，也是南宋理學家對社會基層人倫秩序整合的鄉約共同體範式的倫理實踐被官方證見、借鑒引用和落實的過程。在明代洪武年間，實踐鄉約的事例已有，廣東南海唐豫有《鄉約十則》〔註12〕，陳村人歐陽祖華「爲鄉約，率先閭里，早輸租賦；里社之會，規勉六行。」〔註13〕到了明代中葉以王陽明的《南贛鄉約》爲中心進行了具有典範意義的鄉約教化。明代鄉約在形式上大多以《增損呂氏鄉約》爲藍本，在宗旨上也秉承了南宋鄉約對鄉里民眾進行道德教化、實現化民成俗的社會基層秩序整合目的。到了明後期，明代鄉約逐漸與地方基層保甲制結合，官方通過鄉約進行教化的功能逐步轉化成對鄉民日常生活進行監視和控制的政治功能。

最後，來看明代書院共同體的建構範式的發展，其大眾化特徵日益突出。從對南宋理學家對書院共同體教學活動的實踐考察來看，南宋的書院多爲在社會基層由理學士人群體民間創辦的，理學家及其門生弟子多爲讀書交流、著述爭鳴，並通過講學與延請等交流活動傳播理學思想，構築理學士人群體共同體，傳遞理學道統思想和傳道濟民、利濟蒼生的理學倫理治世理想的。此時，書院共同體的倫理實踐大多與官府並無太多關係，因爲學術氛圍活躍，講學自由，理學家士人的淑世情懷能自由展現和在共同體的平臺相互傳染，培育共同的使命與宗旨。隨著書院共同體建構的發展壯大，書院教學的社會影響逐步增強，同時也在理學人士主動的尋求官方的支持中，受到官方重視，官方起初通過御賜書籍、匾額、提供學田等形式以「權威」的方式介入書院共同體的建構過程，而到明代後，官方則開始逐步以「權力」的方式介入書院的各類制度化建構和日常活動中，這一轉變從元代開始，自明代已明顯化，與此同時更爲重要的是，在這一官方「扶持」到官方「推動」的過程中，書

〔註12〕吳道鎔：《廣東文徵》卷六，轉引自劉志偉《在國家與社會之間：明清廣東里甲賦役制度研究》，〔M〕中山大學出版社 1997 年版，第 5 頁。

〔註13〕歐大任：《歐虞部山集》卷十一《高祖處士南野府君行狀》，四庫禁燬書叢刊集部第 47 冊，第 166 頁，轉引自常建華：《明代宗族研究》，〔M〕上海人民出版社 2005 年版，第 201 頁。

院共同體建構也逐步使書院教學活動更面向社會民眾，大眾化特徵日益突出。元代起鄉里書院的分佈廣泛起來，與最初學術型書院相比較，無疑是儒學傳播大眾化的結果，明代書院從數量上一千二百多所，遠超元代四百零八所。〔註14〕這無疑爲社會普通民眾子弟進入書院參加講學活動，接受教育提供了更多的機會。這種大眾化的書院教學實與南宋陸九淵教化理念，及陸門弟子的傳承不無關係。象山教法注重人心，因人設教，強調山村野夫都可教好，這一派書院教學活動至明代由王陽明繼承，並展開了基於書院共同體之上對良知之學進行的傳播與教化。錢穆先生對此做過評價：

> 王陽明提倡良知之學，然後講學家可以不必顧到學校教育之種
>
> 種方便，如書本、期限、學生資格等，只在幾次談話中收作興人才
>
> 之效。此種講學，傳播極快。學校教育，漸漸轉移變成社會教育。

〔註15〕

從書院教學對理學倫理精神傳播的情況來看，元明以降，大眾化和普及化的書院教學使理學倫理思想不斷滲入社會基層。社會基層的書院浸透著理學倫理精神，並散發出須臾不離道德修養的氛圍，「明人倫」和「道德教育」是書院共同體在明代的主要教育核心。許多書院成爲宣揚理學倫理精神的陣地，最能體現理學倫理精神之「存天理、滅人欲」的三綱五常成爲書院教學的主要內容。明代的浦江月泉書院爲宋代所建，內祀朱文公、東萊先生呂成公。到了明代，書院原址已成桑田，知縣毛鳳韶重修，後復學田，其自記中言：

> 天地之間，惟理與氣。未有氣，先有理，氣依理而行。理爲氣
>
> 之主。理有慧明，氣有通塞，感必應也。……今泉既雍塞而人才亦
>
> 遂寥落，今當疏導興建之初，清泉迸出，若應其侯者，則聖天子明
>
> 理學淑人心，初政清明之感召也，豈拙令之所能爲乎！遊於斯者，
>
> 苟思陽長陰消之理，剛也，善也，公也，義也，天理也，皆陽之脈
>
> 也。濬也，導之勿使一毫有所雍過，柔也，惡也，私也，人欲也，
>
> 皆陰之流也，窒之絕之，勿使一線得以浸淫。由月泉而白鹿，由白
>
> 鹿而洙泗可航矣。不明理氣之說而以盛衰歸之時數則荒矣。〔註16〕

---

〔註14〕參見孫培青主編：《中國教育史》，〔M〕華東師範大學出版社 2009 年版，第209 頁。

〔註15〕錢穆：《國史大綱》，(下冊)，〔M〕商務印書館 1997年版，第 803 頁。

〔註16〕嘉靖《浦江志略》卷六學校志，天一閣明代方志選刊 19，上海書店影印本 1963年版。

可見到了明代，普通的社會基層書院在理學繼承者們的倫理實踐中，已使朱熹時代的理學倫理精神直接作爲書院教學目標，欲使入學子弟遏制人欲，成爲道德上的君子。到了明中後期，王陽明一派從理學內部興起，與朱子一派在儒學思想層面相互爭鋒，但是從對大眾化的書院共同體範式下的教學活動承擔著社會基層倫理教化的態度上卻沒有分歧，明代後期許多王門後學依然在穩定的書院共同體範式中傳播相同的理學倫理精神：堯舜之道、孝悌人倫。嘉靖十四年（1535 年）池州知府陸岡創建會華書院，以紀念甘泉先生曾在此講學，曾經受學於王陽明和湛甘泉的督學聞人銓記言：

> 聞人子曾經受學於陽明、甘泉二先生，每得聞爲學之訓，輒以語諸同志曰：道其可知也，堯舜之道，孝悌而已矣，隨處體認天理以致其知，簡易而天下之理得矣。……受命督學，每按行畿輔必以所受於二先生者，……諄復講求謹庠序之教，申以孝悌之義，南北諸郡翕然興起而池陽諸生信以猶初。〔註17〕

可見，王學與朱學雖然在學理上有分歧，但從理學的倫理精神落實，倫理規範的建構上都是持有相同觀點的。正人心、美風俗是理學內部兩派共同的使命與宗旨。

我們應到注意到，南宋以後，理學倫理精神及其行動面向的實際效果逐步顯現，不僅表現在理學倫理精神轉換爲社會基層民眾的日常倫理道德觀念，而且其建構的共同體教化範式得到發展，其社會基層秩序的維持功能提高，這些證驗在明代社會可以找到。這其中很重要的原因是，這一由南宋理學家最初在官方系統之外欲以展開的具有創建「國家」以外的自治「社會」爲特點的人倫秩序整合行動，其產生的人倫秩序整合功能及其效果得到了官方的認同和吸納，理學的地位由此提高，理學倫理思想的落實也由此開始得到官方的支持和推行，其對社會基層控制的強制力開始顯現出來，也因此理學建構「社會」的自治性質開始減弱，「國家」控制特點則逐步加強，理學倫理精神的行動面向最初由其生發的倫理規範和約束則也逐步轉變爲明清時期官方控制社會基層的倫理之「法」，理學家倫理實踐所建構的基於社會基層的「共同體」在「國家」這一更大的「共同體」強有力的吸納中，成爲國家對社會基層控制的主要途徑，其強制性和教條性日益凸顯，理學行動在最初賦予

---

〔註17〕聞人銓：《會華書院記》，見《池州府志》卷三，天一閣藏書明代方志選刊 24，上海書店影印本 1962 年版。

「共同體」的「自願性」和「關注道德養成和倫理訓練」的性質相對被削弱。

## 三、對當代中國社會道德建設的啓發

　　南宋理學家在他們的社會歷史生活中，觀照社會基層民眾生活，以具有倫理實體意義的「共同體」建構，對社會倫理生活進行了關切，創造了一種道德教化的「範式」，落實了符合當時時代要求的倫理精神，並將之轉化爲可普遍化、大眾化的倫理規範進行實踐。在此，我將這一啓發與思考簡要敘述如下，也希望在現代社會倫理實踐及其公民道德教育領域在行動面向上提供開放性的探討話題。

　　如果我們承認麥金太爾〔註18〕在其著名的《德性之後》一書中對世界整體性在數百年的現代化進程中出現的道德危機問題〔註19〕的歸納是客觀事實的話，會發現當我們審視這一系列問題在中國的現代化進程中是否存在時，則亦復如是。這些問題的根源在於現代化進程中總體的道德系統逐步與現代人生活世界相疏離乃至分離。生活世界是人們共同生活、共同學習、共同工作、共同經歷、共同行動、共同言說所依賴的世界，它存在於凡人大眾的日常交往領域，同時也是人們在這種共同行動實踐下生成的結果；現代社會的經濟活動和國家管理控制系統發展迅速，經濟活動以制度化的方式使貨幣追求效率和資本追求增值，通過貨幣結算個體行爲的「貧富禍夭」，國家控制系統則通過政治系統的權力運作保障經濟活動能順利追求社會資源在現代化進程中的最大化利用率，並強化了一系列經濟活動領域內符合貨幣運作和利潤最大化規律所需的以「經濟」爲中心的價值體系。屬於「社會」自組織的生活世界在強大的「國家」經濟系統和政治系統中必然受到影響，「社會」的生活世界的道德系統受到來自龐大的「國家」的以富強、進步，擺脫貧困和落後爲動力的主導。當這種主導力量強大到完全左右了生活世界，而此時這一

---

〔註18〕阿拉斯代爾・麥金太爾是當代美國著名道德哲學家，其主要哲學論著有《德性之後》（1981）、《誰之理性？何種正義？》（1988）等。《德性之後》成爲世界倫理學代表作。

〔註19〕《德性之後》一書在對世界整體性道德危機進行分析時指出了當代人類道德危機的三個方面表現：第一，社會生活道德判斷的純主觀情感性；第二，個人道德價值選擇沒有客觀依據；第三，德性從社會生活中心位置退居生活的邊緣。要之，麥金太爾指出了現代社會道德觀念一致性缺失及其道德權威的喪失（此處道德權威的喪失係指道德沒有可以信賴和值得追求的終極價值目標）和道德自律體系的瓦解。

國家系統本身在快速的現代化進程中卻還未及完善，尚缺乏強有力的制度倫理和法律保障機制的話，那麼它的經濟利益最大化的畸變就將深刻地在生活世界發生作用，如人們將市場經濟下利益最大化的價值觀念引用到共同的生活系統之中，並成爲最高的主導價值取向，與此同時的結果是，原有的生活世界所秉承的傳統的人倫秩序被打破，傳統人際間的孝、義、忠、信等倫理規範只具有相對價值，道德信念喪失了終極價值目標而隸屬於利益最大化的最高價值之下，人際之間道德情感冷漠，如責任感、義務感、正義感和助人爲樂的道德滿足感及其對不道德行爲持否定態度或者厭惡感的道德情感弱化，道德共識和道德情感體驗的共通性弱化，人際信任缺失，道德權威性喪失。要言之，在社會生活世界中，自律性的道德系統在以上諸多問題的合力作用下逐漸和生活世界相疏離乃至分離，人們既感到生活世界的貧富禍夭與道德相分離，道德彷彿成爲一種飄蕩在空中的東西，而不再是大地上左右人們日常生活領域確認身份、進行行動的內心自律要求和外在行爲規範；但是人們在生發這種感覺的同時，卻又對人倫秩序的混亂，人際關係的道德冷漠而抱以持久的不滿和憤憤不平，但從何處重建這種道德情感和道德自律卻很難找尋可作爲的下手處。

對南宋理學倫理精神及其行動面向考察發現，南宋理學家群體的倫理實踐活動基於社會生活人倫秩序而發的「共同體」建構及其對倫理精神落實的範式，對當代倫理實踐和道德建設或有所啓發。

個人的社會化過程是接受自他一出生便存在的「社會」所賦予的各種教化的過程，道德教化是個體存在於社會，按社會規則行動，在人倫秩序中形成特定的倫理觀念和個人德性的前提。對個體的道德教化，必須有倫理實體的支撐。道德其根本在於使人心靈美好，行爲合宜，人際恰合，使內在德性與外在德行相統一的展開社會生活，它不能脫離社會生活根基。德性的生成並非是單純的哲思所得，而是在人倫關係和社會生活中實踐所得。與此同時，反映時代精神和道德傳統的人倫關係之當然之則也並非是實然地存在於個體之外的，而是個體在具體的人倫關係中通過觀照人倫關係的當然之則，實踐當然之則的過程中和個體道德一併生成的。現實生活世界的倫理實體則成爲個體成就道德，改善社會生活世界倫理環境的基本平臺，使個體的道德具有倫理價值，使倫理成爲個體培育道德的關係結構環境。

在今天，大眾傳播與公共教育的普及，使得基於交換關係的各類信息和

知識「市場」成爲孕育契約思維的搖籃，傳統社會基於血緣或地緣聯結起的具有規模的宗族「共同體」、社倉及鄉約「共同體」和書院「共同體」等，在前現代進入到現代的過程中由於賴以存在的社會結構基礎的變化及人口流動而日益瓦解。在現代社會中，這種血緣及地緣聯結起的人群凝聚力削弱，甚至不再存在。但即便如此，在吉登斯的理解裏，「共同體」作爲一種人們爲追求依存感和身份確認的倫理實體仍是可能的，這種現代意義上的「共同體」將是一種「脫域的共同體」。「脫域共同體」強調「共同體」的脫域性，即遠距離發生的事件和行爲不斷影響人們的生活，從而建構新的價值體系和共同性。〔註20〕

　　如果我們承認，任何時代，對象徵美好精神家園的「共同體」精神的追求是一直存在的，那麼現代意義上的「共同體」的含義又是什麼？可做這樣的概括回答：現代意義上「共同體」將繼承傳統共同體所給予人們的歸屬感、情感與記憶、信仰與共同理解、身份確認與人倫秩序的價值等倫理精神以外，將必然加入對現代性中「異質」、「脫域」、「多元」的包含，現代「共同體」強調離開血緣與地域關係的建構性、強調形成價值共識的理解、強調追尋價值認同的行動。在現代社會中，以可能的基於社會層面的各類「共同體」建構作爲倫理實踐的下手處，發展能夠將符合時代的價值追求轉化爲實然倫理關係的共同體之基本要素，從而達到培育現代公民道德，這是基於人的道德生活無法脫離社會根基，道德意識培養必須在「群體」中實現，必須在「倫理實踐」中「養成」的觀念，並以南宋理學家曾在傳統中國社會生活中努力實踐的共同體建構行動所形成的範式爲借鑒的。現代「共同體」的建構和實體存在，需要不斷擴充自己的精神內涵，在堅持對人的行爲尋找情感和道德的基礎之時，吸納更多的時代倫理精神價值，從而爲現代社會提供實現德育功能發揮的倫理資源和實踐觀念。

　　現代社會對共同體進行「建構」的行動並非是一種妄想，基於「建構」行動，共同體倫理實踐是可能的。基於對共同體「建構」的可能性的承認，以「脫域」的「思想」之緣進行現代的學習、職業共同體建構的嘗試，將會對當代道德建設提供公民道德基於倫理實體的群體培育平臺，這種基於「思想」之緣的傳統來自於書院共同體之倫理精神的傳播經驗。精神共同體是「人

---

〔註20〕〔英〕安東尼‧吉登斯著、田禾譯：《現代性的後果》，〔M〕譯林出版社，2000年版。

們為了實現共同的價值和目標，通過成員的共同參與，真誠合作，形成的成員之間及成員與共同體之間的精神和情感上整體的相互依存關係。」〔註 21〕成員所體現出的依存關係是在思想與情感領域的精神默契狀態。滕尼斯曾認為精神共同體是真正的人的和最高形式的共同體，這是恰如其分的。當然，他所認為的精神共同體，是基於血緣與地緣共同體的紐帶發展而來的更高級共同體形式，是歷史的而非建構的。「共同體」歷史而非建構的一面是從長時段的歷史角度而言的，並且是與現代社會組織基於對共同目的的追求和基於利益權衡基礎上按章建制、立刻建立的速效性相區別中提出的。但如果從本書對南宋理學家的倫理實踐考察中可以看到，回到一個群體及其群體人倫秩序從無到有的生成的角度來看，南宋理學家對社會基層諸共同體的創建行動無疑就是自覺的「建構」，並且他們在建構不同群體階層及其不同群體規模的共同體的倫理行動中，證明了對於共同體建構及其基於共同體進行理學倫理教化的可能性。時至現代，在並不基於血緣和地緣為紐帶的群體中，能否從中發展出滕尼斯所言之意義上的精神共同體，及其本書所言之意義上的由「思想」之緣形成的共同體，其全體成員不是基於「自然而然」，而是基於「建構」也能逐步達到精神默契呢？我想，這是可能的。這種可能性就存在於當今之學校共同體和職業共同體及其他社群的倫理精神之落實和倫理規範之建樹中，及其現代社會由小學而大學的教育系統內的公民道德訓練和養成之中。中國現代社會的道德建設可以汲取南宋理學家倫理實踐的經驗，在現代社會尋找基於社會生活各種群體的共同性，在集結的群體中生成、培育、傳承符合時代精神，凝練中華民族美德的德行與德性的統一。

　　基於現代社會學習和術業群體「共同性」的存在和發展，建構現代社會基於學習與職業的「共同體」及其「共同體」倫理實踐對當代中國社會道德建設具有重要意義。隨著經濟基礎的變化及其新的社會結構的形成，傳統基於血緣基礎的宗族「共同體」逐步解構，鄉里民間基於血緣和地緣混合而形成的諸多共同體在城鎮化和人口流動及分層之中也趨於瓦解，書院共同體則成為一種歷史，傳統社會這些經理學家倡導並形成的倫理實踐實體雖然已經不成規模，但共同體作為一種倫理實踐的範式對於現代而言，則不僅具有倫理史的價值，也具有現實倫理實踐的價值。傳統社會中個體的身份在現代化

〔註21〕劉善仕：《精神共同體的建構及其倫理意義》，〔J〕廣東社會科學，1998 年第二期，第 55 頁。

的進程中發生了各種轉換，尋找穩定的、新的「共同性」，確立新的身份，獲得新的可依據的和諧的人倫秩序始終是現代人不斷追尋的價值，只要這種「共同性」存在，就可能在社會基層建構大小不同的「共同體」。新的「共同性」基礎，對現代人而言，首先是其所處具有共同生活和相似術業範圍的群體，這些共同生活方式將生發倫理原則和規範，相似術業將發展對德性知識的學習和共識，以及職業群體的倫理建構。現代人的道德意識、個體發展皆因共同的生活方式和共同的學習與職業群體的形成而塑型，生活、學習與職業成為現代人成就為公民的群體教養基礎。現代社會中的學校共同體是一個包含了現代人從小學、中學到大學成長階段的倫理實體，現代的學校共同體應該提供個體社會化所需的公民倫理與道德的基本教育。小學需注重基本禮節與規則的教育與良好品德與習慣的養成，中學與大學則需注重對道德知識與社會倫理要求的理解和自覺。「德育是教育者根據一定社會和受教育者的需要，遵循品德形成的規律，採用言教、身教等有效手段，通過內化和外化，發展受教育者的思想、政治、法治和道德幾方面素質的系統活動過程」〔註22〕。德育實踐的重要性在於：積善成德，得於心，行於外。在德育視野裏，我們要追問什麼是真實的德育實踐？這個問題實際是德育實效的可能性問題。「學校共同體」及其以此平臺進行的不同層次的倫理實踐將提供作為現代社會基於「建構」倫理實體並落實現代社會符合時代要求的倫理精神落實的可能維度。然而，就現在的學校教育而言，在公民倫理和道德教養、教育方面仍然有所不足，這種不足表現為僅注重課堂對道德知識的講說，而忽略對倫理道德規範的訓練和養成，學校作為一個可以成為倫理實體的教育組織，並未充分發揮其在現代社會道德建設中的應有的共同體作用。

基於以上的思考，我們可以依靠現代社會對作為倫理實體的學校共同體和職業共同體的建構努力，彌合現代人生活世界與道德系統的疏離乃至分離這一現代道德危機的社會根源。道德是人們內心的秩序，倫理是人們內在道德在現實人倫秩序中的表現，同時又是對道德的一種維護，它們是維繫社會生活世界不可或缺的觀念系統和規範體系，它們需要首先在現代化中國的社會層面真正被重建起來。在「社會」自組織的層面倡導「共同體」的建構，以「共同體」作為社會群體的倫理實踐基礎，以符合時代倫理精神的原則與內容，和傳統中華美德相統一來重建現代中國社會的人倫道德是可能的，這

〔註22〕魯潔，王逢賢：《德育新論》，〔M〕江蘇教育出版社，2002年版，第7頁。

就要求一種思想與行動的再度勾連，倫理精神必須得以有落實處，生活世界與道德系統的分離必須彌合，道德或倫理的實踐必須回歸社會層面的生活世界，在人們的日用中得到培育和養成，再度形成道德信仰和道德共識，並在倫理規範的生成和習練中形成穩定的行為習慣和道德自律。由此，「共同體」的建構使得我們重新關注社會生活世界中具有某種「共同性」的人們對道德信仰與共識的培育問題，如以學校共同體的建構進行小學、中學基本人倫規範的訓練與養成，大學對於人倫知識和文化傳統基於不同層次學習與實踐。又如職業共同體中對各類職業群體的人們基於有別於其他職業所形成的道德共識和倫理規範的遵守，如教師群體、醫生群體、公務員群體等等。相信，在各類基於社會的「共同體」建構中，符合時代的新的倫理精神將會在共同體建構過程之中自然地形成和清晰，並可以通過這一倫理實體進行不斷地倫理實踐而使更普遍的人們獲得現代生活所必須的道德信仰與共識，人倫秩序的穩定感和對內在道德感的自覺。

那麼，當我們看到了現代社會道德建設的下手處與可能性後，該如何來著手於屬於今天和未來的道德教育呢？從道德教育的實踐視角來進一步探思，則關鍵在於彰顯出道德教育實踐中「涵養」的當代之實，把握好「涵養」要義，遵循「涵養」三原則，使具有「涵養」本質的公民道德實踐能夠融於全人教育發展之中，並且在世界優秀文化的薰陶中，秉持中華優秀傳統文化作為底色，使這片土地上的人們生活得更和諧安康與豐盈幸福。

何為「涵養」？「涵養」要義包括「滋潤養育」和「存養心性、修養」兩層含義，既強調外在的主動培育環境，又注重激發主體的內在自覺。「習與性成」與「涵養須用敬」是「涵養」方法的基本精神，意在倡導通過長期的規範與引導促進習慣養成進而塑造成人的內在品性。以朱熹、呂祖謙等南宋理學家為代表，他們向我們展示了涵養教育通過一種廣泛的「共同體」實踐運動，將倫理道德觀念落實到大眾日常生活的例子。他們在百姓日常生活中建構適應當時社會結構的宗族共同體、鄉約共同體與書院共同體，由此在共同體基礎上再來推動具有濃厚儒家價值觀念的族規族訓教化，鄉里勸喻教化以及書院學規講學教化等，得以使人生而在家族，長而在鄉里，學而在書院，由此實現浸潤薰陶，從而儒家倫理思想得以由思到行達到落實。從傳統儒家的教育中可以看到，「涵養」教育實現教化功能，需要具備「營養源」、「土壤」、「時間」要素。南宋理學家的儒家思想理論及其他們自覺根據儒家思想進行

家訓族規、蒙學教材、書院講義等通俗範本轉換的教化資源就是涵養教育豐富的「營養源」；三個共同體的建構就是「土壤」，基於共同體，全過程、全方位、全體理學人才實施的多種教育方法才得以涵蓄與滲透，確保了涵養「時間」的長效性，這才使得「涵養」教化最終成為可能。有效的「涵養」教育如果沒有這三要素，就達到不了滋潤養育的功能，價值觀培育也就只能停留在「教」，而達不到「化」。誠然，與當時理學家涵養教育方式相適應的社會結構基礎已經不再存在，從今天來看，我們不可能再去還原那些具體手段，但是其建構共同體以創造涵養教育的日常範式與浸潤載體及其突出時間要素之智慧，卻值得我們借鑒。

「怎麼涵養」？在當下道德教育的實踐領域，需要遵循「涵養」的三原則：

一是「批判繼承」。道德教育要在當代中國人的價值觀培育中煥發魅力與吸引力，就必須符合時代要求、要具有生命力，要與中國人的當下內在需要契合，這都要求必須堅持「批判繼承」的原則。中華優秀傳統文化是在中國古代農業社會的基礎上生長和發展起來的，當代社會中，傳統倫理道德賴以生長的政治和經濟基礎都不存在了，對其要進行發展，不能單純地復古，需要結合時代精神，融合東西方文化，結合西方文化中的某些先進理念，如參考西方倫理精神中的民主、自由、平等、法治思想，結合中國的國情，面對當今世界、當今社會發生的倫理困境和問題，在提出相應的解決方法的過程中實現。

二是「把握系統」。涵養式的道德教育要形成穩定的機制，就要整體設計，把握系統性，運用、創造好可以承載「文化內容」的「共同體」，在此基礎上廣納「倫理資源」，並培養好「教育人才」，促使當代涵養教育所需的諸要素有機結合，以確保充分的涵養「時間」。道德教育的載體平臺、資源和人才這三個方面不是孤立的，而是相互聯繫的：沒有載體平臺，資源無處蓄備；沒有資源保障，一切教育只能流於形式和外化的約束；沒有教育人才保障，涵養就無人營造和建構當代的環境氛圍。因此，「把握系統」的原則，更要注重對它們之間的內在聯繫、功能、實現目標與任務及其相互滲透進行系統考慮，達到整體推進，齊力建設，從而實現道德教育要素的有機結合，使涵養教育可以具有認知與實踐相結合、適應與發展相兼顧、個體與社會並重，實現顯性教育與隱性教育相結合的浸潤效果。

　　三是「以文化人」。亨廷頓說過，「文化是一個社會的全部生活方式」〔註23〕，文化的價值在於對人實現培養和塑造。「觀乎天文，以察時變，觀乎人文，以化成天下」，中華優秀傳統文化中儒家「仁愛忠恕」，道家「道法自然」，佛家「慈悲爲懷」等理念，以及理想人格追求與修養工夫論，小至對個體安身立命，大到對世界文明提供了寶貴智慧，其涵養而成歷史上「百姓日用而不知」的諸多價值信條，成爲影響後世者的精神力量，體現了以文化人的重要價值。「以文化人」就是「涵養」教育的核心。「以文化人」要注重持續性，人的道德水平發展本身具有思想行爲的反覆性、複雜性、易變性等特點，使得文化的「化人」功能不可能一蹴而就，而是需要通過引導、啓迪、陶冶、薰陶、規範等具體形式持續不斷地進行，道德建設急就不來，只有慢下來，全方位與全過程的涵養起來才可以實現。

　　中國當代的道德建設更需要進行社會公共倫理生活的涵養教育，在多元文化中，當有培養「中國靈魂，世界眼光」的格局，在不同文化碰撞交流中，領會中華優秀傳統文化精髓與當代價值，使涵養教育建基於開放包容的博採眾長與理性探索之上；與此同時，培育一支懂「藝」能「道」具有傳統文化傳播力的教育人才群體，在把握「涵養」要義的教育實踐中，回向禮敬南宋理學家們的行動面向，由思想而行動，由行動而落實！

---

〔註23〕〔美〕塞繆爾・亨廷頓：《文化的重要作用》，〔M〕新華出版社，2002 年版，前言。

# 附：綜述

　　在宋代歷史地位得到重新評估以後，宋代儒家倫理思想之落實問題就成爲了學術探索的新領域，學界逐漸開始關注儒家思想是如何與社會生活發生關係並對社會生活產生作用這一問題。近 30 年來有關宋代儒家倫理思想的落實問題，包括研究現狀、研究方法、主要人物研究、思想落實的性質地位研究、思想落實途徑研究等五個方面取得了不少成果，此處試對以上五個方面研究進行綜述，以期展開更進一步的研究與探索。

## 一、對南宋儒家倫理的研究現狀概述

　　三十多年來，學界對南宋儒家倫理的研究取得了較爲豐碩的成果：《中國傳統倫理思想史》（朱貽庭，1989 年）、《儒家倫理與秩序情結：中國思想的社會學注釋》（張德勝，1989 年）、《中國儒家倫理思想發展史》（李書友編，1992 年）、《中國倫理精神的歷史建構》（樊浩，1992 年）、《宋元時期的道德理論與德育實踐》（馮克誠等，1998 年）、《中國倫理學說史》（沈善洪，2002 年）、《儒家倫理——秩序與活力》（劉宗賢，2002 年）、《中國禮教思想史》（蔡尚思，2002 年）、《儒家倫理思想研究》（曾振宇，2003 年）、《中國倫理學史》（陳少峰，2004 年）、《中國倫理思想史》（陳瑛，2004 年）、《中國倫理思想研究》（張岱年，2005 年）、《人和論——儒家人倫思想研究》（徐儒宗，2006 年）、《宋代理學倫理思想研究》（陳谷嘉，2006 年）、《中國社會的倫理生活——主要關於儒家倫理可能性問題的研究》（吾淳，2007 年）、《中國倫理道德變遷史稿》（張錫勤等編，2008 年）等，這些著作從中國傳統倫理學說史、儒家學派人物倫理學說、儒家倫理道德範疇、以及儒家倫理精神建構、儒家倫理道德實

踐等角度，都不同程度對南宋時期的儒家倫理展開了研究。

總體而言，對儒家倫理的研究，注重對儒家倫理思想學說本身的研究，而對儒家倫理思想與社會歷史生活的關係研究偏少，即缺少對儒家所主張的倫理學說如何與社會生活相結合，以何種方式使儒家倫理精神真正落實到社會基層的研究。與此同時，對宋時期這方面的專題研究則更少，更缺乏對宋代儒家倫理思想傳播到社會層面的研究。

儒家倫理思想，在我國傳統的思想文化中佔據著重要地位，歷代儒者紛呈的思想體系往往都將人倫道德學說置於中心位置。當代學界對於傳統儒家倫理的研究因此也格外重視對歷代儒家倫理思想內容的梳理和闡釋，然而這種對思想本身給予盡精微的關注，其另一面，卻是忽略了傳統社會中，儒家倫理學說與它所處的社會歷史生活之間互動關係的研究，從儒家倫理思想史研究角度而言，是有所欠缺的。從社會生活史角度而言，傳統社會的倫理生活與儒家倫理思想到底是怎樣的一種關係，也未在社會史的研究中進行專門的研究，而傳統社會的倫理生活如何被儒家倫理思想所規導，規導的程度如何，這一問題是需要被說明的，而並不因為歷代儒者繁富的倫理學說史的變遷而成為自明。因此，在原有的對倫理學說史和原有的社會史研究基礎上，開闢出二者合一的儒家倫理研究領域是十分必要的。通過查詢《二十世紀宋史研究論著目錄》〔註1〕，並對近十年來倫理學界、哲學界、社會學界所出版的著作進行搜索和瀏覽，所能找到與本主題內容直接相關的著述較少，只是到了近年來，在學界逐步意識到對哲學思想、倫理學思想的研究必須回歸到歷史生活中去考察時，《中國社會的倫理生活──主要關於儒家倫理可能性問題的研究》〔註2〕和《中國倫理道德變遷史稿》〔註3〕這兩部著作的出版改變了以往單純注重歷代倫理學說史研究，而忽略對倫理史研究的局面，這兩本著作為本書的研究指明了方向，也給予了莫大的研究支持和精神鼓舞。

《中國社會的倫理生活──主要關於儒家倫理可能性問題的研究》一書，對中國倫理的歷史進行了俯瞰式的概括，對先秦、漢唐、宋以後的社會

---

〔註1〕 方建新編：《二十世紀宋史研究論著目錄》，〔M〕北京圖書館出版社 2006 年版。

〔註2〕 吾淳：《中國社會的倫理生活──主要關於儒家倫理可能性問題的研究》，〔M〕中華書局 2007 年版。

〔註3〕 張錫勤、柴文華編：《中國倫理道德變遷史稿》上下卷，〔M〕人民出版社 2008 年版。

倫理生活狀況分別從儒家倫理落實的平臺、思想落實與教育、制度、倫理、法律的關係，以及儒家倫理思想在各時期地位這幾個方面進行了對比研究，尤其對宋以後中國社會的倫理狀況闢一章節進行了專題論述，該書認爲：「宋代在中國倫理發展史中具有十分重要的地位，它是倫理從思想走向社會、走向實踐的時代，儒家倫理終於實現了大眾化或普遍化。」〔註4〕繼而指出「這一倫理的實現或展開以宗族爲平臺，在此平臺上，通過族規以立倫理，通過守則以呈倫理，通過強制以行倫理，通過教育以養倫理。」〔註5〕在對宋代以及先秦、漢唐儒家倫理思想落實到社會層面的考察和其與猶太宗教倫理系統進行比較之後，吾淳先生指出普遍倫理得以實現的三個基本條件，即：共同體、教育、以及相應的法律或懲戒措施。」〔註6〕，由於該書是對整個中國社會倫理生活做形態學式的研究，因此對宋代，尤其是南宋儒家倫理落實問題的研究受到篇幅限制，並未充分展開，但其概括的觀點給予本書研究南宋儒家倫理落實的啟發很大。

《中國倫理道德變遷史稿》（以下簡稱《史稿》）是一部非常關注倫理思想與社會生活互動的著作，可以說這部著作是一部關於倫理變遷史的著作。不過，由於這部著作著重要描述中國倫理道德生活的實際狀況以及變遷，因此相對偏重於倫理的社會史研究。《史稿》將中國倫理道德的變遷劃分爲八個歷史階段，認爲宋明時期「既是中國封建制度進一步完備、定型的時代，也是中國傳統倫理道德體系進一步完備，綱常禮教的權威完全確立的時代。」〔註7〕《史稿》指出宋明時期，統治階級爲加強道德教化而推崇儒學、表彰理學；理學家對五常等道德觀念進行進一步整理和闡釋，加之教化的全面加強和普及，德法並舉成爲基本國策，從而使當時社會倫理生活中君、父、夫權進一步強化，各種愚德日益增多。在論述過程中，《史稿》既對當時儒家倫理思想中理欲、義利、和公私觀進行梳理，分析其中重理、崇義、尚公的傾向，又關注儒家教化以及重刑在社會層面使得倫理思想普及和大眾化的闡述。由於

---

〔註4〕　吾淳：《中國社會的倫理生活——主要關於儒家倫理可能性問題的研究》，〔M〕中華書局 2007 年版，第 186 頁。

〔註5〕　吾淳：《中國社會的倫理生活——主要關於儒家倫理可能性問題的研究》，〔M〕中華書局 2007 年版，第 186 頁。

〔註6〕　吾淳：《中國社會的倫理生活——主要關於儒家倫理可能性問題的研究》，〔M〕中華書局 2007 年版，第 3～4 頁。

〔註7〕　張錫勤、柴文華編：《中國倫理道德變遷史稿》上下卷，〔M〕人民出版社 2008 年版，第 3 頁。

《史稿》以整個中國倫理道德變遷為研究內容，並將宋到明中期作為一個階段整體論述，因此，著作對南宋時期諸位理學家個人的倫理思想和實踐，以及南宋社會倫理生活的具體情況沒有闡述，另外《史稿》以史為特色，相對而言，就疏於對南宋儒家倫理思想與其落實到社會層面時採用的具體日用文本諸如蒙學教材、家訓等，以及書院、宗族途徑進行貫穿式的分析。但儘管如此，這套直接以倫理史為研究對象的《史稿》仍然提供了比較豐富的歷史資料。

在以上直接以「倫理道德」，而不是「倫理道德思想」作為研究視角的著作中，能提供的宏觀的倫理研究資源是相當豐富的，但對於關涉南宋時期倫理思想與道德生活互動的專題資料不多，還必須從其他相關的專題研究中尋找，以下幾個部分將分別綜述與本書相關的南宋倫理思想研究，及其思想與道德生活互動的具體著述和主要文本，其啟發的意義不僅在於收納寫作的資料，還涉及到寫作的方法論運用。

## 二、關於研究方法

歷來對儒家倫理的研究都存在著較為觀念化、邏輯化的傾向，但自上世紀 90 年代中期以來，以史學界為引領，而後哲學界、倫理學界均開始注重思想與社會之間互動關係的研究方法。

《朱熹的歷史世界》（余英時，生活・讀書・新知三聯書店，2004）一書，將朱熹的思想學說與南宋立國的根本大計及當時的時代主題相聯繫，從朱子交友圈及南宋政治，找出線索，證明其論述，開創了思想史及政治史雙方交叉的研究方法，此書開拓了研究思想史的新方法，可稱為中國史學界在二十世紀後半期最重要的著作。在余先生另一本著述《宋明理學與政治文化》一書的自序中寫道：「理學（或道學）的起源和發展首先必須置於宋代特有的政治文化的大綱維之中，然後才能得到比較全面的認識」〔註8〕，正是在這種研究方法之下，余英時先生得以脫開以往學者慣常認為宋明理學是內向型、只教人如何「成聖成賢」、只注重心性修養的理論的看法，指出理學的「內聖」修養方法和道路，都是「為了通過『治道』以導向人間秩序的重建〔註9〕，

---

〔註8〕 余英時：《宋明理學與政治文化》，〔M〕廣西師範大學出版社 2006 年版，第 3頁。
〔註9〕 余英時：《宋明理學與政治文化》，〔M〕廣西師範大學出版社 2006 年版，第 4頁。

而這個人間秩序的重建，恰恰是關涉到文化、人倫、日常生活等諸多秩序的實踐性問題，因此余先生指出了理學思想與實踐關係研究的可能性。《漢代循吏與文化傳播》〔註10〕一文是余先生從實踐層面研究儒家思想如何向社會大眾層面傳播的文章，其中他分析了中國文化「雅」與「俗」，「精英」與「大眾」，「大傳統」與「小傳統」的關係，並研究了漢代循吏在聯結大傳統與小傳統文化觀念互動中的關鍵作用，其研究思路給予本文啓發很大。

當代學者劉志琴女士在《社會文化史的視野》〔註11〕一文中指出：「揭示精英文化社會化的過程和特點是建設社會文化史的重要思路。」她認爲中國古代社會的大傳統表現爲禮的意識形態和社會制度，這是精英文化的主流，小傳統在古代表述爲「俗」，「精英文化的價值觀念滲入世俗生活，從而使世俗生活理性化，這就是世俗理性。……世俗理性造成中國社會文化的顯著特點是，倫理觀念和文化意識滲入日常生活的各個領域」。因此，從儒家倫理僅作爲精英思想開始，到被社會接受、並以此作爲倫理生活方式，是有一個大眾化的過程的，它需要被說明。對南宋儒家倫理思想大眾化的研究正是從這個意義上爲筆者所關注，並意欲研究。

陳來先生在爲《制度儒學》一書作序時指出：「『作爲哲學的儒學』，不同於『作爲文化的儒學（教）』，前者是學術思想的存在，而後者則是社會化、制度化、世俗化的整合的文化形態。現代儒家哲學和當代儒家哲學雖然十分活躍，但是這樣一種儒學對社會文化的影響與宋元以來的儒學根本不能相比，其中的主要原因便是缺少「作爲文化的儒學」以爲基礎。」〔註12〕實質上，陳來先生所言的文化的儒學是動態的儒學，這種動態體現爲作爲哲學的儒學如何自覺地使其大眾化，在大眾化過程中，與人們的觀念、行爲、習俗、思維、情感相結合，不斷發揮其文化整合功能。

### 三、關於宋代儒家倫理思想向社會傳播的性質與地位

作爲文化的儒學，儒家倫理思想在中國兩千多年的歷史長河中，向社會傳播的過程從未斷過。對於宋代儒家倫理思想向社會傳播的程度與地位問題，自上世紀90年代對宋代歷史地位重估的討論之中也同時凸顯出來。

---

〔註10〕 余英時：《士與中國文化》，〔M〕上海人民出版社 2003 年版，第 118 頁。
〔註11〕 劉志琴：《社會文化史的視野》，載於《中國社會史論》，〔M〕湖北教育出版社 2000 年版。
〔註12〕 干春松：序言《制度儒學》，〔M〕上海人民出版社 2006 年版。

對宋代文化傳播程度的研究，錢穆先生曾指出：「就宋代言之，政治經濟，社會人生，較之前代，莫不有變。」〔註13〕他認爲，在宋代文化史上有三件值得大書特書的事，「社會文化之再普及與再深入」則是其中之一大。〔註14〕張邦煒先生認爲「宋代文化最爲明顯的特徵，恐怕莫過於相對普及，它同時又象徵著宋代文化的繁榮。」〔註15〕吾淳先生認爲：「宋代在中國倫理發展史中具有十分重要的地位，它是倫理從思想走向社會、走向實踐的時代，儒家倫理終於實現了大眾化或普遍化。」〔註16〕

對宋代文化的相對普及的表現及原因的研究，張邦煒先生指出：「宋代文化相對普及的最重要也最富有時代意義的表現是文化不再被極少數士家大族所完全壟斷，逐漸由士階層普及到農工商各階層。其原因之一在於當時具備相應的物質條件。其原因之二在於當時具備相應的政治環境，號稱「以文治天下」。原因之三在於家庭對後代的教育，大多抓得很緊。〔註17〕吾淳先生認爲：「直至宋代，中國社會的倫理始以眞正基層倫理亦即家族或宗族倫理的形式出現，具有了普遍性的意義。這一倫理的實現以宗族爲平臺，在此平臺上，通過族規以立倫理，通過守則以呈倫理，通過強制以行倫理，通過教育以養倫理。」〔註18〕崔大華先生從理學與社會生活關係的角度在其著作《儒學引論》中認爲「理學並不是作爲一個純粹的理學體系而存在，而是通過不同的方式、途徑滲透到社會生活中去，塑造了一種十分具體的、以理學爲特質的儒家生活方式」〔註19〕，並提出理學滲透到社會生活的方式是通過理學成爲國家政權的意識形態，以及理學浸染蒙學、理學進入文學等主要途徑進行的。

〔註13〕 錢穆：《理學與藝術》，見宋史座談會編：《宋史研究集》第 7 輯，〔C〕臺北中華叢書編審委員會 1974 年印行。

〔註14〕 錢穆：《理學與藝術》，見宋史座談會編：《宋史研究集》第 7 輯，〔C〕臺北中華叢書編審委員會 1974 年印行。

〔註15〕 張邦煒：《宋代文化相對普及》，載北京大學古文獻研究所、四川大學古籍整理研究所編《國際宋代文化研討會論文集》，〔C〕四川大學出版社 1991 年版

〔註16〕 吾淳：《中國社會的倫理生活──主要關於儒家倫理可能性問題的研究》，〔M〕中華書局 2007 年版，第 186 頁。

〔註17〕 張邦煒：《宋代文化相對普及》，載北京大學古文獻研究所、四川大學古籍整理研究所編《國際宋代文化研討會論文集》，〔C〕四川大學出版社 1991 年版。

〔註18〕 吾淳：《中國社會的倫理生活──主要關於儒家倫理可能性問題的研究》，〔M〕中華書局 2007 年版，第 186 頁。

〔註19〕 崔大華：《儒學引論》，〔M〕人民出版社 2001 年版，第 634 頁。

## 四、關於南宋三位理學家代表倫理實踐的研究

宋代儒學思想發展的一個最重要成果，就是理學的誕生。理學家們在這一時期提出並系統論證了實現「學以做人」教化目的的具體實施方法，在可操作性上使儒家教育目的的落實有了方法上的保障，北宋理學家重在「上學」的創新，南宋理學家則重在「下達」的落實。

### （一）朱熹

朱熹是中國傳統社會後期非常重要的哲學家、思想家、教育家，他集理學之大成，思想具有明顯的重倫理、重教化的特色。他始終在其社會實踐中做到知行合一，自覺地傳播儒家價值觀念，將思想向文化轉型，對文化的貢獻巨大。

1980 年以來，對朱熹哲學、倫理思想的研究成果不斷，諸如侯外廬的《宋明理學史》、張立文的《朱熹思想研究》、陳來的《朱熹哲學研究》等。一些倫理學史的論著對朱熹倫理實踐方面的內容也有所論述，如蔡元培的《中國倫理學史》、陳瑛、唐凱麟、徐少錦、劉啓林的《中國倫理思想史》，沈善洪、王鳳賢的《中國倫理學說史》，朱貽庭主編的《中國傳統倫理思想史》、陳廷湘的《宋代理學家的義利觀》、陳少峰《宋代理學的倫理範世及其德育方法》等，都有專章談到朱熹的道德教育學說。

著重突出朱熹對儒家倫理精神的文化傳播實踐的研究，多數是從其教育思想和教育實踐角度展開的，因此這些研究以各類教育史專列章節出現，但教育史的研究主要僅做介紹，關注的焦點主要是對諸位理學教育家的生平與教育活動、教育目的、教育內容、教育方法的闡述，如毛禮銳、沈灌群主編的《中國教育通史》，黃明喜、於述勝的《中國教育哲學史》，袁徵的《宋代教育—中國古代教育的歷史性轉摺》。美國學者陳榮捷有多部朱熹研究的著作，包括《朱子門人》、《朱學論集》、《朱子新探索》等，其中涉及不少朱熹的教化活動。另外還有蔡方鹿的《朱熹與中國文化》，該書注意探討朱熹對中國教育的影響。

對朱熹書院教化的研究，楊金鑫的《朱熹與嶽麓書院》、吳萬居的《宋代書院與宋代學術之關係》，楊布生、彭定國的《中國書院與傳統文化》，丁鋼、劉琪的《書院與中國文化》等著作對朱熹的書院教化活動有所論述。方彥壽的《朱熹書院與門人考》考證了與朱熹有關的 67 座書院，以及朱熹所創立的四座書院中的 276 位門人。高令印《朱熹事跡考》則是基於他對朱熹歷史遺

跡的考察。美國陳榮捷《朱熹與書院》，黃金鐘《朱熹與福建書院考評》，美國李弘祺《朱熹、書院與私人講學的傳統》，朱火金《朱熹與我國古代書院的發展》，陳谷嘉《千年學府精神追尋──南宋時期嶽麓書院「忠孝廉節」校訓診釋》等。另外，陳東原《廬山白鹿洞書院沿革考》、梁鷗第《宋代的書院制度》、劉眞《宋代的學規和鄉約》、葉鴻灑《宋代書院教育之特色及其組織》、張惠芳《論宋代的精舍與書院》、陳谷嘉《朱代書院和宋代文化的下移》和朱漢民《南宋理學與書院教育》等論文對朱熹的書院教化活動也有論述。

　　2000 年以來，對朱熹的研究有了新的研究維度，即注意到從文化史、社會史的角度展開研究，深入研究其思想與社會的互動。最有代表的是《朱子大傳》（束景南，商務印書館 2003），該書以傳記體，對朱熹思想所出之因、思想所在之時、思想所行之功三個方面打通研究。《朱子大傳》一書，不僅寫出文化環境對朱熹思想的制約和規範，而且寫出他怎樣影響和改變著這種文化環境，揭示道學文化心態的出現是人化的文化環境與文化環境的人化的雙向歷史交流的必然。該書對朱熹不僅進行哲學的研究，而且還進行政治、經濟、道德、行爲等多維文化的研究。在朱熹對儒家思想的實踐的問題上，該書以精良仔細的考證、辨析，爲立論佐證，認爲朱熹在主縣學中貫徹了終身標舉的知行合一的精神，明「理」與明「事」一致；認爲朱熹振興儒學教育，表現出了他對整個傳統儒學文化的現實地位和危機的敏感和深思；認爲朱熹獨特的《禮》學思想是自我實踐「仁」的現實之路，大力推行《禮》的實踐眞正使知行得到統一；認爲朱熹爲官生涯中大力施政：寬民力、敦風俗、砥士風；在制定書院學規上，體現了朱熹對社會以倫理道德爲本位的基本教化思想等。

　　《中國思想史》第二卷（葛兆光，復旦大學出版社 2007 年）指出，朱熹長期從事教學，相當注意民間生活世界的規則，所編撰的《家禮》對後世影響甚廣，「正是這種將儒學原則世俗化、生活化的努力，保證了理學所確立的原則，眞正深入了社會」〔註20〕。葛著還提出，討論朱熹的思想史意義時需要特別注意的三方面：朱熹通過經典詮釋、歷史重構以及對思想世俗化的努力，再度確立了所謂「道統」。朱熹重新凸顯了作爲思想依據的「經典」，指示了理解經典意義的新的途徑。朱熹通過思想的一系列具體化和世俗化的努力，朱熹使那些本來屬於上層士人的道德與倫理原則，漸漸進入了民眾的生

〔註20〕 葛兆光：《中國思想史》第二卷，〔M〕復旦大學出版社 2007 年版，第 234 頁。

活世界。其第三點確實是以往學者在研究朱熹思想時並未自覺的。

對朱熹蒙學教育有所研究的有兩本著書值得注意：《朱熹〈小學〉道德教育理論研究》（鄔建江，華齡出版社 2006）是首次以朱熹的《小學》爲考察對象進行研究的出版著作。他認爲，朱熹《小學》的是朱熹長期重視未成年人道德教育的經驗總結，是向未成年人傳播儒家思想的道德教科書，是朱熹四書學的有機部分。該書作中，詳細探討了朱熹《小學》道德教育理論的基本內容，對朱熹《小學》道德教育理論的內容開展理論基礎、目的論、過程論、規範論、方法論等學術要素的梳理和思考，並提出每一層面的意義和貢獻。他認爲朱熹《小學》標示了中國傳統生活型道德教育模式。《中國社會的倫理生活——主要關於儒家倫理可能性問題的研究》（吾淳，中華書局 2007 年版）一書，則設單章《朱熹的小學：落實倫理於蒙童教育的範本》探討了朱熹在蒙學教化中的文本價值。他指出從形式要素出發，朱熹的小學可以解析爲：從小時抓起、從小事做起、立規矩、養品格、樹楷模。並認爲朱熹之提倡小學的目的本是爲了給大學做鋪墊、打基礎，但客觀上，小學卻具有了更爲重要的在社會普遍層面普及倫理教育的意義，而這是超出朱熹本人預期的。

關於朱熹家庭教化方面的研究，主要見諸於公開發表的論文。如束景南的《朱熹作〈訓蒙絕句〉考》、《〈訓學齋規〉考》、《朱熹〈家禮〉眞僞辨》〔註21〕，陳來的《朱子〈家禮〉眞僞考議》〔註 22〕。楊志剛的《〈司馬氏書儀〉和〈朱子家禮〉研究》〔註 23〕，對朱熹的《家禮》思想有開創性的研究。王利明的《〈訓蒙絕句〉與朱子學的形成》〔註24〕首次從學術思想角度探討《訓蒙絕句》這本家庭童蒙讀物。

### （二）陸九淵

南宋理學以朱、陸爲盛，對陸九淵的研究，往往因其著述不多，可資憑藉的資料較少，故對其思想的研究不比朱子學研究之繁盛；陸學內容尙簡易、講究「本心即理」的易簡之學，故研究者注重其形而上的詮釋，但又會從現實層面評價陸學流於心性空談。因此，對陸九淵的思想研究重哲學、教育思

〔註21〕 束景南：《朱熹佚文輯考》，〔M〕江蘇古籍出版社，1991 年版。

〔註22〕 陳來：《朱了〈家禮〉眞僞考議》，〔J〕《北京大學學報》，1989 年第 3 期。

〔註23〕 楊志剛：《〈馬氏書儀〉和〈朱子家禮〉研究》，〔J〕《浙江學刊》，1993 年第 1 期。

〔註24〕 王利明：《〈訓蒙絕句〉與朱子學的形成》，〔J〕《朱子學刊》，2000 年第 1 輯，黃山書社，2001 年版。

想，輕對他的倫理思想與實踐互動研究，即便是對其社會實踐有所研究的，往往也僅從其生平介紹角度進行史學研究，不過，2006 年出版的《六經注我──象山學術及江右思想家研究》（鄭曉江主編，社會科學文獻出版社 2006年）一書改變了以往研究的單向度，大有思想與社會互動的研究傾向，該書收錄了不少學者從陸九淵的思想和社會實踐之間關係進行研究的論文。

　　僅對其哲學、倫理思想研究的著述在此不再贅述，以下列出涉及到對陸九淵思想與社會互動的著述，這些著述有崔大華的《南宋陸學》、祁潤興的《陸九淵》、郭齊家的《陸九淵教育思想研究》、吳文丁的《陸九淵全傳》、王心田的《陸九淵知軍著作研究》、顧春的《來源‧爭論‧特性：陸九淵教育思想三論》、張立文的《心學之路：陸九淵思想研究》、邢舒緒的《陸九淵研究》等。

　　《南宋陸學》（崔大華，中國社會科學出版社 1984 年）將陸九淵與其弟子的思想作爲一個傳承的思想體系進行研究，從思想史的角度揭示了陸學的流變。該書有助於考察陸九淵弟子作爲理學後人，其落實到社會層面的思想面貌。

　　《來源、爭論、特性──陸九淵教育思想三論》（顧春，教育科學出版社2003 年）一書，將陸九淵的形上哲學理論與形下教育理論打通，從陸九淵的教育思想來源、朱陸之爭與教育思想特性三個方面進行闡述。該書認爲陸九淵的教育思想特性在於「陸學的本質是易簡之學」，自上而下──從易簡的角度看陸學，認爲在教育內容、方法、過程各個方面都體現和貫徹著「易簡」之道，並認爲陸學易簡的根據是陰陽，易簡的表現是道與理；自下而上──從心的角度看陸學，認爲「心」是陸九淵教育思想中的核心範疇之一，「心」既是道德本體、認識對象、又是教育內容、教育主體；上下貫通──從易簡和心的相互聯繫看陸學，認爲陸通過挖掘心的道德特性，並將這些道德特性還原爲日常生活之理，從而把易簡之道解釋爲和「家常茶飯」一樣容易的「坦然明白」之道。該書將「易簡」作爲陸學思想的總綱和標誌，並以此區別陸與其他的教育思想家的思想。

　　《陸九淵教育思想研究》（郭齊家等著，江西教育出版社1996 年）一書，主要從教育學角度，論述了陸九淵的教育本體論、教育目的論、教育方法論，同時以生平介紹的方式涉及了陸九淵的教育實踐內容：開山林而辦精舍，荊門治而化民俗，並認爲其簡易之理使教育稱爲可能，其天道而人道的教育本體論使形而下的道德教育得以導出，並在其七條主要的教育方法下得以實

現。該書試圖打通陸九淵的上學與下達，不過著作主體仍然在於思想的闡述。

《陸九淵知軍著作研究》（王心田，武漢大學出版社 1999 年），從陸九淵知荊門軍時期入手，對這一時期的全部著作予以編年、考訂、注釋、解評，著作從陸九淵的作品思想內容出發，關注陸九淵的社會實踐活動，探討了陸九淵的歷史與現實價值。

《陸九淵研究》（邢舒緒，人民出版社 2008 年），該書對陸九淵的研究是以社會史的方法，再現了南宋歷史背景下，陸九淵的社會實踐活動，但對其思想著墨不多。

《心學之路——陸九淵思想研究》（張立文，人民出版社 2008）一書，認為陸九淵的倫理學是以「人當先理會所以為人」，「學為人」「盡人道」為其出發點的，並通過心性的涵養、剝落、存心、養心的修養方法，進入「宇宙便是吾心，吾心即是宇宙」的境界。該書以「明理」、「知道」來解說其教育思想，提出「明理」是教育目的，探討了陸九淵對小學、大學教育內容的看法，及其主張使用的為學教本和為學方法。

《六經注我——象山學術及江右思想家研究》（鄭曉江主編，社會科學文獻出版社 2006 年）一書中，鄭曉江先生在其文〔註25〕中將象山儒學的性質歸納為「實學」，意指實理、實德、實行，他認為象山儒學的根基是「實理」，發顯為「實德」，象山教人「得本心」的過程實為將與天之「理」同質的「人心之理」轉化為可付之踐履的「實德」，正因為此，他以「崇本務實」來解說象山儒學的實質，為此，文章結合了陸九淵在人生活動中有關家居實踐活動，知荊州的政治活動，來說明其思想落實到行動上時，均體現出的陸學「實」之本質。朱求人先生在其文〔註26〕中圍繞陸學「一意實學」的核心思想，論述了陸九淵的教化理論和實踐的關係，對其關於士與民的不同教化進路做了詳解。

## （三）呂祖謙

呂祖謙是南宋時期著名的思想家和歷史學家，他不拘門戶之見，綜合各

---

〔註25〕鄭曉江：《象山儒學之實學性質及其展開》，收錄在鄭曉江主編：《六經注我——象山學術及江右思想家研究》，〔M〕社會科學文獻出版社 2006 年版，第 105 頁。

〔註26〕朱求人：《講明與踐履——象山教化理論與實踐》，收錄在鄭曉江主編：《六經注我——象山學術及江右思想家研究》，〔M〕社會科學文獻出版社 2006 年版，第 146 頁。

家學說，並同當時其他理學家一樣，以經世致用的學說，懷抱不變的淑世抱負。一直以來，對呂祖謙的專門研究較少，其思想以往略見於哲學史的通史著作之中，沒有引起足夠重視，對其完整的思想研究，社會實踐研究更是無從可查，只是到了上世紀 80 年代後期，潘富恩先生對呂祖謙開始了初步的研究，近年出版的《呂祖謙評傳》凝聚了作者多年研究心血，可代表國內研究的現有水平。2000 年後，呂祖謙研究受到學界的重視，2006 年「呂祖謙暨浙東學術文化國際研討會」日在金華召開，國內外專家學者就呂祖謙的教育思想及學術地位論述較多。

《呂祖謙評傳》（潘富恩、徐餘慶，南京大學出版社 2000 年）一書，從呂祖謙的生平，南宋學術背景、其經濟思想、政治思想、哲學思想、人生觀、倫理學說、教育思想、史學觀九個方面，進行了貫通研究，對其倫理學說，概括爲性、心的本善論，理欲義利的崇理尚義、兼顧欲利論，忠孝觀念的孝爲仁本、忠君之上論。對其教育思想，概括爲明理、治心的教育目的、育實材而求實用的培養目標，求同存異的治學態度和知其所以然的教學方法。

《婺學之宗──呂祖謙傳》（徐宗儒，浙江人民出版社 2005 年）一書，其「居喪講學」章，以制定學規、編寫範文、教學相長爲節，記錄了呂祖謙的教學實踐。

## 五、關於南宋儒家倫理思想落實途徑的研究

南宋儒家倫理思想的落實方面大致有三項特點，以書院爲基地開展理學倫理思想的教學與傳播；關注社會基層人倫教養問題，尤其注重蒙學；在社會基層進行新宗族的建構，並以家訓、家法族規的形式進行綱常倫理教化。以下就此三項特點進行相關研究的概要綜述。

### （一）書院

中國的書院源自唐代，它是在書籍大量流通於社會以後，開展藏書、著書、讀書、教書等與書有關的各類文化教育活動的組織，它既是文化積累、傳播的結果，同時也是文化積累與傳播的重要渠道，它的發展與變遷在宋代儒學以及儒家倫理向社會傳播中，佔有重要地位。

根據鄧洪波先生在其文《八十三年來的中國書院研究》〔註 27〕中所做的

---

〔註 27〕 鄧洪波：《八十三年來的中國書院研究》,《湖南大學學報（社會科學版）》,2007
　　　　年第 3 期。

綜述，現擇其文中列舉的主要著作羅列：1949 年前，傅順時在《兩宋書院制度》一文中，將書院精神概括爲六點：時代思潮，懷疑態度，科學方法，人格精神，自動學習，反對科舉。曹松葉的《宋元明清書院概況》，取材於地方志，採用計量統計之法，分析歷代書院概況。盛朗西的《中國書院制度》，詳於書院制度的源流、演變，大量取材於正史、文集，兼採筆記，稍徵地方志，可謂無一言無出處。1949 年至 1980 年前，孫彥民的《宋代書院制度之研究》、陳道生的《中國書院教育新論》，丁肇怡的《書院制度及其精神》等，爲這一時期的代表作。1980 年至 2000 年，陳元暉、尹德新、王炳照的《中國古代的書院制度》、章柳泉的《中國書院史話——宋元明清書院的演變及其內容》、張正藩的《中國書院制度考》在原有的書院研究上進一步深入。陳谷嘉、鄧洪波主編的《中國書院史資料（全三冊）》，取材於千餘種地方志，近兩百種書院志、課藝等書院文獻，以及數百種正史、別史、類書、總集、文人別集等，並作了全面而系統的分梳。由趙所生、薛正興主編的《中國歷代書院志》，爲研究者提供了難得的原始資料。鄧洪波主編的《中國書院文化叢書》，分楹聯、學規、章程、攬勝、詩詞五冊，是分主題整理書院文獻的有益嘗試。李國鈞主編的《中國書院史》，其中討論了書院與宋元以來中國各主流思想學派的關係。陳谷嘉、鄧洪波的《中國書院制度研究》，分類型、等級差異、職事類別、藏書及其管理制度、刻書事業、經費及其管理、書院的教育特點、考試制度、專科教育、走向世界的中國書院等十章，白新良《中國古代書院發展史》，大量採用地方志，統計成果遠勝於前人研究。2000 年後陳雯怡的《由官學到書院——從制度與理念的互動看宋代教育的演變》、朱漢民、鄧洪波、高烽煜的《長江流域的書院》，頗具特色。

《中國書院制度考略》（張正藩，江蘇教育出版社 1985 年），對宋代書院的發展變化進行專章考證，認爲北宋的書院的興起是由於官學太少，而南宋書院的興盛則是因爲官學的腐敗，並與理學的發展相關，該書而且將南宋書院按學術分派，專分程朱派書院、陸象山派書院和呂東萊派書院，分別作了介紹。

《中國書院制度研究》（陳谷嘉、鄧洪波，浙江教育出版社 1997 年）該書對書院按辦院主體、辦院層級進行了詳細分類和介紹，該書所介紹的家族書院和鄉村書院在唐宋以降的文化傳播中具有特殊地位值得注意。該書也對南宋時期書院的刻書事業進行了介紹，並認爲南宋的刻書範圍較廣、多爲宋

人著作，對當時傳播宋人學術思想起到了很大作用。該書對書院的教育職能的論述中，指出宋代書院的發展出現了上層文化向下層平民文化的轉移，認爲書院教育在這種轉移中具有重要的作用。

《中國書院史》（鄧洪波，東方出版社 2004 年）一書指出，南宋是書院發展史上最重要的一個歷史時期，它的最大特點是，在學術大師的指導下，書院作爲一種文化教育制度得以完全確立。其表徵有二：一是書院與理學的一體化，二是書院教育制度得以完全確立。該書就理學家的書院情結，學人、學派與書院的關係，書院講學體現的理學精神，書院與理學一體結構的制度化、規制化等四個問題進行討論。

《中國書院史資料（全三冊）》（陳谷嘉、鄧洪波主編，浙江教育出版社 1998 年）以資料彙集的方式，羅列了宋代理學家在書院興建中所作的記、榜、額等體例的文本，從而論證了南宋理學與書院一體化的觀點。另外，該書也收集了著名書院的講義與策問，爲進一步研究儒家倫理思想與書院之間的關係提供了大量資料。

## （二）蒙學

蒙學以及蒙學教材是傳統文化向社會大眾傳播的重要載體，它往往隱藏著所處時代文化的秘密，反映出那個時代的文化特徵。對宋代蒙學的研究主要見於一般的教育通史著作和教育學著作中，目前專題研究著作尚不多，對於宋代蒙學教材研究、宋代蒙學倫理內涵研究、宋代蒙學所表現出來的當時教化重心下移的問題，宋代理學家蒙學思想專論等，漸有不少相關論文發表。

對蒙學在宋以後在儒家倫理的社會傳播中所體現出來的廣泛性，當代學者都有所論及。如：陳來先生，曾在《蒙學與儒家世俗倫理》（《國學研究》第三卷）一文指出，關乎一般民眾生活和日常行爲所表現的實際價值的世俗儒家倫理，主要不是通過儒學思想家的著作去陳述它，而是由中下層儒者制定的童蒙讀物形成並發生影響的。這種通俗儒家倫理讀物的內容，在宋以後的中國歷史上，在民眾中流傳極廣。

對宋代蒙學的廣泛性有所提及，並設章節論述宋代蒙學的教育方法和特點、教材內容的通史主要有：《中國教育思想史》（郭齊家，教育出版社 1987 年）、《中國教育通史》第三卷（毛禮銳、沈灌群主編，山東教育出版社，1989）、《中國遼宋金夏教育史》（喬衛平，人民出版社 1994 年）、《中國教育史》（孫培青，華東師範大學出版社 2000 年），但由於是通史著作，故對宋代、尤其

是南宋時期的蒙學並未作展開。《中國教育通史》第三卷指出：「關於蒙養教育的實施，在漢化已基本成熟，至宋代又有進一步發展。漢代的蒙養教育多行於宮廷內或某些達官貴人的子弟，到宋代已逐步推廣到一般庶民子弟之中，範圍擴大了許多。」〔註28〕該著作認為宋代就蒙養階段的教育內容來看，十分注意培養兒童道德品質，蒙學教材的編寫，繼承並發展了唐以前的蒙學教材編寫的經驗，取得了許多新的進展，這些進展表現為宋代蒙學教材三個方面新特點：「第一，唐以前的蒙學教材多屬綜合性的，宋代的蒙學教材有分類專寫的傾向，道德教育、歷史故事、典章名物、詩詞歌賦，漸有專書。第二，在以識字為主的基礎，倫理道德教育的內容大大加重。尤其是隨著理學思想的發展，關於傳播性理學說的內容顯著增加。第三，隨著農、工、商子弟入學者增加的實際需要，農工商各業知識和技能逐漸充實進蒙學教樹，各種雜字類教材開始出現，並得到廣泛流行。」〔註29〕《中國遼宋金夏教育史》則認為，宋代理學家對蒙養教育的一系列論述，為後代的蒙養教育提供了思想依據；宋代發達的古代蒙學教材，無論是編纂的形式內容及文體諸方面，都得益於程朱理學的發生發展。

《中國蒙學精華研究》（謝勵武，王予民，河南大學出版社 1993 年）是第一部以蒙學發展為脈絡，初步揭示古代小學整體教育為特點，勾勒古代小學教育框圖的著作。該書從傳統蒙學教育目的、內容教材、教育觀等方面整體上把握歷代蒙學教育者的思想觀點，其中涉及朱熹的教育改革、王應麟的蒙學教育教育觀等。徐梓先生對傳統蒙學進行過系統的研究，其編輯的《蒙學輯要》（山西教育出版社 1992），由：《蒙學便讀》、《蒙學歌詩》、《蒙學須知》、《蒙學要義》四書組成，提供了比較詳細的歷史文本資料。

## （三）宗族與家訓、家法族規

宗族是由共同祖先界定出來的父系群體，它在傳統中國社會的各時期以不同的面貌出現，與當時的政治和現實關係密切，對宗族的認識，關乎對中國社會整體的把握、對當時社會文化傳播的判斷。由於宋以後的宗族制度，及宗族教育都有了與前朝不同的地方，從這種差異中來理解南宋儒家倫理的

---

〔註28〕毛禮銳、沈灌群主編：《中國教育通史》第三卷，〔M〕山東教育出版社 1989 年版，第 43 頁。

〔註29〕毛禮銳、沈灌群主編：《中國教育通史》第三卷，〔M〕山東教育出版社 1989 年版，第 49 頁。

落實情況，是十分有意義的。

　　人類學學者林耀華 1936 年他發表《從人類學的觀點考察中國宗族鄉村》（《社會學界》第九卷，1937），提出研究宗族的新方法，他把宗族作為一個功能團體，特別注意於宗族的功能結構，由此窺見各方面的關係。

　　80 年代以後，宗族史的研究有較大發展，通史性專著：《中國家族制度史》（徐揚傑，人民出版社，1992）一書，對中國家族史進行了分期。該書認為中國的家族制度，從原始社會末期產生，到本世紀 50 年代初徹底消滅，共經歷了先後承繼、遞相蟬聯的四種不同形式：原始社會末期的父家長家族、殷周時期的宗法式家族、魏晉至唐代的世家大族式家族、宋以後的近代封建家族。徐著宏觀地把握了家族在不同歷史時期的整體形態，對宋以後近代封建家族制度的形成過程、形態結構、社會影響，以及維護封建專制主義統治的作用等，進行了比較全面的論述，並指出家族制度是中國封建社會長期延續的重要因素。《中國宗族社會》（馮爾康，浙江人民出版社，1994）一書，提出了宗族發展史的三條標準，即宗族領導權掌握在何種社會身份集團手中，宗族的內部結構及其成員的民眾性，宗族生活中宗法原則的變化。宗族制變化的特點是逐漸削弱、民眾化，政治功能減弱、社會功能轉強，該書強調宗族對社會的適應力和生命力。《宗族志》（常建華，上海人民出版社，1998）一書，兼顧宗族制度的結構形態和功能形態，注意以下關係的處理：風俗習慣與宗族制度、宗族制度的規則與實際運作、宗族內部規範和外部政策法令、宗族與政治、宗族制度與思想文化。《中國宗族制度新探》（錢杭，香港中華書局，1994）一書，運用社會人類學田野調查研究的方法，指出從宗族派生出來的歷史感、歸屬感、道德感和責任感這四種心理需求是漢族宗族存在的根本原因。

　　對宋代宗族進行專論的朱瑞熙，他在《宋代社會研究》（中州書畫社，1983）一書中撰有《宋代的封建家族》一章，強調宋朝家族組織的重建，提出族權是從宋代開始形成的。從整體上全面探討宋代宗族的是王善軍，他在《唐宋之際宗族制度變革概論》（鄧廣銘、王雲海主編《宋史研究論文集》，河南大學出版社，1993）一文中指出，隨著門閥家族制度的衰落，以「敬宗收族」為特徵的宗族制度在宋代社會逐漸確立下來。鄭振滿《宋以後福建的祭祖習俗與宗族組織》（《廈門大學學報》，1987 年增刊）指出在宋以後宗族組織的發展進程中，普遍存在而且始終起作用的因素，並不是祠堂、族譜及族田三大

「要素」，而是各種形式的祭祖活動。閻愛民《宋明以來庶民始祖之祭與「一本」觀念的倡導》（《東洋學研究》第 4 輯，韓國東洋學研究學會，1998）指出，宋明理學家們反覆重申古已有之的「一本」觀念，並將其與祭祖問題聯繫起來，使之成為影響宗族民眾化進程最重要的宗法思想。對宋元時代宗族進行比較全面論述的，是常建華《宋元科舉制下宗族制度的發展》（《中國宗族社會》第三章）以及《宗族志》中的有關部分。

在宗族教育上對宋代有所研究的有宋之平，其發表《宋代家族教育述論》（《南昌大學學報》，1996 年第 3 期）一文，論述了家族教育的類型、設立方式、形成原因、學生與教師、興學目的和效果等。徐揚傑也發表過《宋元時期地主階級「敬宗收族」的實踐》（收入《宋明家族制度史論》）。

對於家訓族規的研究，有許多論文發表，並有專著產生。其研究主要是從教育思想史、倫理學、史料三個視角進行。在對宋代家訓的時代特點、家訓的內容、家訓與儒家文化研究的著作主要有以下三書：《中國家訓史》（徐少錦、陳延斌，陝西人民出版社，2003 年），該書對中國傳統家訓由盛到衰的過程進行了勾勒，對每個時期的家訓特點和重點進行提煉論證。該書認為宋元時期是中國家訓的繁榮期，而南宋則對家訓的有了新的拓展，通過對南宋典型的家訓文本研究，指出：「在北宋仕宦家訓繁榮的基礎上，南宋時期的家訓不論宗旨、內容還是在形式上都有了新的發展。在教化宗旨上，一反前人家訓意求「典正」和一家之教化的傳統，立意『訓俗』……在形式上，家訓更平民化、更切於日用、便於操作……」〔註30〕《傳統家訓思想史論》（王長金，吉林人民出版社 2006 年）、該書對家訓與宗族文化、儒家文化的關係進行了分析，並從家訓溯源的角度對宋元時期的家訓特點展開論述。該書認為：「隨著印刷技術的發展，家訓著作進一步突破了家族的局限而得以廣泛的傳播，家訓著作、家訓思想更加社會化、普及化、大眾化……宋代家訓的第二個特點是出現了大量的家訓獨卷形成了鼎盛的局面……」〔註 31〕《中國家訓史論稿》（朱明勳，四川出版集團，巴蜀書社，2008 年），該書認為宋代家訓的特點除以上所談之外，還有：「隨著宋代以來傳統家族組織的日益完善，家譜中的家法、族規及其他與之性勝質相類的獨立存在的家規、家儀等具有極

---

〔註30〕 徐少錦、陳延斌：《中國家訓史》，〔M〕陝西人民出版社 2003 年版，第 411 頁。

〔註31〕 王長金：《傳統家訓思想史論》，〔M〕吉林人民出版社 2006 年版，第 80 頁。

大的約束性的家訓普遍產生；各種訓俗文獻和鄉約文獻的一部分以超家庭的形式充當著家訓的角色廣泛地流傳於社會。」〔註32〕該書還羅列了較多歷代家訓目錄。在宗族法上對宋代有所的研究的有費成康先生，其主編的《中國的家法族規》（上海社會科學院出版社，1998）論述了家法族規的演變、制訂、範圍、獎懲特性、歷史作用和研究意義。該書附錄55種家法族規，提供了原始資料。

---

〔註32〕 朱明勳：《中國家訓史論稿》，〔M〕四川出版集團巴蜀書社 2008 年版，第 146頁。

# 參考文獻

一、古典文獻

1. 班固：《白虎通義》，文淵閣《四庫全書》本（以下簡稱《四庫全書本》）。

2. 鄭元注、孔穎達疏：《禮記注疏》，《四庫全書》本。

3. 張守：《毗陵集》，《四庫全書》本。

4. 司馬光：《傳家集》，《四庫全書》本。

5. 莊綽：《雞肋編》，《四庫全書》本。

6. 鄭俠：《西塘集》，《四庫全書》本。

7. 劉攽：《彭城集》，《四庫全書》本。

8. 蘇頌：《蘇魏公文集》，《四庫全書》本。

9. 蘇轍：《欒城集》，《四庫全書》本。

10. 歐陽修：《新五代史》，《四庫全書》本。

11. 張載：《張子全書》，《四庫全書》本。

12. 蘇軾：《東坡全集》，《四庫全書》本。

13. 程頤：《伊川易傳》，《四庫全書》本。

14. 呂大臨等著、陳俊民編校：《藍田呂氏遺著輯校》〔M〕，中華書局，1993版。

15. 《宋朝諸臣奏議》，《四庫全書》本。

16. 黎靖德編、王星賢注解：《朱子語類》，中華書局，1999年版。

17. 朱熹：《四書或問》，《四庫全書》本及朱傑人編著本：《朱子全書》，上海古籍出版社，2002年版。

18. 朱熹編：《二程遺書》，《四庫全書》本及朱傑人編著本：《朱子全書》，上

海古籍出版社，2002 年版。

19. 朱熹：《晦庵集》，《四庫全書》本及朱傑人編著本：《朱子全書》，上海古籍出版社，2002 年版。

20. 朱熹著、朱傑人編著：《朱子全書》，上海古籍出版社，2002 年版。

21. 朱熹、呂祖謙編：《近思錄》，《四庫全書》本。

22. 朱熹：《四書章句集注》，《四庫全書》本及朱傑人編著本：《朱子全書》，上海古籍出版社，2002 年版。

23. 朱熹：《延平問答》，《四庫全書》本及朱傑人編著本：《朱子全書》，上海古籍出版社，2002 年版。

24. 朱熹：《家禮》，《四庫全書》本及朱傑人編著本：《朱熹全書》，上海古籍出版社，2002 年版。

25. 朱熹：《御定小學集注》，《四庫全書》本。

26. 陸九淵：《象山集》，《四庫全書》本及鍾哲注釋本：《陸九淵集》，中華書局，2008 年版。

27. 陸九韶：《訓子弟詞》，《全宋詩》。

28. 陸九韶：《居家制用‧正本》，《宋元學案》本。

29. 呂祖謙著、黃靈庚編著：《呂祖謙全集》，浙江古籍出版社，2008 年版。

30. 呂祖謙：《東萊集》，《四庫全書》本及黃靈庚編著本：《呂祖謙全集》，浙江古籍出版社，2008 年版。

31. 張栻：《南軒集》，《四庫全書》本。

32. 陳淳：《北溪字義》，《四庫全書》本。

33. 陳淳：《北溪大全集》，《四庫全書》本。

34. 袁燮：《絜齋家塾書鈔》，《四庫全書》本。

35. 袁燮：《絜齋集》，《四庫全書》本。

36. 吳泳：《鶴林集》，《四庫全書》本。

37. 舒璘：《舒文靖集》，《四庫全書》本。

38. 葉適：《水心集》，《四庫全書》本。

39. 胡銓：《澹庵文集》，《四庫全書》本。

40. 張九成：《橫浦心傳錄》，《四庫全書》本。

41. 陽枋：《字溪集》，《四庫全書》本。

42. 陽枋：《字溪集》，《四庫全書》本。

43. 黃幹：《勉齋集》，《四庫全書》本。

44. 魏了翁：《鶴山集》，《四庫全書》本。

45. 魏了翁：《鶴山大全文集》，《四庫全書》本。

46. 洪邁：《夷堅甲志》，《四庫全書》本。

47. 洪邁：《容齋隨筆》，《四庫全書》本。

48. 陸游：《渭南文集》，《四庫全書》本。

49. 鄭樵：《爾雅注》，《四庫全書》本。

50. 楊萬里：《誠齋集》，《四庫全書》本。

51. 眞德秀：《西山讀書記》，《四庫全書》本。

52. 徐元傑：《楳埜集》，《四庫全書》本。

53. 黃仲元：《四如集》，《四庫全書》本。

54. 衛涇：《後樂集》，《四庫全書》本。

55. 留正：《皇宋中興兩朝聖政》，《四庫全書》本。

56. 孫應時：《燭湖集》，《四庫全書》本。

57. 劉宰：《漫塘集》，《四庫全書》本。

58. 吳澄：《吳文正集》，《四庫全書》本。

59. 陳文蔚：《克齋集》，《四庫全書》本。

60. 李方子：《朱子年譜》，《四庫全書》本。

61. 汪應辰：《文定集》，《四庫全書》本。

62. 袁甫：《蒙齋集》，《四庫全書》本。

63. 羅大經：《鶴林玉露》，《四庫全書》本。

64. 歐陽守道：《巽齋文集》，《四庫全書》本。

65. 周密：《癸辛雜識》，《四庫全書》本。

66. 周應合：《景定建康志》，《四庫全書》本。

67. 李燾：《續資治通鑒長編》，《四庫全書》本。

68. 李心傳：《建炎以來繫年要錄》，《四庫全書》本。

69. 章如愚編：《群書考索》，《四庫全書》本。

70. 虞集：《道園學古錄》，《四庫全書》本。

71. 馬端臨：《文獻通考》，《四庫全書》本。

72. 脫脫：《宋史》，《四庫全書》本及《中華書局》，1985 年版本。

73. 謝應芳：《辨惑編》，《四庫全書》本。

74. 王鏊：《姑蘇志》，《四庫全書》本。

75. 王圻：《續文獻通考》，《四庫全書》本。

76. 《江西通志》，《四庫全書》本。

77. 彭大翼：《山堂肆考》，《四庫全書》本。

78. 陳焯：《宋元詩會》，《四庫全書》本。

79. 鄭之僑：《鵝湖講學會編》，《四庫全書》本。

80. 李清馥：《理學淵源考》，《四庫全書》本。

81. 王會釐編：《問津院志‧藝文》。

82. 張廷玉：《明史》，《四庫全書》本。

83. 徐松輯：《宋會要輯稿》，中華書局，1957 年版。

84. 皮錫瑞：《經學歷史》，中華書局，2004 年版。

85. 中華書局，編輯部：《宋元方志叢刊》，中華書局，1990 版。

## 二、現代文獻

1. 侯外廬等：《中國思想通史》（第一卷），人民出版社，1956 年版

2. 楊榮國：《中國古代思想史》，人民出版社，1973 年版。

3. 瞿同祖：《中國法律與中國社會》，中華書局，1981 年版。

4. 〔古希臘〕亞里士多德：《政治學》，吳壽彭譯，商務印書館 1981 版。

5. 朱熙瑞：《宋代社會研究》，中州書畫社，1983 年版。

6. 毛禮銳：《中國教育簡史》，教育科學出版社，1983 年版。

7. 劉英、薛素珍：《中國婚姻家庭研究》，社，科文獻出版社，1987 版。

8. 朱貽庭：《中國傳統倫理思想史》，華東師範大學出版社，1989 年版。

9. 毛禮銳、沈灌群主編：《中國教育通史》第三卷，山東教育出版社，1989 年版。

10. 謝維揚：《中國家庭形態》，中國社會科學出版社，1990 年版。

11. 束景南：《朱熹佚文輯考》，江蘇古籍出版社，1991 年版。

12. 潘富恩：《呂祖謙評傳》，南京大學出版社，1992 年版。

13. 徐揚傑：《中國家族制度史》，人民出版社，1992 年版。

14. 馮爾康：《中國宗法社會》，浙江人民出版社，1994 年版。

15. 徐揚傑：《宋明家族制度史論》，中華書局，1995 年版。

16. 侯外廬、趙紀彬、杜國庠：《中國思想通史》，上海人民出版社，1995 年版。

17. 錢穆：《國史大綱》，商務印書館 1996 年版。

18. 陳來：《古代宗教與倫理：儒家思想的根源》，三聯書店 1996 年版。

19. 陳谷嘉：《儒家倫理哲學》，人民出版社，1996 年版。

20. 李嘯風主編：《中國書院辭典》，浙江教育出版社，1996 年版。

21. 魏英敏：《孝與家庭倫理》，大象出版社，1997 年版。

22. 陳來：《人文主義的視野》廣西教育出版社，1997 版。

23. 侯外盧等主編：《宋明理學史》，人民出版社，1997 版。

24. 蕭公權：《中國政治思想史》，遼寧教育出版社，1998 年版。

25. 張立文：《朱熹評傳》，南京大學出版社，1998 年版。

26. 朱瑞熙等：《遼宋西夏金社會生活史》，中國社會社會科學出版社，1998
    版。

27. 蔡元培：《中國倫理學史》，商務印書館 1999 年版

28. 李申：《中國儒教史》，上海人民出版社，1999 年版。

29. 漆俠：《中國經濟通史》（宋代經濟卷），經濟日報出版社，1999 年版。

30. 唐凱麟、張懷承：《成人與成聖——儒家倫理道德精粹》，湖南大學出版
    社，1999 年版。

31. 王善軍：《宋代宗族和宗族制度研究》，河北教育出版社，2000 年版。

32. 王炳照、郭齊家主編：《中國教育史研究》（宋元分卷），華東師範大學出
    版社，2000 年版。

33. 姚新中：《道德研究與倫理比較》，教育科學出版社，2000 年版。

34. 李文治、江太新：《中國宗法宗族制和族田義莊》，社會科學文獻出版社，
    2000 年版。

35. 方彥壽：《朱熹書院與門人考》，華東師範大學出版社，2000 年版。

36. 鄧洪波：《中國書院章程》，湖南大學出版社，2000 年。

37. 徐吉軍、方建新等：《中國風俗通史》（宋代卷），上海文藝出版社，2001
    年版。

38. 崔大華：《儒學引論》，人民出版社，2001 年版。

39. 肖群忠：《孝與中國文化》，人民出版社，2001 年版。

40. 崔大華：《儒學引論》，人民出版社，2001 年版。

41. 陳來：《古代思想文化的世界：春秋時代的宗教、倫理與社會思想》，三
    聯書店，2002 年版。

42. 徐少錦、陳延斌：《中國家訓史》，山西人民出版社，2003 年版。

43. 費成康：《中國的家法族規》，上海社會科學院出版社，2003 年版。

44. 余英時：《士與中國文化》，上海人民出版社，2003 年版。

45. 張邦煒：《宋代家族史論》，人民出版社，2003 年版。

46. 束景南：《朱子大傳》，商務印書館 2003 年版。

47. 干春松：《制度化儒家及其解體》，中國人民大學出版社，2003 年版。

48. 孟淑慧：《朱熹及其門人的教化理念與實踐》，國立臺灣大學出版爲會員2003 年版。

49. 何俊：《南宋儒學構建》，上海人民出版社，2004 年版。

50. 陳瑛主編：《中國倫理思想史》，湖南教育出版社，2004 年版。

51. 余英時：《中國思想傳統及其現代變遷》，廣西師範大學出版社，2004 年版。

52. 鄧洪波：《中國書院史》，東方出版中心 2004 年版。

53. 柴文華等：《中國人倫學說研究》，2004 年版。

54. 常建華：《社會生活的歷史學——中國社會史研究新探》，北京師範大學出版社，2004 年版。

55. 陳谷嘉、鄧洪波編：《中國書院史資料》上冊，浙江教育出版社，2004年。

56. 沈善洪、王鳳賢：《中國倫理思想史》，人民出版社，2005 年版。

57. 邢鐵：《宋代家庭研究》，上海人民出版社，2005 年版。

58. 牛銘實：《中國歷代鄉約》，中國社會出版社，2005 年版。

59. 張岱年：《中國倫理思想研究》，江蘇教育出版社，2005 年版。

60. 黃慧英：《儒家倫理——體與用》，上海三聯書店，2005 年版。

61. 〔法〕愛米爾·涂爾幹：《社會分工論》，譯者：渠東，三聯書店，2005年版。

62. 王長金：《傳統家訓思想通論》，吉林人民出版社，2006 年版。

63. 梁庚堯：《南宋的農村經濟》，新星出版社，2006 年版。

64. 陳谷嘉：《宋代理學倫理思想研究》，湖南大學出版社，2006 年版。

65. 史光全：《禮法融合於中國傳統法律文化的歷史進程》，法律出版社，2006年版。

66. 徐儒宗：《人和論——儒家人倫思想研究》，人民出版社，2006 年版。

67. 余英時：《宋明理學與政治文化》，廣西師範大學出版社，2006 年版。

68. 鄢建江：《朱熹小學道德教育理論研究》，華齡出版社，2006 年版。

69. 方建新編：《二十世紀宋史研究論著目錄》，北京圖書館出版社，2006 年版。

70. 干春松：《制度儒學》，上海人民出版社，2006 年版。

71. 葛兆光：《中國思想史》，復旦大學出版社，2007 年版。

72. 吾淳：《中國社會的倫理生活：主要關於儒家倫理可能性問題的研究》，中華書局，2007 年版。

73. 〔美〕陳榮捷：《朱子新探索》，華東師範大學出版社，2007 年版。

74. 〔美〕陳榮捷：《新儒學論集》，中國文哲研究所 2007 年版。

75. 朱明勳：《中國家訓史論稿》，巴蜀書社，2008 年版。

76. 鍾敬文主編：《中國民俗史》（宋遼金元卷），人民出版社，2008 年版。

77. 苗春德、趙國權：《南宋教育史》，上海古籍出版社，2008 年版。

78. 戴建國：《宋代刑法史研究》，上海人民出版社，2008 年版。

79. 刑舒緒：《陸九淵研究》，人民出版社，2008 年版。

80. 周揚波：《宋代士紳結社，研究》，中華書局，2008 年版。

81. 柳立言：《宋代的家庭和法律》，上海古籍出版社，2008 年版。

82. 張錫勤、柴文華主編：《中國倫理道德變遷史稿》，人民出版社，2008 年版。

83. 汪暉：《現代中國思想的興起》，生活讀書新知三聯書店出版社，2008 年第 2 版。

84. 譚剛毅：《兩宋時期的中國民居與居住形態》，東南大學出版社，2008 年版。

85. 董建輝：《明清鄉約：理論演進與實踐發展》，廈門大學出版社，2008 年版。

86. 馮爾康等：《中國宗族史》，上海人民出版社，2009 年版。

87. 錢杭：《中國宗族史研究入門》，復旦大學出版社，2009 年版。

88. 吳震：《明末清初勸善運動思想研究》，臺大出版中心，2009 年版。

89. 潭景玉：《宋代鄉村組織研究》，山東大學出版社，2010 年版。

90. 〔德〕滕斐迪南・尼斯：《共同體與社會》，林榮遠譯，北京大學出版社，2010 版。

91. 〔美〕包弼德：《歷史上的理學》，譯者：〔新加坡〕王昌偉，浙江大學出版社，2010 年版。

92. 〔德〕馬克思・韋伯：《社會學的基本概念》，顧忠華譯，廣西師範大學出版社，2011 年版。

## 三、論文集・論文類

1. 洪劍民：《略談程度近郊五代至南宋的墓葬形制》，載於《考古》1959 年第 1 期。

2. 錢穆：《理學與藝術》，見宋史座談會編：《宋史研究集》第 7 輯，臺北中華叢書編審委員會，1974 年印行。

3. 張邦煒：《宋代文化相對普及》，載北京大學古文獻研究所、四川大學古籍整理研究所編《國際宋代文化研討會論文集》，四川大學出版社，1991 年版。

4. 楊志剛：《〈馬氏書儀〉和〈朱子家禮〉研究》，載於《浙江學刊》1993年第 1 期。

5. 楊炎廷：《北宋的鄉村制度》，載於《宋史論文集：羅球慶老師榮休紀念專輯》1994 年版。

6. 劉志琴：《社會文化史的視野》，載於《中國社會史論》湖北教育出版社，2000 年版。

7. 王利明：《〈訓蒙絕句〉與朱子學的形成》，載於《朱子學刊》，2000 年第 1 輯，黃山書社，2001 年版。

8. 李文治、江太新：《中國宗法宗族制和族田義莊》，載於社會科學文獻出版社，2000 年版。

9. 王立軍：《宋代民間家禮建設》，載於河南社會科學 2002 年第 2 期，2001 年版。

10. 俞兆鵬：《南宋人才之盛及其原因》，載於《南宋史研究》2005 年第 3 期。

11. 劉儀秀：《南宋陸門學者的教化理念與實踐》碩士論文 2006 年。

12. 鄭曉江：《象山儒學之實學性質及其展開》，收錄在鄭曉江主編：《六經注我——象山學術及江右思想家研究》社會科學文獻出版社，2006 年版。

13. 朱求人：《講明與踐履——象山教化理論與實踐》，收錄在鄭曉江主編：《六經注我——象山學術及江右思想家研究》社會科學文獻出版社，2006 年版。

14. 趙國權：《論南宋時期江南書院文化傳承的價值取向》，載於《河南大學學報·社會科學版》2008 年第 3 期。

15. 殷慧、肖永明：《朱熹的〈周禮〉學思想》，載於《湖南大學學報》（社會科學版），2008 年第 1 期。

16. 殷慧：《朱熹禮學思想研究》博士論文，2009 年。